近代中国企业员工社会资本的使用和构建

李耀华◎著

上海人民出版社

获得上海财经大学"中央高校双一流引导专项资金资助出版"和
"中央高校基本科研业务费资助出版"

目　录

第一部分　理论与背景介绍

第一章　企业员工社会资本的历史和现实

影响企业与员工之间合作的社会资本，在学者的眼里不但是一个社会学范畴的关乎文化的问题，也是关乎经济增长的经济学问题。本书基于近代中国熟人社会的事实，从社会中个人所拥有的社会资本出发探究企业与员工之间最初的合作方式及其演变，以期对当今中国的经济发展有所借鉴意义。

第一节　为什么要研究企业员工的社会资本

在近代中国，随着内贸和外贸的发达，越来越多的工业和金融服务业企业得以建立，同时企业雇佣员工的规模也在逐步变大。在这些企业中，雇主到底怎样和他们的员工进行合作？这是一个既有趣又重要的研究主题。说它有趣，是因为传统的中国社会是一个熟人社会，而现在工业企业、金融服务企业等又是陌生人的组织，怎样把经济体中出现的陌生人企业有效地运转起来就很让人着迷。说它重要，是因为在政治学和经济学家（如福山和格雷夫等）的眼里，社会组织中相关行为主体的合作能力对一个国家的经济增长极为重要。这种合作能力受制于其社会资本水平。

关于社会资本的研究在宏观层面属于对经济中信任问题研究的一部分。诸多的政治学和经济学家，如弗朗西斯·福山、阿夫纳·格雷夫等认为各个国家的信任文化影响了今天该国的经济发达程度。尽管信任有如此重要的作用，但并不是每个社会都有它可以赖以利用的社会信任。比如哈佛大学经济系教授内森·纳恩（Nathan Nunn）[①]等人认为，非洲社会由于奴隶贸易的历

---

① N. Nunn, L. Wantchekon, "The Slave Trade and the Origins of Mistrust in Africa", *American Economic Review*, 2011, Vol.101, No.7: 3221—3252.

史而导致社会中产生极大的不信任，导致经济合作困难，并在长期中形成经济依然落后的局面。

针对中国的社会信任，经济学家有着不同的看法。比较有代表性的，有弗朗西斯·福山、阿夫纳·格雷夫和杜恂诚。这三位经济学家都认为中国传统的宗族文化是我们信任的基础，但他们却有不同的结论。弗朗西斯·福山在其《信任》一书中认为"社会资本是一种能力，它源自某一社会或特定社会部分中所盛行的信任"，并且认为中国是一个低度信任的国家。中国文化存在牢固的血缘关系，排斥和不信任非血缘关系，这阻碍了陌生人在企业之间的信任和合作，进而阻碍了近代以来中国的经济发展。[①] 阿夫纳·格雷夫教授认为中国在一千年之前开始就和欧洲在文化上分道扬镳，中国的地方社会的宗族治理方式和欧洲的城市自治管理方式导致中国人和人交往的差序性和特殊性与欧洲人和人之间更加平等的信任方式的不同。这成为解释不同经济主体的不同发展路径的重要原因[②]。但上海财经大学杜恂诚教授在专著《中国传统伦理与近代资本主义》中认为，中国传统的道德伦理，形成中国近代企业家可以利用的信任环境。企业家依靠血缘和浓厚的同乡观念建立了诸多的家族企业，实现中国特色的经济的快速发展[③]。

从微观层面看，企业员工社会资本又是一个社会学问题，即员工通过动用自己的社会资本找到工作并且获得工作上的提升。社会学家对于社会资本在找工作中的作用也有非常不同的看法。格兰诺维特（Granovetter）[④]，蒙哥马利（Montgomery）等[⑤]，张晓波（Xiaobo Zhang & Guo Li）等[⑥]的研究验

---

① 弗朗西斯·福山：《信任——社会美德与创造经济繁荣》，桂林：广西师范大学出版社 2021 年版，第 68—80 页。

② Avner Greif, "the Clan and the Corporation: Sustaining Cooperation in China and Europe", *Journal of Comparative Economics*, 2017, 45（1）: 1—35.

③ 杜恂诚：《中国传统伦理与近代资本主义》，上海：上海社会科学院出版社 1993 年版。

④ Mark Granovetter, "The Strength of Weak Ties", *American Journal of Sociology*, 1973, Vol.78, No.6: 1360—1380.

⑤ James D. Montgomery, "Social Networks and Labor-market Outcomes: Toward an Economic Analysis", *American Economic Review*, 1991, Vol.81, No.5: 1408—1418.

⑥ Xiaobo Zhang and Guo Li, "Does Guanxi Matter to Nonfarm Employment?", *Journal of Comparative Economics*, 2003, Vol.31, No.2: 315—331.

证了在劳动力市场中社会资本的信息传递作用。而 Bian, Yanjie（1997）[1]，认为在集体和国有工作占主体的劳动市场中，工作分配体系占支配地位，因此人情是影响工作岗位进而影响收入的重要因素。这里的"人情"具体指员工所动用的社会网络的关系人能够直接影响员工的工资，并且关系人这样做是基于责任、互惠等情感因素。但这些研究都没有涉及找到工作之后，晋升中社会资本所带来的信任进而对经济效率的提高。

历史学家对中国近代以来各种劳动团体的社会资本也多有描述。这些定性研究主要集中在城市苦力和劳工等底层劳动力，如对受到帮派和同乡会影响的企业工人的相关研究，血缘、地缘组成了他们可使用的社会资本。[2] 对于这些底层劳动力，同乡和亲戚对他们就业至关重要，直接表现为其就业所必需的介绍人和保证人。[3] 对于需要一定人力资本的工作机会，如银行雇员，其所动用的社会资本——介绍人和保证人对其工作职位的获得同样重要。[4] 但针对这些劳动力的研究，由于受到历史资料的限制，多停留在资料收集的定性分析，缺乏对此领域的量化深入探讨。而且，对近代介绍人或者中人等带来的工作机会，到底对员工来说是提供了信息，还是提供信任抑或是一种互利的关系都没有能够剖析清楚。

本书另辟蹊径，从微观的角度来分析近代中国员工的社会资本问题。首先，基于历史资料分析近代中国员工所动用的社会资本——介绍人和担保人。其次，使用上海商业储蓄银行的数据，剖析员工社会资本的使用所带来的经济回报，以及相关机制，如：信息、人情和信任。最后，梳理、总结和对比近代中国和英美等国企业员工社会资本从私人物品到公共物品的转变过程。

---

[1] Bian, Yanjie, "Bringing Strong Ties Back In: Indirect Connection, Bridges, and Job Searches in China", *American Sociological Review*, 1997, Vol.62, No.3: 366—385.

[2] 王处辉：《中国近代企业劳动组织中之包工制度新论》，载《南开经济研究》1999 年第 5 期；马俊亚：《近代江南都市中的苏北人：地缘矛盾与社会分层》，载《史学月刊》2003 年第 1 期；洪尼格：《姐妹们与陌生人——上海棉纱厂女工 1919—1949》，韩慈译，南京：江苏人民出版社 2011 年版，第 104 页。

[3] 柳敏：《从保人制度看近代青岛对乡村移民的管理》，载《史学月刊》2014 年第 6 期。

[4] 刘平：《上海银行业保人制度改良述略》，载《史林》2007 年第 4 期；孙建国：《传统与变革：中国近代企业信用保证制度研究》，北京：社会科学文献出版社 2009 年版，第 66 页。

第二节　在定量分析时为何采用近代上海商业储蓄银行的数据

　　本书通过微观数据进行定量分析，从而找到近代中国企业员工社会资本的具体经济效应和影响机制。通过上海市档案馆所藏的上海商业储蓄银行于1937年调查的全行行员的人事档案信息，本书获取了关于行员的工资数据，以及行员的社会资本——介绍人和担保人的相关信息，从而定量分析了社会资本对员工工资的影响。本书选择上海商业储蓄银行的数据，是因为它在分析社会资本对经济效率改善上具有典型性和代表性。

　　首先，金融行业对人力资本的要求高（比如在一份招收初级行员的简章中，不但要求报名人高中毕业以上学历，还要考国文、英文、算学、常识等科目）[1]。在金融行业中，企业通过招考员工的方法虽然可以招到可用之才，但陌生人之间的合作问题更加突出。

　　其次，新式银行业在近代经历了快速发展的阶段，该行业需要大量的新行员入职，并且基于金融业人员经手银钱的特点，对行员的信任建设尤其重要。

　　再次，在近代的新式银行业中，上海商业储蓄银行是竞争中的佼佼者。其业务迅速扩大，管理又十分科学。基于对具有互惠特征的"人情"作用的主观控制，上海商业储蓄银行是贯彻科学管理方法的典范（张忠民，2003）[2]。

　　最后，上海商业储蓄银行的数据也使本书精确衡量"信任"机制具有可行性。上海商业储蓄银行属于金融业企业，基于大量现金业务安全的需要，其对行员人品担保的要求更加明确，也要求对为行员进行担保的担保人进行单独统计。虽然，档案中显示有些行员的担保人就是介绍人，即二者是同一人，但是这种分开统计却可以将原有介绍人承担的"信任"剥离开来，从而准确衡量"信任"机制的作用大小，并判断仅仅承担介绍职能的介绍人是否还有提升信任的作用。

---

　　[1]《上海商业储蓄银行招考初级行员简章》（1945），上海市档案馆藏，上海商业储蓄银行档案，档号：Q275-1-80-15，第1页。

　　[2] 张忠民：《20世纪30年代上海企业的科学管理》，载《上海经济研究》2003年第6期。

第三节　本书想要解决的问题和主要观点

问题一：首先从微观层面确定近代中国的企业员工社会资本是通过怎样的方式影响员工收入的？

对上海商业储蓄银行的样本数据进行计量分析，将负责介绍工作的介绍人和承担担保责任的担保人区分开来进行回归。回归发现针对1937年调查时的工资水平，介绍人社会资本代理变量对行员的工资有显著的影响，同时担保人社会资本代理变量对行员工资的影响也十分显著，即行员的社会资本对行员的收入水平产生了影响。由于1937年时，大部分行员都已经在行中工作了一段时间，因此，介绍人和担保人变量对工资影响的传递"信息"作用被排除。

随后，本书进行稳健性检验，通过改变样本——采用行员素质较为接近的练习生群体进行稳健性检验，发现基准回归结果依然显著。进一步，本书进行调节效应分析，发现介绍人对行员工资的影响在总行中消失了，即介绍人的影响主要存在于分支行。在此基础上，我们认为该消失的作用主要是"人情"机制，因为总行的管理更加规范和严格。而行员教育水平对担保人社会资本的作用有调节能力，即担保人的"信任"主要作用于较低教育水平的行员。

最后，本书基于介绍人和银行管理者之间的历史书信往来、上海商业储蓄银行历年行员舞弊的数据以及行员的工种分析，进行计量回归并认为介绍人社会资本变量主要起到"人情"的作用，而担保人社会资本变量则主要起到"信任"的作用。

微观数据的计量分析显示，近代企业中不是介绍人而是承担担保责任的担保人（在介绍人又介绍又担保的情况下，看似是介绍人）在企业的陌生人之间架起了"信任"的桥梁。即企业对员工的信任是基于担保人资产的物的信任。

问题二：从近代中国历史发展看，企业员工社会资本的私人物品特征是否有局限性？是否有新的发展？

近代企业用人规模的快速增长造成员工寻找担保的困难，即原有的担保人模式受到规模的制约。近代的期刊杂志登载了对担保人要求严格的银行业对此的诸多讨论。在20世纪30年代前后，人们发现了担保人对遴选人才产生的巨大制约，并且陆陆续续地提出了不同的解决办法。比如，在中国第一信用保险公司于1930年成立之后，有人提出将提供担保人转为提供保险公司保单的方式。与此同时，金融行业内互助保险的想法也越来越成熟，并在1936年形成业内达成共识的"特种现金保证办法"方案。同时，企业年金的引入和最基础的改善办法即通过管理流程和技术更新从根本上减少行员舞弊的可能性也在稳步实施。

近代担保人社会资本的不足，本质上是由于其私人物品特征所决定的。因为一个担保人能担保的员工有限，并且担保人的资产决定了担保总金额，所以担保人物品具有竞争性和排他性。20世纪30年代后的解决办法多是从私人物品向公共物品转换的思路进行尝试的。

问题三：本书把近代以来中国与英国和美国在员工信任机制的发展历史作比较分析，探究在近代发展中各国的趋势有何异同？

从今天看来，中国和美、英等国在员工信任上的发展方向完全不同。英、美等国要求金融业工作人员需要购买信用保险，以弥补工作人员的问题带来的金融业损失，从而维护金融行业经营的稳健。而且美国的政府工作人员也要购买信用保险，来减低他们在职舞弊带来的风险损失。甚至是美国的企业年金计划（401K，接受政府监管并且享受税收优惠的企业退休金）也要求管理养老基金的雇员购买信用保险，以规避雇员自身原因导致的公共退休金的安全问题。反观中国，则全然没有信用保险的影子。

其实从近代看，中国和美、英等国在员工信任机制上面临同样的问题——担保人不够用，并且也产生了类似的解决方案——技术和管理的改进、信用保险公司的发展、企业年金的大规模建立以及互助信用保险，意图将"信任"私人物品转向公共物品。所以从历史上看，我们除了面临担保人危机的时间上有先有后，企业员工信任问题的本质和演化出来的解决方法并没有太多的不同。

中国和英、美等国在员工"信任"提供方式上的分道扬镳主要发生在新中国成立之后。我国模仿苏联的计划经济，大量国有企业的出现以及保险公司在1958年人民公社化后的全面停止办理。在新中国的计划经济中，各个国有企业有国家信用做背书，企业员工的个人档案做人事管理，人员不再流动，重新以社会网络提供员工"信任"。但随着国有企业改革、国内保险业务于1980年的恢复，以及国家层面从隐形存款保险到显性存款保险的产生，对员工个人信用管理方式的跟进就显得尤为重要。

第四节　本书的整个研究图景和研究方法

本书主要分为三大部分，第一大部分为理论和背景介绍；第二大部分为基于上海商业储蓄银行微观数据的实证研究，主要分析企业员工社会资本的具体使用情况和经济回报的大小；第三大部分为基于历史的分析，从社会资本私人物品向公共物品转变的角度进行深入。

第一大部分理论基础主要包括本书的第一章和第二章。这两章从社会学的社会资本理论出发，辨别社会资本具体影响员工工资的途径和方式。笔者总结和归纳了以往学者们所着重论述的人情、信息和信任等三个途径。虽然在这三个途径的分析中没有轻重之分，但本文后面分析的着重点还在于信任途径。本部分还归纳了社会资本私人物品和公共物品属性的相关研究。在第一大部分的理论基础的研究中，主要是采用文献分析的研究方法。

第二大部分的实证研究部分主要包括本书的第三章、第四章、第五章、第六章和第七章。第三章分析了员工所动用的社会资本类型：介绍人和担保人。第四章大致介绍了上海商业储蓄银行当时的经营状况，行员任用和考核的流程，以及对行员薪水数据的简单统计分析。第五章是员工社会资本经济回报的基准回归分析。第六章是社会资本影响工资水平的机制分析。第七章是回归结果的稳健性检验和调节效应分析部分。通过第五章、第六章和第七章的分析显示，企业员工的介绍人承担了人情互惠的作用，会带来经济资源的错配，企业员工的担保人承担了信任机制的作用，促进了经济效率的改善。在这一部分的分析中，明确了社会资本每一部分的作用，为第三大部分的分析做铺垫。在第二大部分中主要采用了量化的分析方法，比如统计，计量回归等研究方法。

　　第三大部分为历史分析部分，包括第八章和第九章。该部分在本书前两部分研究的基础上，重点从社会资本私人物品向公共物品转变的角度梳理了中国和英、美等国员工信任机制的发展历史。第八章分析了中国员工社会资本最初表现的私人物品性质和对经济发展的制约，以及英美两国担保人"信任"从私人物品向公共物品转化的特征。第九章则详细论述了我国在 20 世纪 30 年代之后所进行的担保人"信任"社会资本向公共物品转变的尝试。

第二章 员工社会资本的理论回顾

社会资本促成的合作带来宏观经济发展，也带来微观工资收入的改变。但经济学中关于工资的理论主要是从个人的受教育水平和在职培训等人力资本机制进行分析的。虽然人力资本机制十分重要，但并非本书所要分析的重点，本书主要从社会资本的角度进行切入。

劳动力的社会资本会给使用它的人带来收入效应，即提高收入。从文献总结，社会资本带来的收入效应，主要是通过以下三个渠道实现的："信息""人情"和"信任"。"信息"机制，指构成社会资本的相关社会网络传递个人和企业的相互信息，从而让劳动力市场中的信息更加对称。格兰诺维特、[1] 蒙哥马利等、[2] 张晓波等[3] 的研究验证了在劳动力市场中人力资本的信息传递作用。"人情"机制，指员工动用的社会网络的关系人能够直接影响员工的工资，并且关系人这样做是基于责任、互惠等情感因素。如边燕杰认为在集体和国有工作占主体的劳动力市场中，工作分配体系占支配地位，因此人情是影响工作岗位进而影响收入的重要因素。[4] 边燕杰对中国的多篇研究都指向于此。[5] "信任"机制，指社会网络产生社会资证作用，即一个人的社会

---

[1] Mark Granovetter, "The Strength of Weak Ties", *American Journal of Sociology*, 1973, Vol.78, No.6: 1360—1380.

[2] James D. Montgomery, "Social Networks and Labor-market Outcomes: Toward an Economic Analysis", *American Economic Review*, 1991, Vol.81, No.5: 1408—1418.

[3] Xiaobo Zhang and Guo Li, "Does Guanxi Matter to Nonfarm Employment?", *Journal of Comparative Economics*, 2003, Vol.31, No.2: 315—331.

[4] Bian, Yanjie, "Bringing Strong Ties Back In: Indirect Connection, Bridges, and Job Searches in China", *American Sociological Review*, Vol.62, No.3, 1997, pp. 366—385.

[5] Bian, Yanjie, "Guanxi and the Allocation of Jobs in Urban China", *The China Quarterly*, 1994, 140: 971—999；边燕杰、张文宏：《经济体制、社会网络与职业流动》，载《中国社会科学》2001 年第 2 期；边燕杰：《城市居民社会资源的来源及作用：网络观点与调查发现》，载《中国社会科学》2004 年第 3 期。

资本为其提供了保证。林南、[①] 弗朗西斯·福山、[②] 格雷夫（Avner Greif）[③] 等人的研究都认为社会资本能够增加信任，从而带来经济回报。

社会资本的物品属性——私人物品或公共物品，影响社会资本提供的数量和效率，对此，本部分也予以简单的理论回顾分析。

第一节　社会资本的界定

传统的人力资本理论认为影响个人经济回报的主要因素包括学校教育和家庭教育，以及职业培训、劳动经验和职业流动。但伴随林南的社会资源理论、格兰诺维特的"弱关系"理论和边燕杰的"强关系"理论的提出，社会资本和社会网络被引入劳动力市场的研究。社会资本可以分为"拥有"的和"使用"的社会资本，而后者通常聚焦于关系人的关系强度和社会地位对求职结果的影响[④]。本书主要采用林南关于社会资本的定义，即"社会资本指个人在目的性行动中获取或动员的、嵌在社会网络结构中的资源"。

一、社会资本的概念汇集

社会资本最早由社会学家皮埃尔·布迪厄在 20 世纪 80 年代提出，社会资本是占有公开的体系化关系网络并能给个人提供回报的实际或潜在资源的集合体[⑤]；科尔曼认为社会资本存在于为行动者便利的社会关系的信息网络

---

① 林南：《社会资本——关于社会结构与行动的理论》，张磊译，上海：上海人民出版社 2005 年版，第 28 页。
② 弗朗西斯·福山：《信任——社会美德与创造经济繁荣》，桂林：广西师范大学出版社 2021 年版，第 27—34 页。
③ Avner Greif, "the Clan and the Corporation: Sustaining Cooperation in China and Europe", *Journal of Comparative Economics*, 2017, Vol.45, No.1: 1—35.
④ 赵延东、罗家德：《如何测量社会资本：一个经验研究综述》，载《国外社会科学》2005 年第 2 期。
⑤ P. Bourdieu, *The Forms of Capital*, in J. G. Richardson, *Handbook of Theory and Research for the Sociology of Education*, N. Y., Greenwood Press, 1986.

中，不仅能提高个人福利，而且也能解决集体行动问题[1]；普特南进一步将微观层次的社会资本扩展到宏观层次，认为社会资本由社会共同参与，能加强人与人之间的信任和促进合作行动[2]。作为社会资本理论的集大成者，林南将社会资本定义为"个人在目的性行动中获取或动员的、嵌在社会网络结构中的资源"，其和人力资本一样能给个人带来经济回报。其中资源指个人可获得的其他人的金钱、地位和社会关系，社会网络由个人或组织和他们之间的社会关系共同构成，行动是社会网络的结构资源转化为行动者资源的途径[3]。

社会学家格兰诺维特的"弱关系"理论和边燕杰的"强关系"理论从社会网络的角度将社会资本引入劳动力市场领域，一些学者开始研究社会资本与求职结果（工资水平）间的关系。格兰诺维特的"弱关系"理论将社会资源划分为有价值的"信息"和直接提供帮助的"影响"，由这两种资源构成的关系分别被称为"弱关系"和"强关系"。[4]格兰诺维特进一步指出弱关系网络主要由不同圈子的朋友组成，能获得更多的异质性信息，所以相较强关系网络更为重要，边燕杰则认为相较于西方的朋友关系能带来更多信息，在中国社会文化背景下，人情关系更是工作获取的重要因素，并借此提出"强关系"假设[5]。

二、"拥有"的社会资本和"动用"的社会资本

社会资本的测量方法可以分为考察个人对社会资本的拥有情况和使用情况，分别代表可以为人所调用和实际动用的资源总量[6]。

① 科尔曼：《社会理论的基础》（上），邓方译，北京：社会科学文献出版社 2008 年版，第 292 页。
② Putnam, Robert D., "The Prosperous Community: Social Capital and Public Life", *The American Prospect*, 1993, 13（spring）: 35—42.
③ 林南：《社会资本——关于社会结构与行动的理论》，张磊译，上海：上海人民出版社 2005 年版，第 28 页。
④ Mark S. Granovetter, "The Strength of Weak Ties", *The American Journal of Sociology*, 1973, Vol.78, No.6: 1360—1380.
⑤ Bian, Y.J., "Bringing Strong Ties Back in: Indirect Connection, Bridges and Job Search in China", *American Sociology Review*, 1997, Vol.62, No.3: 369—385.
⑥ 赵延东、罗家德：《如何测量社会资本：一个经验研究综述》，载《国外社会科学》2005 年第 2 期。

对于"拥有"的社会资本，林南使用社会网络的规模和质量作为社会资本的代理变量，包括广泛度（社会关系职位数目）、达高度（最高职位）、声望幅度（最高与最低职位的高低差值）[①]。按照类似的思路，Munshi 使用来源地社群的外出移民网络作为社会资本的代理变量，发现扩大社交网络能帮助墨西哥移民更容易找到工作并获得更高工资[②]；冯璐等使用"在打工所在城市拥有的亲友数量"作为社会网络规模的变量，发现在同城打工的亲友数对农民工工资无因果效应[③]；章元等使用赠送过礼金的亲友数量及礼金占家庭总支出比等变量来衡量社会资本，发现影响并不显著。[④]叶静怡等使用"是否认识在北京的高级管理人员或者高级技术人员"作为关键变量来研究社会网络层次和质量的作用[⑤]，发现高质量社会网络影响显著。

"使用"的社会资本主要集中于研究关系人的关系强度和社会地位特征，其中关系人指社会网络中能在个人工具性行动过程中为其提供各项资源的网络成员。关系强度指个人与关系人间的关系远近，源于格兰诺维特的"弱关系"理论，之后韦格纳通过以下指标来衡量关系强度：关系人充当角色的类型，关系人与求职者的社会距离、认识时长、交往频繁程度、共同活动情况以及关心程度。[⑥]关于社会地位特征，根据林南的"社会资源论"，社会地位越高的关系人，拥有越丰富的社会资源，越有更多的手段帮助求职者，因此可以通过考察关系人的社会地位来判断"使用"的社会资本情况。[⑦]

---

① 林南：《社会资本——关于社会结构与行动的理论》，张磊译，上海：上海人民出版社 2005 年版，第 28 页。

② Munshi K., "Networks in The Modern Economy: Mexican Migrants in the U S Labor Market", *Quarterly Journal of Economic*, 2003, Vol.118, No.2: 549—599.

③ 冯璐、杨仁珉、王瑞民：《社会网络与农民工工资：数量的作用——基于 6 省 12 市微观数据的实证研究》，载《人口与发展》2019 年第 6 期。

④ 章元、陆铭：《社会网络是否有助于提高农民工的工资水平？》，载《管理世界》2009 年第 3 期。

⑤ 叶静怡、薄诗雨、刘丛、周晔馨：《社会网络层次与农民工工资水平——基于身份定位模型的分析》，载《经济评论》2012 年第 4 期。

⑥ 赵延东、罗家德：《如何测量社会资本：一个经验研究综述》，载《国外社会科学》2005 年第 2 期。

⑦ 林南：《社会资本——关于社会结构与行动的理论》，张磊译，上海：上海人民出版社 2005 年版，第 28 页。

第二节　社会资本的经济效应

关于社会网络形成的社会资本对收入的正向影响，林南（Nan Lin, 1999）[①]统计了 1999 年之前 20 年关于社会资本效应研究的总共 31 篇相关论文，包含了对美国、德国、日本、中国、匈牙利、加拿大、荷兰、意大利、新加坡、西班牙等国家的研究，他们无一例外地都证实了社会资本的资源作用。针对中国历史上和当代的研究，大部分也支持社会资本具有经济效应这一结论。

一、针对近代中国的研究

如下针对中国历史上社会资本的相关研究都认为，具有更多的社会资本能够获得更多的经济利益。如：马俊亚从反面提出苏北人在江南都市中处于社会最低层，正是由于缺乏充足的、可供利用的各种乡谊资源。[②] 饶玲一认为同学关系也是构成社会关系网络的重要组成部分，她考察了校友会的筹措资金、参与学校建设与管理、建立校友关系网络等职能，认为其对毕业生人际网络的建构起到了突出作用。[③] 兰日旭认为中国近代银行家通过以业缘、友缘、学缘和地缘等建立社会关系网络，以股份和人事的方式相互渗透交织在一起，形成利益群体。[④]

二、针对当代中国的研究

在中国社会文化背景下，较常见社会关系包括亲缘关系、地缘或同乡关系和学缘关系等等，研究者往往通过具体的社会关系来探究社会资本对工资

---

① Nan Lin, "Social Networks and Status Attainmen", *Annual Review of Sociology*, 1999, Vol.25: 467—487.

② 马俊亚：《近代江南都市中的苏北人：地缘矛盾与社会分层》，载《史学月刊》2003 年第 1 期。

③ 饶玲一：《从"同年"到"同学"——圣约翰大学校友会与近代中国社会新型人际网络的建构》，载《史林》2010 年第 6 期。

④ 兰日旭：《中国近代银行家群体的变迁及其在行业发展中的作用探析》，载《中国经济史研究》2016 年第 3 期。

的影响。现有的相关主体研究主要集中在农民工和大学生上。除此之外还有大量的相关研究，如林易（2010）[1]，边燕杰等（2012a[2]、2012b[3]），程诚等（2015）[4]，都从方方面面证实社会资本的正向收入效应。

在研究农民工社会资本的作用中，对同乡关系的研究成为一个重要分支，譬如王春超将社会资本区分成强调农民工和当地员工之间关系的"跨越型"社会资本和因地缘或亲缘而形成的"整合型"社会资本两大类，并使用来自北方或南方的指标设置来衡量地缘因素，发现同乡关系影响并不显著；[5]张春泥等进一步使用"雇主和管理者为同乡"和"50%及以上工友为同乡"等变量，[6]宋月萍等以"是否加入同乡会"为变量，均采取倾向得分匹配法来控制内生偏误，结论是同乡关系对其劳动收入均带来显著促进作用。[7]叶静怡、武玲蔚（2014）[8]认为，在对中国大学生求职结果的研究里，较为常见的是探究亲缘等关系网络背后的社会资本对应届生就业的工资水平影响。譬如郝明松使用两步熵增法，认为制度安排影响社会资本，社会资本能对工资差异产生影响；陈海平分阶段整群抽样，采用"春节拜年网"和地位法，发现弱关系和强关系分别影响高校毕业生的职业声望和收入水平；[9]再如Li等[10]、李宏彬等[11]、

① 林易：《"凤凰男"能飞多高：中国农转非男性的晋升之路》，载《社会》2010年第1期。
② 边燕杰、王文彬、张磊、陈诚（2012a）：《跨体制社会资本及其收入回报》，载《中国社会科学》2012年第2期。
③ 边燕杰、张文宏、程诚（2012b）：《求职过程的社会网络模型：检验关系效应假设》，载《社会》2012年第3期。
④ 程诚、王奕轩、边燕杰：《中国劳动力市场中的性别收入差异：一个社会资本的解释》，载《人口研究》2015年第2期。
⑤ 王春超、周先波：《社会资本能影响农民工收入吗？——基于有序响应收入模型的估计和检验》，载《管理世界》2013年第9期。
⑥ 张春泥、谢宇：《同乡的力量：同乡聚集对农民工工资收入的影响》，载《社会》2013年第1期。
⑦ 宋月萍、马腾：《同乡会对农民工劳动收入的影响》，载《中国人民大学学报》2015年第2期。
⑧ 叶静怡、武玲蔚：《社会资本与进城务工人员工资水平》，载《经济学季刊》2014年第4期。
⑨ 陈海平：《人力资本、社会资本与高校毕业生就业——对高校毕业生就业影响因素的研究》，载《青年研究》2005年第11期。
⑩ Li, Hongbin, Meng, Lingsheng, Shi, Xinzheng, Wu, Bin-zhen, 2012, "Does having a Cadre Parent Pay? Evidence from the First Job Offers of Chinese College Graduates", *Journal of Development Economics*, Vol.99（2）：513—520.
⑪ 李宏彬、孟岭生、施新政、吴斌珍：《父母的政治资本如何影响大学生在劳动力市场中的表现？——基于中国高校应届毕业生就业调查的经验研究》，载《经济学季刊》2012年第4期。

谭远发[①]采用大学生父母的政治职业声望（政治资本）作为社会资本的代理变量，发现父母政治资本通过子女人力资本的中介作用产生了工资溢价，但胡咏梅等控制了大学毕业生能力、性别、户籍、高校等级等因素后，发现"官二代"的毕业工资水平只比"非官二代"大学毕业生高 2%，并不显著。[②]

第三节　社会资本对工资的影响机制

社会资本对于求职结果或工资水平的影响机制被总结为三个方面："信息""人情"和"信任"。从经济效率的角度分析，"信息"匹配供求双方是一种效率的改善，"信任"改善员工的工作效率也是一种经济效率的改善，因此当观察到社会资本通过"信息"或"信任"的机制影响工资时，其对经济效率是一种改善。这一点在微观经济学的分配理论里也说得十分清楚，在完全竞争的条件下，劳动者（生产要素）的报酬就代表了他的工作效率。但当社会资本通过"人情"影响工资时，基于"人情"的互惠动机使社会资本扭曲了资源的有效配置。

一、"信息"机制

"信息"机制指构成社会资本的相关社会网络传递个人和企业的相互信息，从而让劳动力市场中的信息更加对称，并缓解雇员能力或努力程度的信息不对称问题。

格兰诺维特认为通过弱关系获取的信息更具有异质性，因此也更具有经济效应。如格兰诺维特（1973[③]，1974[④]）在波士顿郊外的牛顿镇上对 300 名

---

① 谭远发：《父母政治资本如何影响子女工资溢价："拼爹"还是"拼搏"？》，载《管理世界》2015 年第 3 期。

② 胡咏梅、李佳丽：《父母的政治资本对大学毕业生收入有影响吗？》，载《教育与经济》2014 年第 1 期。

③ Granovetter, Mark, "The Strength of Weak Ties", *American Journal of Sociology*, 1973, Vol.78: 1360—1380.

④ Granovetter, Mark, *Getting a Job: A Study of Contacts and Careers*. Cambridge, MA: Harvard University Press, 1974.

白领求职者展开调查研究，结果显示这些人中大部分是通过社会网络而找到新工作的，并且通过相识但交往并不频繁的人找到的工作岗位能获得更高收入，从而认为交往不频繁的弱关系（Week Tie）带来的信息具有较大的信息不重合度，个人也正是借此而实现收入增加的。莫滕森（Mortensen）等[①]认为当企业发布不同工资的职位信息时，通过公司内部人士比自己在招聘网站能获得更多的信息，所以求职者如果能动用社会关系就可以获得工资更高的职位；蒙哥马利（1991）[②]等搭建经济模型分析了在面对不同生产率的求职者时，熟人推荐将解决信息问题，从而高工资即对应高生产率。张晓波等（2003）的研究指出社会网络主要传递了劳动力市场的信息，但是也不排除人情作用带来的对他人的歧视。

二、"人情"机制

"人情"也被称为"影响"或者"关系"，是指嵌入在社会网络中的资本能直接作用于个体或集体的状态和行为目标。特别在中国的传统社会中这种"人情"（下文均称"人情"）往来通常是以互惠为目的的，因此人情交换成为劳动力市场里频繁使用的工具[③]，从而达到彼此利益的提升。在中国"关系"或者"人情"有其独特的文化基础。从文化上分析，中国是一个关系本位的社会。梁漱溟在《中国文化要义》中这样论述，"在社会与个人相互关系上，把重点放在个人者，是谓个人本位；同在此关系上，把重点放在社会者，是谓社会本位"。中国的伦理是"不把重点固定放在任何一方，而从乎其关系，彼此相交换；其重点实在放在关系上了。伦理本位者，关系本位也"。[④] 梁漱溟先生对近代社会的总结对近代中国恐怕是最适用不过了。边燕杰（1997）[⑤]

① Dale T Mortensen, TaraVishwanath, "Personal contacts and earnings: It is who you know!", *Labour Economics*, 1994, Volume 1, Issue 2: 187—201.

② James D. Montgomery, "Social Networks and Labor-market Outcomes: Toward an Economic Analysis", *American Economic Review*, 1991, Vol.81, No.5: 1408—1418.

③ 赵剑治、陆铭：《关系对农村收入差距的贡献及其地区差异——一项基于回归的分解分析》，载《经济学季刊》2010年第1期。

④ 梁漱溟：《中国文化要义》，上海：学林出版社1987年版，第93页。

⑤ Yanjie Bian, "Bring Strong Ties Back in: Indirect Ties, Network Bridges, and Job Searches in China", *American Sociological Review*, 1997, Vol.62, No.3: 366—385.

在研究了 1988 年中国天津的调查数据后，发现在集体和国有工作占主体的劳动市场中，工作分配体系占支配地位，因此人情机制是影响工作岗位进而影响收入的重要因素，尤其是通过强关系（strong tie）寻找工作的收入更高。边燕杰（1994[1]、1997[2]、2001[3]、2004[4]）对中国的多篇研究都指向于"人情"带来的互惠利益。张晓波等（2003）[5]研究了"关系"对农民找到非农工作的作用，在分析了 1995 年东北中国生活水平调查的数据后，认为"关系"能够显著地提升工作机会。

三、"信任"机制

"信任"指社会关系能证明其信用程度。福山认为社会资本即由社会或社会一部分普遍的信任所产生的一种力量，这种信任能够提高企业职员的生产效率和有效降低用人成本。[6]格雷夫（2017）也认为社会的不同组织方式能够产生不同的信任模式[7]。中国传统宗族的组织方式能够产生相应的社会资本存量，并在成员内产生高度的信任。因此，当现代企业构建超越宗族进行组织时，可以借用宗族内的社会资本构建企业和员工之间的信任。

四、不同机制的市场效率与经济体制的匹配

通过"信息""信任"和"人情"三种不同机制，社会资本对市场效率的

① Bian, Yanjie, "Guanxi and the Allocation of Jobs in Urban China", *The China Quarterly*, 1994, Vol.140: 971—999.
② Bian, Yanjie, "Bringing Strong Ties Back In: Indirect Connection, Bridges, and Job Searches in China", *American Sociological Review*, 1997, Vol.62: 266—285.
③ 边燕杰、张文宏：《经济体制、社会网络与职业流动》，载《中国社会科学》2001 年第 2 期。
④ 边燕杰：《城市居民社会资源的来源及作用：网络观点与调查发现》，载《中国社会科学》2004 年第 3 期。
⑤ Xiaobo Zhang & Guo Li, "Does guanxi matter to nonfarm employment?", *Journal of Comparative Economics*, 2003, Vol.31: 315—331.
⑥ 弗朗西斯·福山：《信任——社会美德与创造经济繁荣》，桂林：广西师范大学出版社 2021 年版，第 27—34 页。
⑦ Avner Greif, "the Clan and the Corporation: Sustaining Cooperation in China and Europe", *Journal of Comparative Economics*, 2017, Vol.45, No.1: 1—35.

改善或阻碍作用是完全不同的。"信息"机制解决了劳动力市场中的信息不完善问题，因此社会资本对市场经济是一种有益的补充。"信任"机制通过完善社会惩罚机制以及风险分散机制，来制约风险行为的产生和降低相关行为主体可能面临的风险，因此对社会效率是一种改善、对经济效率是一种提升。而社会资本基于"人情"机制的收入效应，是一种收入的再调节，很有可能有悖社会公平，进而损伤经济效率。

从不同的作用机制和市场经济的匹配分析，边燕杰、张文宏（2001）[1]做了相应的研究。他们认为，在市场经济下，社会资本的信息传递机制起主要作用，它是对市场中信息不对称的有效修正。但在新中国成立的再分配经济下，因为无法自主寻找职业，职业信息没有直接意义，待分配的择业者通过人际关系得到工作分配主管部门的分配决策人的照顾，社会资本主要起着人情网的作用。而在其后的转型经济中，因为原来的分配制度解体，劳动力市场处于形成和发展过程中，社会网络资本以提供人情为主，传递信息为辅。

第四节　社会资本的物品属性

社会资本的物品属性是公共物品还是私人物品，这在学术界是有争论的。不同的学者持有不同的观点。这种观点的不同其实也是因为不同学者对社会资本概念界定的不同所带来的。

首先，第一个视角是微观视角，即关注个人对社会资本的使用。"在这个层次上，社会资本类似于人力资本，因为个人进行投资是为了其自身的回报（一些利益或利润）。"[2]弗拉普（Flap）认为社会资本是与使用者有强关系的由他人提供的资源，所以社会资本是利用社会资源所产生的产物。[3]伯特（Burt）

---

[1] 边燕杰、张文宏：《经济体制、社会网络与职业流动》，载《中国社会科学》2001年第2期。

[2] 林南：《社会资本——关于社会结构与行动的理论》，张磊译，上海：上海人民出版社2005年版，第20页。

[3] Flap, Henk D. and Nan Drik De Graaf. "Social Capital and Attained Occupation Status," *Netherlands Journal of Sociology*, 1986. 22: 145—161.

的"结构洞"（structural hole）理论更是强调了个人在社会网络中的位置对其形成的社会资本的价值。[①] 这些从微观视角出发对社会资本的研究都强调了社会资本的私人物品特征。

其次，第二个视角是宏观视角，关注群体层次的社会资本。这些研究集中讨论了某些群体如何发展并维持了作为公共物品的集体社会资本。布迪厄（Bourdieu）和科尔曼（Coleman）都是从这个视角进行分析的。在科尔曼的书中特别论述到"社会资本具有公共物品的性质"。[②] 而普特南（Putnam）的研究更是把社会资本描述为一个城市或国家拥有的公共资产。[③] 他关于美国和意大利社会的经验研究成了从宏观角度研究社会资本的典范。[④] 总体来看，从宏观角度出发的研究都认为社会资本是具有公共物品特征的。

最后，折中的视角。由于微观和宏观的视角在看待受益主体时存在的差异，学者们有诸多争论。比如，Portes 认为把传统已经存在于微观社会网络中的社会资本概念扭曲（twist）至集体社区是不分因果的。[⑤] 林南也认为把社会资本的概念定义为团体的公共产品，会带来与规范、文化和信任等词汇的混淆。[⑥] 最后，在细致总结微观和宏观视角的共同点后，林南提出以两个层次社会资本共同的特征来定义社会资本，即：社会资本可以操作化定义为行动者在行动中获取和使用的嵌入在社会网络中的资源。林南同时也提出了统一的将微观和宏观社会资本并列作为原因端的研究框架，并认为社会资本既有私人物品属性又具有公共物品的属性。[⑦]

在林南试图统一社会资本概念的过程中，并没有讨论微观层面私人物品

① Burt, Ronald S., *Structural Holes: The Social Structure of Competition*, Cambridge, MA: Harvard University Press, 1992.
② 科尔曼：《社会理论的基础（上）》，邓方译，北京：社会科学文献出版社 2008 年版，第 392 页。
③ Putnam, Robert D., "The Prosperous Community: Social Capital and Public Life", *The American Prospect*, 1993, 13（spring）: 35—42.
④ 罗伯特·D. 帕特南：《使民主运转起来》，王列、赖海榕译，北京：中国人民大学出版社 2017 年版。
⑤ Portes, Alejandro, "Social Capital: Its Origins and Applications in Modern Sociology", *Annual Review of Sociology*, 1998, Vol. 24（1998）: 1—24.
⑥ 林南：《社会资本——关于社会结构与行动的理论》，张磊译，上海：上海人民出版社 2005 年版，第 25 页。
⑦ 同上书，第 24—25、235 页。

的社会资本和宏观层面公共物品的社会资本之间的相互转化和联系，只是简单地把它们并列在一起，纳入一个研究框架。本章的历史研究发现，在实际的历史发展中，承担"信任"功能的原有担保人社会资本的缺乏会驱动企业管理层去寻找新的解决方案，新方案最终呈现出公共物品的特征。即实现了社会资本从私人物品向公共物品的转化。在这一点上，本书的研究弥补了社会资本物品属性转化的研究空白，也为理论分析作出了一定的贡献。

第二部分　企业员工社会资本的使用和经济回报

第三章　被动用的社会资本
——介绍人和担保人

在中国历史上，人们动用的社会资本被称为"中人""中保人""介绍人""担保人"等等。在"中人"的称呼时，我们无法辨别其仅仅提供了信息，还是亦提供了担保承诺。随着经济社会的发展、近代通商口岸的开放、经济活动的日益繁盛，"中人"的职能被"介绍人"和"担保人"区分开来。从历史资料分析，"担保人"主要承担了担保责任，"介绍人"则可能既有"信息"传递又有"人情"互惠的功能。

第一节　近代关系人与社会活动

中国传统社会以亲缘、地缘、文缘为纽带构成"三缘"关系网络，而关系人正是在社会网络中提供关键资源、具有关键地位的人。这类关系人不仅在商业活动中不可或缺，而且自近代后逐渐广泛活跃在劳动力市场，在求职过程中为各行各业提供职业介绍和信用担保等工作，发挥着传递信息流动、消除私人信息不对称和信用担保等功能。

社会学家费孝通提出的差序格局理论认为，传统中国的关系网络以家庭为核心，依关系亲疏以同心圆的方式向外扩张，形成一个蛛网的社会关系网络，即家人比同乡更亲近，而同县又比同省更亲近。[①] 在古近代农村由于人口流动较弱，信息被分割在一个个村落里，因此村间信息传播较慢、村内信息传播较快、信息共享程度高。由于村内相互的长期交往使得惩罚可信，村民们非常看重在宗族和村内的名誉，因此民事活动中往往以有血缘关系的亲

---

① 费孝通：《乡土中国》，上海：上海人民出版社 2013 年版，第 26 页。

属做担保人。但在古近代尤其是近代的商业活动中，血缘关系难以适应专业性强、规模大、流动性高的商业需求和治理，而同乡之间信息传递依然较为充分，因此同乡关系也变得更加重要；此外，科举制和新式教育制度也催生出"同年"关系和同学关系。综上，亲缘、地缘、文缘组成近代社会的关系网络。

一、商业活动中的"中人"

在中国传统社会关系网络中，关系人作为第三方参与者往往与关系双方来往密切，而且拥有关键资源、具有关键地位，不可或缺。关系人在古近代商业活动和求职用人过程中的名称不一，包括"中保人、保人、中人、旁人、见人和时见人"等等。史学界把民事契约中当事人之外的"第三人"统称为"中人"[①]，在借贷、典当、租佃和买卖等商业活动过程中，"中人"起到促成交易订立、降低交易风险、减少法律诉讼和维护社会稳定的重要作用。[②] 在20世纪上半期的中国乡村经济的雇佣关系中，保人主要担保劳动者的劳动表现，如是否逃工、怠工等。这些保人多是"社会、经济地位较高，关系广泛，有人缘，有面子"[③]之人。"中人"按照是否承担担保责任可以分为中介人和担保人，前者主要起证明作用，不负有连带责任，后者不仅起到证明作用，而且承担有限或无限连带责任。[④]

伴随契约行为的兴起，"中人"最早起源于西周时期，随着民事活动日趋完善，汉代"中人"开始普遍参与订立契约，唐代时期敦煌和吐鲁番留下的契约较多。[⑤] 宋元之后居间交易开始扩展到商业各个领域，并开始形成标准化契约，"中人"的称谓已基本固定在"中人"和"中保人"，而作用也逐渐稳定在两个方面：居间介绍和保证履约，前者还要负责评议交易价格、促成

---

① 李祝环：《中国传统民事契约中的中人现象》，载《法学研究》1997年第6期。
② 李金铮：《20世纪上半期中国乡村经济交易的中人》，载《近代史研究》2003年第6期。
③ 同上。
④ 张域：《论近代中国担保习惯中的保证人责任》，载《法制与经济（下半月）》2007年第2期。
⑤ 高大敏：《中国古代契约中的中保人制度探析——从大觉寺契约文书说起》，载《法制与社会》2007年第5期。

交易并见证过程，后者负责留下保证书、支付保证金、催促保证人等。①明清时期随着民间产业分工、商贸交易的繁荣和成熟，"中人"的作用更加凸显，甚至出现给"中人"支付报酬的现象，如清代徽商根据成交双方的经济地位和合同履约情况支付给"中人"银两、宴请和物品等报酬。②③民国时期"中人"仍然十分广泛地活跃在乡村经济交易中，发挥着证人、担保和调解纠纷的作用，促进交易合同订立，减少法律纠纷，维护了社会经济的稳定。④

在历代的商业活动和民事契约合同中，"中人"逐渐演变成"中介人"和"担保人"两种不同作用的角色。⑤据吐蕃归义军时期的敦煌民间私契记载，契约中的"中保人""口承人""同取人""同便人"均为担保人角色，身份主要为被保人的直系家属，虽然他们可能不太具备保人的经济条件，但和被保人有直接的血缘关系，这反映了当时"父债子偿"等家庭宗族观点浓厚。而"见人""知见人"等称呼则为中介人和见证人，他们身份多种多样，但大多是社会地位和威望名声较高的人物，上至节度幕府职官下至村官乃至邻居乡里。⑥李祝环指出"中人"应该具备一定的资信条件，大多为保、甲、村正副，或宗族亲尊长，或族邻、地方士绅等，这些人的"面子"越大，交易成功的可能性越大。而且这些人中相当一部分充当"中人"的目的并不在于获得报酬，而是在于在其小环境中获得更为广泛的名誉和地位。⑦潘宇等则总结中介人拥有促成交易成立、帮交易方议价、发生诉讼时作为证人的义务，同时具有确认交易标的无瑕疵、中人报酬等权力；而担保人负有代为偿还责任，可分为完全偿还责任和不完全偿还责任，也负有债务人财产减少的告知义务与催促债务人履行义务。⑧

① 李祝环：《中国传统民事契约中的中人现象》，载《法学研究》1997年第6期。
② 王帅一：《明清时代的"中人"与契约秩序》，载《政法论坛》2016年第2期。
③ 郭睿君、李琳琦：《清代徽州契约文书所见"中人"报酬》，载《中国经济史研究》2016年第6期。
④ 李金铮：《20世纪上半期中国乡村经济交易的中保人》，载《近代史研究》2003年第6期。
⑤ 李祝环：《中国传统民事契约中的中人现象》，载《法学研究》1997年第6期。
⑥ 杨惠玲：《敦煌契约文书中的保人、见人、口承人、同便人、同取人》，载《敦煌研究》2002年第6期。
⑦ 李祝环：《中国传统民事契约中的中人现象》，载《法学研究》1997年第6期。
⑧ 潘宇、李新田：《民国间民事习惯调查中所见的中人与保人研究》，载《法制与社会发展》2000年第6期。

二、用人市场中的介绍人和保证人

伴随商业活动的繁荣和成熟，明清和民国时期的商铺、票号等场所的用人需求日渐旺盛，但社会的信息不对称现象严重和政府的公信力监督较差，用人情况难以受到有效的制度保障，所以人们沿用了人事介绍和信用担保等非制度性因素。在向店铺引荐伙计时，介绍人承担顾问职能，担保人承担担保责任，如果伙计出事，担保人需要承担无限或有限担保责任，介绍人虽然不承担经济责任，但其声誉会受到较大影响，因此介绍人、担保人与伙计的关系强度以及介绍人和担保人的社会地位，成为店铺关注的重要问题。例如在晋商用人习惯的研究中，殷俊玲认为学徒必须经过保荐才能进去店铺[①]，刘建生等认为学徒需要和店铺有同乡关系，而且担保人需要家境殷实等条件[②]，而商代贵指出票号要求更为严格，担保人还需要和票号内部关系密切，且票号内部只有经理层次以上才能为人作保，股东不可作保。[③] 王治胜通过收集山西晋商晚清民国时期的两本荐举账和一些保证书，指出这种以传统伦理为主导的社会关系网络的信用担保制度对于晋商的发展壮大起到很大的作用。[④]

民国时期以介绍人为核心的人事举荐和以担保人为核心的信用担保现象在各行各业中广泛存在。关于人事举荐，由于信息不对称、供大于需等原因，民国之前除了私人介绍，还存在荐头店、中人行等以盈利为目的的私营职业介绍所，他们为劳动力双方提供有偿的中介服务，方便双方沟通，主要为进城务工农民和部分城市贫民服务。同时并行的是工矿企业内盛行的工头荐引制，当时工矿企业盛行包工制，包工头具有充分的人事任免权，新工人进厂需要将一定金额的介绍费给工头。1927 年南京国民政府成立后逐渐在南京、北平和上海等城市建立更多的公益性职业介绍所，1935 年《职业介绍法》颁

---

① 殷俊玲：《晋商学徒制习俗礼仪初考》，载《山西大学学报（哲学社会科学版）》2005 年第 1 期。

② 刘建生、燕红忠：《晋商信用制度及其变迁研究》，太原：山西经济出版社 2008 年版，第 141 页。

③ 尚代贵：《公司法人治理结构之本土化研究：以晋商票号为例》，北京：中央文献出版社 2009 年版，第 114—115 页。

④ 王治胜：《晚清民国时期晋商字号人事信用担保研究——基于保证书、荐举账的考释》，载《长治学院学报》2018 年第 4 期。

布。同时伴随电工和教师等专业技术人才的培养，也逐渐发展出专门针对专业技术人员的职业介绍所。

关于人事信用担保，如前文所言，晋商学徒进入票号需要经过引荐、考核、签保和入号等步骤，介绍人通常是财东或大掌柜的同乡或亲属，但财东本人不可推荐，而保人主要是和店铺关系密切的、有一定社会地位的当地商绅，或者殷实店铺即铺保。再如，近代20世纪30年代青岛茶楼酒馆以及其他娱乐场所雇佣女招待需要觅得保人并报公安局备案，人力车夫也需要找到三位人力车夫作保或者营业资本在50银元（以下简称"元"）以上的铺保才能从业。① 保人是移民在青岛求职的制约制度，其保障了移民在青岛的生存与发展，反映并强化了传统农村关系网络在城市的迁移或复制。

这种担保人在除了国家和家庭之外的中层组织中广泛存在。笔者在上海档案管的资料中发现，基本上所有的中层组织都需要，甚至在大学里面求学也是必需条件。在一份1935年的大同大学的学生担保书中这样写道：

> 保证人 *** 愿保学生 *** 入贵校肄业遵守校中章令及当地各种规定，如有关于疾病、银钱及其他意外事项均由保证人负责料理，决不推诿，立此为证。②

保证人：***

籍贯：****

职业：****

住址及电话：****

与学生之关系：****

附注：（一）保证人须现住上海有正当职业者（二）住址迁移请随时通知

总体来看，近代各行业以介绍人为核心的人事举荐和以担保人为核心的信用担保起源于商业活动中的"中人"现象和店铺的用人习惯，这些现象和

---

① 柳敏：《从保人制度看近代青岛对乡村移民的管理》，载《史学月刊》2014年第6期。
② 上海档案馆藏：《大同大学1945学年度第一学期学生志愿保证书》，全宗号：Q241-1-564，第3页。

习惯背后反映了中国传统社会关系网络在劳动力市场里的作用，从古代开始介绍人一般由店铺内部人士亲属和同乡充任，较为了解求职者的私人信息，更注重社会声誉，担保人一般为家境殷实者，需要承担担保责任，介绍人和担保人从"信息""影响"和"信任"三个角度来影响求职者的求职结果。而在近代的银行业同样也存在人事举荐和信用担保现象，而且因为金融业专业性强、经营风险大等特点，介绍人和保证人能够发挥更大的作用。

三、社会资本能够带来经济回报

社会资本，包括介绍人和担保人，不但能够给动用该社会资本的所有人带来工作的机会，也会带来升迁等更高的工作回报。比如，近代从乡村来城市谋生活的码头工人多以地缘和血缘关系为纽带，他们按亲疏远近来决定谁优先获得劳动工作权和享受较好的拆账比例权。① 又如，在银行业中，保证人的信誉状况如何，会影响所保行员的前途。如若保证人资格稍差，其所保银行行员的前途就比较渺茫。② 再如，在方显廷对磨房业的调查中发现，磨夫的介绍人都是磨房的职员，有经理、司账，也有店员和磨夫。如果磨夫是被经理介绍来的，"地位较其他磨夫稳固"。③

第二节　近代银行业的介绍人与职员工资

近代上海尚未建立起行之有效的劳资信任机制，银行业的求职市场十分依赖介绍，即使当时银行较多使用招考方式聘用职工，也常常逃不脱介绍的背景。在传统中国关系社会网络和近代上海找工作艰难的背景下，同乡和亲

① 杨可：《"正名"和"做事"：以码头工人为例看民国前期工会与旧式工人团体的关系》，载《广东社会科学》2010年第1期。
② 孙建国：《传统与变革：中国近代企业信用保证制度研究》，北京：社科文献出版社2009年版，第66页。
③ 方显廷：《天津之粮食业及磨房业》，李文海等编《民国时期社会调查丛编·近代工业卷》（中），福州：福建教育出版社2014年版，第477页。

属知根知底，因此以亲属、同乡、同学等为基础的社会关系网络和社会资本成为关键。

一、介绍人与职员之间的关系和身份条件

首先是同学关系，银行业要求搜寻信息和整合资源，银行职员往往喜欢在外广交朋友，形成关系网络来建立高效的信息渠道，而同学关系属于弱关系的范畴，往往首先被建立起来。然后是同乡关系，同样属于弱关系的范畴，但相比较于同学关系，这种以相同的出生地、共同方言和姓氏的关系纽带更能带给银行职员心灵归属感。职员找工作时往往借助同乡关系，近代许多银行也往往以招募同乡为主，如江浙银行家因为都身处江浙一带，更愿意和同乡人一起整合资源，促进了南三行和北四行等地区银团的形成。最后是血缘关系，银行要求较高的专业性和人际交往能力，而且存在一定的经营风险，所以血浓于水的亲戚关系对于职员进入银行同样重要。

介绍人主要由银行内部职员和与银行掌权者有特殊关系的外人（商界、学界、政界等）充当，除此之外还包括职业介绍所等等，其中银行内部职员介绍的职员占最大比例。当时不少银行鼓励银行内部职员推荐和介绍职员进入银行。例如，1934年7月浙江兴业银行在一次招考练习生过程中，该行总经理徐新六（字振飞），以及张笃生、华汝洁、陈光嵩等中高级职员曾推荐近十名练习生。浙江兴业银行的行员介绍人档案资料也表明了，接近一半左右的行员是由老行员介绍而来的。[①]再如，1934年1月交通银行第二次招考乙种试用员时，共有318人报考，其中年龄最小的只有15岁，为交通银行芜湖分行陈家俊的幼子。陈家俊在交行服务已届满20年，"上年退老家居，亟盼幼子早日立业，故特命其前来应考，冀于录取后，如箕裘克绍"，所以推荐其子进入银行。[②]上海商业储蓄银行亦提出"同人中有才识优长之亲友，如愿来吾行服务，而吾行亦有此需要者，可尽力介绍，绝无派别而言"。[③]

---

① 上海档案馆藏：《浙江兴业银行全行员生介绍人登记表、优缺点考语表、情况记录表等件》，全宗号：Q268-1-263。
② 交通银行总管理处编：《招考试用员拾闻》，载《交行通信》1934年第1期。
③ 沈维经：《银行之人事管理》，载《海光月刊》1948年第1期。

　　还有不少人找工作是通过学校直接向用人单位进行推荐。比如在上海商业储蓄银行的档案中，作者就发现了国立中央大学、交通大学、东吴大学以及圣约翰大学使用中文或者英文向上海商业储蓄银行发送的介绍信，他们不但介绍自己的专业设置，还推荐自己的优秀毕业生，也包括女优秀毕业生。这里择其二摘录如下：

> 　　光甫（陈光甫，上海商业储蓄银行总经理）先生……兹有黄兰如女士肄业于敝校教育学系，将于本届卒业。在校成绩甚佳，现有志入银行服务用特介绍。贵行如有相当机会，尚祈畀以一席以资历练……①

　　这封信是在 1935 年 6 月 6 日，写在国立中央大学校长室用笺上的。即国立中央大学推荐了将要毕业的女学生。在该文件上被银行相关人员批注"婉覆"（复），即婉言回复，以及"请予存记"。档案中还附了陈光甫的回信，如下：

> 　　惠书聆悉一是目下商业凋敝，敝行业务暂尚紧缩，原有人手已敷支配。承介贵校黄兰如女士若无相当位置深用歉怅，除已嘱主管人事部份即予存记，俟有机缘再行邀致，……②

　　除了这份用中文推荐女毕业生的推荐信，还有一封交通大学的英文推荐信也十分有代表性。它在信中介绍了学校新设的专业和特点，也特别强调了所介绍学生的优秀之处：

Dear Sirs:

　　Due to strong business competition of the present time, a group of industrial leaders pay so much attention on scientific management. The College of Administration of this University, therefore, established four years

---

① 上海档案馆藏：《上海商业储蓄银行有关告发、匿名信及谋事存托等事项伍克家等与各分支行及外界来往函件》，全宗号：Q275-1-2317，第 92 页。
② 同上书，第 93 页。

ago a new department called the Department of Industrial Administration. The main purpose of it is to train a small group of worthy and promising young men with high ideas in the processes of industrial administration.

Enclosed please find a four year course curriculum for yours reference. The nature of this curriculum is not only to train the students with an adequate knowledge of applied science for the technique of engineering and production, but we also pay very much attention on the administrative science. Furthermore, we emphasize more closely in teaching the following subjects; such as Sales, Material, Personnel, Finance, Accounting and Statistics. We firmly believe that these graduates of ours are qualified to meet the urgent needs of the society at present.

The first class of graduation of this department only consist of five candidates. Two of them have already been engaged by the Ministry of Railroad at Nanking. But the other three candidates are looking for decent positions. They will only accept offices from well known firms in any sections of the county. Therefore, I strongly recommend any one of them to your consideration in case you are looking for a man who has received some adequate training in engineering as well as in commercial sciences.

The University only confers degrees to those candidates who not only have completed the prescribed courses of study, but also must have high moral and good character.

Your kind consideration will be greatly appreciated both by the candidate and the undersigned as well. I am writing for your early favour. I am,[①]

Very sincerely yours,

签名

Dean of the College of Administration

---

① 上海档案馆藏:《上海商业储蓄银行有关告发、匿名信及谋事存托等事项伍克家等与各分支行及外界来往函件》, 全宗号：Q275-1-2317, 第 96—97 页。

在这封信中，首先介绍了学校四年前为了发展形势需要新设立的一个
系——工业管理。随后介绍了该系所学习课程，比如工程和生产，管理以及
销售、金融、会计、统计等等。最后，重点介绍了这个专业第一届毕业生最
优秀的五个学生的就业需求，并推荐还剩下未找到工作的三个毕业生。

当然当时也有不少人希望通过自荐找到工作。比如在上海商业储蓄银行
的档案中至少找到了集中发生在1935年的8份自荐求职信。他们有女性有
男性，有高学历找职员工作的也有粗通文字找试扫工作的，有中国人也有外
国人。自荐书有用中文书写的，也有用英文书写的。不但有外国人用英文书
写自荐书，也有中国人用英文书写自荐书。但档案资料显示他们都没有成功。
摘录如下：

1935年4月5日的女子自荐：

> 经理先生大鉴，谨启者儒珍，原籍浙江慈溪年十六，曾受普通教育，
> 擅长珠算。此次参加上海市民众教育馆珠算竞赛，幸得录取第三，附上
> 照片一纸以资证实。素仰贵行业务发达，会计人才时有需要，儒珍不揣
> 冒昧，愿任相当职位或练习生月薪不计。倘蒙录用，请赐函本市法租
> 界……①
>
> 女子邵儒珍谨启
> 四月五日

该女子只有16岁，也没有提及是否读过中学，虽然珠算是强项，但是上
海商业储蓄银行招收练习生的标准多数是需要高中学历的。下面还有一份有
工作经验的女性的求职信，写于1934年3月28日：

> 鄙人现拟在贵行谋一职务，未知能录用否，倘蒙试用，必当克勤其
> 职，兹附上履历一纸，即希查阅为荷。
>
> 王露笙

---

① 上海档案馆藏：《上海商业储蓄银行有关告发、匿名信及谋事存托等事项伍克家等与各分
支行及外界来往函件》，全宗号：Q275-1-2317，第129页。

　　王露笙，江苏嘉定，三十岁，女性。前在上海艺术师范大学毕业，曾任湖南省立二女师艺术教员年半，浙江第四中学艺术教员兼辅导员二年半，宁波女中，宁波育德女校艺术教员各半年，上海三育中小学艺术教员一年，上海艺术大学书记半年。①

　　从自荐信可知，该女子 30 岁，亦有不少教职的工作经验，但是调换工作频繁。从她所学的专业——艺术分析可知其所学专业与银行需要的人才并不相符合。银行存档表示，该自荐信都没有被银行回复。

　　在人们的印象中，能自荐的多是高学历人才，如下面的案例所示：

　　克家（指的是上海商业储蓄银行主管人事的伍克家）先生公鉴，毛翊为求职事谨此奉呈。毛翊于一九三二年卒业于光华大学商科，曾在协成金号任协理一年。继以该号停办，在家研究中国货币问题及国外汇兑。素仰贵行盛名，请准录入服务。专此即请公安。②

毛翊谨上
五月十七日（1935 年）

　　该自荐人，是一位有着大学商科学历和工作经验，并且知道上海商业储蓄银行分管人事领导的业内人士。该档案只是表明该信件已经回复并归档。但后续的行员调查里没有此人，估计只是如大多数人一样，以官方统一版本回复婉拒。

　　档案里亦有没有受过什么教育，来寻找蓝领工人工作的自荐人。如下所示：

　　经理先生：我是一个贫苦的人。在十四岁上出了那私塾的门，进了那烦杂的绸厂为工，因为智浅恐后难在社会上生活。屡次想进夜校补习，可恶的夜班羁身及金钱的压迫，不能达到目的。现在改织素纺，家中开

---

① 上海档案馆藏：《上海商业储蓄银行有关告发、匿名信及谋事存托等事项伍克家等与各分支行及外界来往函件》，全宗号：Q275-1-2317，第 133—134 页。
② 同上书，第 111 页。

支颇难维持，努力勤做亦无出头之日！只有恳求先生：代荐为一试扫之役。

　　先生：恐无荐无保来路不明，有意外之事发生。如需要押柜（押金）若干者，请赐玉音。晚（辈）李海容现年十八岁，江苏省高邮县人，生长于沪，能言沪语湖语。晚（辈）勤俭耐苦，忠诚可靠，无丝毫恶习惯，无嗜好，文字粗通。附上本人最近二存照一张，先试做一星期，如合格者每月只望给薪五、六元，万望。①

李海荣百叩
四月三十日（1935 年）

　　该求职人求职信中表明自己不是高学历，也没有介绍人和保证人，但是来信书法十分工整漂亮。档案里记载的"不覆（复）"表明银行方面连一封回复信也没有，即银行是不会雇佣他的。

　　虽然低学历的自荐往往让人觉得没有分量，但是自荐书本身也是表现自己的方式，下面一篇来自初中毕业的学生的自荐信的文采让上海商业储蓄银行的负责人事的管理人员批注"特予存记，一有机会即用可爱之青年也"，我们看看这封自荐信的详情：

　　文鉴老伯大人……晚（辈）自今夏读毕沪江处中后，本拟继入高中以竟家父所谓每人有高中程度之初志。奈因晚近农村破产都市崩溃相继而至。家父收入乃告大减，而晚（辈）弟妹众多，培植更觉不易。晚（辈）每思易地为良，再图上进，终苦于无大力者汲引，未遂所谋。窃思，老伯奖掖后进，凤著热忱，凡在青年多蒙矜育。况家父往昔与老伯尔有管鲍之谊，定能珍念老友之后，乐于提携。而晚（辈）他日苟得寸进者，饮水思源。老伯所赐感激无穷矣。……晚（辈）对于中算两项虽非深造，犹有寸长，至于英文仅有初中程度……②

---

① 上海档案馆藏：《上海商业储蓄银行有关告发、匿名信及谋事存托等事项伍克家等与各分支行及外界来往函件》，全宗号：Q275-1-2317，第 121—122 页。
② 同上书，第 84—85 页。

在这封信里面，自荐人说明了自己虽然想找工作但苦于没有人引荐，希望收到信件的长辈能够提携后人，并且表示自己会饮水思源。可以说是动之以情，并略略打动了负责人事工作的管理者的心。

在自荐信里有外国人发来的英文推荐信，如下：

Dear Sir,

I beg to make an application for a position at your Bank.

I have had over 20 years experience in general office work 16 years of which are in Banking.

I am Russian, 48 years of age and married.

I was with the Far Eastern Bank, "DALABNK" for the last 10 years, my services there terminated at the end of 1934 on account of change of proprietorship.

Messrs: E.Kann (of Kann & Mayaudon, Exchange Brokers)

O. Fischer (of Musso Fischer & Wilhelm, Layers.)

Will give their personal refernces with regard to my character.

Enclosing herewith a copy of a testimonial from my last employers, I am trusting that my application will meet with your favourable consideration, and assuring you that I shall use every endeavour to satisfy you, should you grant me a position, I remain······

在这封来自苏联的自荐求职信中，自荐人坦承他因之前工作的远东（苏联）银行的所有权更替而失业。这封信被标为"已覆（复）"，但银行回复的信件表明，遗憾地告知银行没有空缺职位（regret to advise that there is no vacancy available in this bank）。

中国人也有写英文自荐信的，如下：

Dear Sir,

I have the honour to draw you my application for enquire whether do you require any Chinese book-keeper in your office. I beg most respectfully to offer you my service.

I am a native of Shanghai, aged thirty-four and possess a good knowledge of accounting, bookkeeping, banking, typewriting and general office routine as well as keeping complete set of books. I have been employed with ... also I have received good references from my last employees, the copies of which I have enclose herewith. Therefore, I am sure, I can give my service with entire satisfaction.

Hoping my application will meet your kind consideration and awaiting you an early reply for interview.[1]

Yours obediently,

Eddie Kyoung

中国人用英文写自荐信，部分是因为通过表示自己的英文流利，希望能够取得工作机会。但档案中银行没有标注"已覆（复）"，即很有可能，银行连回复都没有，更不要提雇佣该自荐人了。

虽然，从当时上海商业储蓄银行在诸多回复的信中可知，未能录用这些自荐人的原因为"现在各业都在紧缩中，……现有人手已敷支配"[2]，但我们在 1937 年的行员调查中可知直到随后两年他们也都未能得到录用的机会。我们可以认为自荐找工作是一些人不得已的选择。

二、介绍人对职员工资影响的"人情"和"信息"途径

介绍人通过"人情"和"信息"两个方面来影响职员工资情况。

一方面，介绍人通过"人情"直接影响职员的经济收入。银行业务专业性强，十分看重能力强、素质高、品行端正的人才，但是即使建立了科学的用人制度，有时仍然因为"人情"关系会招录一些不符合银行人事规定和经营需求的人，这种人情关系虽然对个人回报有所提升，但会扭曲市场正常配

① 上海档案馆藏：《上海商业储蓄银行有关告发、匿名信及谋事存托等事项伍克家等与各分支行及外界来往函件》，全宗号：Q275-1-2317，第 117 页。

② 同上书，第 110 页。

置,对于银行的正常经营和用人是资源错配和无效率的。如上海商业储蓄银行在 1932 年《第 64 次总经理处会议上伍克家报告人事科工作》中提及,招录人员"工作初看并不十分困难,实在却也很不容易。第一,相当的人才不容易找……有时找到了……又因身体不及格,或保人不合格只好放手。还有……许多因人情上的关系。要想拒绝,真不容易。"[1]

另一方面,介绍人因为熟知劳资双方信息,通过信息沟通,也会改善被介绍人的经济收入。介绍人一般是银行内部职员或与银行有特定关系的人,较为熟悉银行运作和实际业务,也能更懂得银行招录人员的要求和求职者的私人信息,起到了初步筛选的作用。对于银行而言,相信介绍人对求职者能力的判断,愿意给予更高工资的职位,但如果求职者之后出事了,银行便会怀疑介绍人的判断,所以介绍人虽然不负经济责任,但也会承担一定信誉受损和道德责任。例如,上海商业储蓄银行在练习生报考时,要求其填写"申请任用书",在该"申请书"的最后,介绍人还须在下列声明之后签名盖章:"申请人系由鄙人介绍,如任用后发生违背行规、怠忽职务等情事,致使贵行遭受损失,鄙人愿追究责任。"[2]

三、介绍人通过"人情"途径影响被介绍人的案例展示

介绍人通常在面对用人单位时会详细介绍被介绍人的相关信息,因此介绍人的"信息"沟通作用是十分明显的。但是相比之下介绍人的"人情"作用不是那么显而易见。从案例分析"人情"作用主要体现如下几个方面:首先,在"人情"关照下,即使应聘者学历达不到入行标准,但因为其介绍人认识在银行地位较高的内部人士,他也可以不经过考试直接被银行录取,如案例一;其次,有时即使在严格按照规则管理行员的银行,"人情"网络中的应聘者能力达不到进入银行的标准,但银行高管也要就此事向介绍人详加说明,如案例二;再次,被介绍人亦能通过"人情"加利益的方式,获得相应的工作机会,如案例三;最后,介绍人对被介绍人工资的"人情"影响亦可

---

[1] 上海商业储蓄银行档案:《第 64 次宗经理处会议上伍克家报告人事科工作》,1932 年 11 月 9 日。

[2] 上海档案馆藏:《上海商业储蓄银行声请任用书》,全宗号:Q275-1-185。

能体现在在职提升速度，如案例四。

这些案例都说明在近代"人情"作用之深。

案例一

著名实业家、应氏围棋计点制规则创始人应昌期的一生学历仅为商校肄业，但经人介绍后，未经正式考试便被录取为银行练习生。应昌期是宁波江北慈城镇人，小学毕业后，升读于慈湖商校。一年后商校结束，改为师范，他因家境清寒，未能深造，就遵父母之命，远走他乡，到上海另觅生计。1932年春，16岁的应昌期怀揣父亲写给其金兰好友陈润水的信，只身来到上海，到统源银行拜见该行经理陈润水。统源银行1932年刚成立，规模不大。以下是《应昌期传》所描述的场景：

> 润水先生看了好友的信，心里有数，但仍想考考眼前的这位小世侄："昌期啊，你商校都未毕业，就想来上海做银行？我倒想考考你，记账会伐？打算盘会伐？""不会，还没学过。"应昌期老实地回答。但昌期是何等聪明的人哪，眼珠骨碌一转，马上就悟到了这位陈伯父的心思，所以随即跟上一句："不过我可以边做边学，不难的。"润水先生笑了。几句话让他知道这位世侄很有见地，绝非等闲之辈，于是就为他安排了一位好老师，让应昌期跟鲍英甫学习银行业务——鲍英甫毕业于金陵大学，是当时统源银行里新派的高级职员。鲍英甫见昌期天资聪颖，又勤奋好学，十分赏识。①

案例二

时任中央经济研究处事务长徐维震，曾当面向其上海南洋中学校友、浙江兴业银行总经理徐新六推荐了其同乡、浙江桐乡考生朱元鸿，后又致函徐新六："投靠贵行之朱君元鸿系初中毕业，不知合格否？若能通融与试固好；若实在不能，请兄复弟一书，俾便能转达。但弟甚望其来试，因此人甚勤恳

---

① 李建树：《应昌期传》，理艺出版社1999年版，第12—13页。

耐劳,毫无学生气,一可造之才也"。① 此函不长,既作了认真推荐,也说明了实情,同时也考虑了善后之策。受人之托,有时确实有为难之处。随此函所附朱元鸿履历表明,此人系浙江桐乡人,21 岁,上海私立浦东中学初中毕业,家住桐乡南门起凤桥。② 徐新六复函则称:"敝行考试练习生系限于高中毕业者,朱君学历似不相符,至以为歉",同时还附上了该行招考简则以作佐证。③

案例三

1934 年,《新中华》杂志以"上海的未来"为题征文,应征者中有一位银行家瞿荆州,讲述了"几个真正老牌的上海人"转告的故事。"最近有几家银行招考练习生,有些大学毕业生都名落孙山,这里有二个原因:第一,因为有的银行,名虽曰招考,实际只要出股本若干,即可推荐练习生一名;其次,则是因为人浮于事,粥少僧多,慢说是国内的大学生,就是出洋留学得有学位回来的朋友,仍找不到噉饭地,也数见不鲜。一位老上海,看破了这种玄机,他决定让他的'少爷'上学,准备把这一笔从中学生出洋的教育费,储藏起来,等到了'少爷'到了相当的年龄,即将此款挪作股本,若按照那推荐练习生的数目推算,他的少爷至少可作襄理或主任。"瞿荆州甚至认为,"这一段话,我认为是上海将来社会、经济、教育的一个恰当的法子。"④

案例四

陈果夫在民国史上是位身份显赫的政治人物,其曾推荐其亲戚陈杰民任更高职位。当时,陈杰民在上海商业储蓄银行担任练习生。为了快速提升,陈果夫给上海商业储蓄银行的创办人陈光甫写下如下信件:"光甫先生惠鉴,兹有舍亲陈杰民君系初中程度,因家境困难,未克攻读,拟在银行中充一练习生,……贵业进出人员正在此际用特专函绍介为荷,允予设法派于京沪两处服务……"⑤

① 上海市档案馆藏:《徐新六致徐维震函》,1934 年 8 月,全宗号:Q268-1-236。
② 上海市档案馆藏:《浙江兴业银行招考练习生简则》,1935 年 4 月,全宗号:Q268-1-236。
③ 上海档案馆藏:《郑通和致浙江兴业银行函》,1935 年 3 月,全宗号:Q268-1-236。
④ 《上海的将来》,中华书局 1934 年版,第 50—51 页。
⑤ 上海档案馆藏:《陈果夫为推荐中央政治学校金融组学生实习事致上海商业储蓄银行陈光甫函》。

第三节　近代银行业的保证人与职员工资

由于缺乏信用机制，而银行业又较其他行业具备更大的风险，所以人事担保制度，尤其是保证人制度在近代上海银行业非常普遍。由信用情况良好、社会地位较高的人充当保证人，承担担保责任，出具保证书，银行也会设法调查保证人的信用情况。因为保证人社会地位要求很高，保证人也和求职者关系较为密切，求职者如果能觅得保证人，说明具备一定的社会资本，而保证人也可以在求职者升迁过程中发挥作用。

在如票号、钱庄等旧式金融机构中，采用保证人制度已成惯例。如山西票号采取极为严格的规定来防范票号员工舞弊，"经理同人，全须有殷实商保，倘有越轨行为，保证人负完全责任，须先弃抗辩权""同人感于如此严厉，再受号上道德陶冶，故舞弊情事，百年不遇"。[1] 这种惯例被中国成立的新式银行吸纳了进来。

一、保证人的适用人群和保证责任

在近代中国的银行界，各银行根据自己的惯例制定自己的保人制度。虽然他们并不完全相同，但相通的是"凡行员进行时，令其找觅保人或铺保，其资格须有商业上之信用及殷实之资产，经银行调查属实方可作保，否则必须另觅"。[2] 因此，保证人是近代银行业招收正式职员的必要条件，没有保证人甚至难以成为练习生。1931年《上海商业储蓄银行行员待遇规则》第二章第十一条规定："行员应觅殷实之保人，按照本行规定之担保书填写，送行认可后，方准进行办事。"因此"上海银行在进行员的时候，严格执行保人制度，进人时，保人不合格只好放手[3]"，推荐、聘请的经理除外[4]。1935年，

---

① 转引自"刘平：《上海银行业保人制度改良述略》，载《史林》2007年第4期"，原文见"黄鉴晖等编《山西票号史料》(增订本)，山西经济出版社2002年版，第611页"。

② 章云保：《银行员保证制度之研究》，载《银行周报》，1937年第2期。

③ 中国人民银行上海市分行金融研究所编：《上海商业储蓄银行史料》，上海：上海人民出版社1990年版，第804页。

④ 吴经砚等著：《陈光甫与上海银行》，北京：中国文史出版社1991年版，第125页。

盐业银行招考练习办事员及练习生简章中亦规定："录取之员生分正取、备取、听候次第录用，录用前须觅妥本行认可之保证人，填妥保证书。"[1]而浙江兴业银行的被保人则只包括"除副经理以上各员"[2]，原因大概因为副经理以上职员"所负之责任綦重，经收之款项尤多，若令其找保，一则要觅此相当资格之保人，颇费易事；二则反显示行方于经副襄理尚有不信任之处，既不信任，何能界予如此重任"。[3]

保证人一般负有无限保证责任，但也偶尔有些银行允许保证人承担有限责任。据《上海商业储蓄银行人事管理制度》第四条："总分支行处进用新员时，所有保证书，除总行由总经理处人事科办理外，各行处由其主管人员办理，陈报总经理交人事科，区属行处陈区经理转报本行行员保证人，例须负无限保证责任"，"由行方当时酌定行员职位之高低，责任之轻重，议定一最高数额，自数千元至数万元不等，请保人负责保证之。"[4]在执行时，上海商业储蓄银行就要求担保人"应居之身家，以其保证行员所负责任，有使银行蒙受损失之可能性数目之四倍为准"[5]，只有在保人的财产大于等于此数目时，保人才算合格，当然也可以寻找两个保人，只要他们的联合财产数目大于应具身家也算合格。[6]

二、保证人的身份条件

保证人的资产情况、身份职位及声誉是银行考量其信用状况的重要因素。首先银行会事先调查保证人信用，每年定期跟踪保证人的资信状况和保证内容（对保），并有权通过更换保证人来确保保证效力。《上海商业储蓄银行行员待遇规则》第二章第十一条规定："本行有随时嘱行员更换保人之权力。"

---

① 上海市档案馆藏：《盐业银行招考练习办事员及练习生简章》，1935年，全宗号：Q277-1-37-234。

② 上海市档案馆藏：《浙江兴业银行行员保人调查通知》，全宗号：Q268-1-57。

③ 章云保：《银行员保证制度之研究》，载《银行周报》1937年第2期。

④ 同上。

⑤ 上海市档案馆藏：《上海商业储蓄银行人事管理制度》，1935年，全宗号：Q275-1-185。

⑥ 上海市档案馆藏：《上海商业储蓄银行全行行员履历及职务调动记录》，1937年，全宗号：Q275-1-1273。

此外，浙江兴业银行有更多的条件，如要求其服务处所"以在本行所在地或接近地域，便为调查、对保"，"本行行员之直系血亲、配偶，或伯叔兄弟，不得为保证人，本行行员不得互为保证"。[①]

从银行职员所觅保证人身份一般都为财产良好、社会地位高的人，较多为从事商业工厂、政界、其他银行的知名人士。例如，上海商业储蓄银行总行襄理葛士彝 1937 年薪水每月 340 元，按照职位保人无需应具身家，其保人任仲琅是上海裕隆公司总经理，开设百货、药材行，兼及股票生意，据上海银行调查实际身家 20 万元。再如，职员吴稚梅的保人是义记烟行经理周操柏，周操柏是上海银行汉口分行经理周苍柏兄弟，并同时担任上海银行几位职员的保人，1934 年吴稚梅舞弊案爆发，伙同职工陈民德挪用资金 17 万元，因此作为保人的周操柏承担赔款 2.4 万元。

三、保证人对职员收入的"信任"影响方式

银行职员和保证人的关系较为亲密。首先，保证人在承保之初要对被保证人进行信用调查，一般不是熟知者不会承诺做其保证人。其次，签订契约保证书之后，保证人因为其承担的无限担保责任，所以必须经常了解被保证人的工作和生活情况，或者被保证人每年在三节（春节、端午节、中秋节或中元节）时"孝敬"保证人，以便就此机会向保证人汇报工作和生活情况。

保证人一般通过"信任"机制来影响银行职员工资情况。在当时劳资信任机制尚未完全建立的情况下，银行舞弊现象具有频繁性和群体性，孙建国认为舞弊人群主要集中在银行工作时间不满 5 年、工资水平不高，但和现金接触较高的群体中。[②] 为了应对银行舞弊情况，银行业均采取人事雇佣担保制度，因此保证人能有效降低银行经营风险、提高银行职员工作效率，进而提升职员的工资水平。

---

① 刘平：《上海银行业保人制度改良述略》，载《史林》2007 年第 4 期。

② 孙建国：《论近代银行防弊制度设计——以上海商业储蓄银行为中心》，载《河南大学学报》（社会科学版）2009 年第 1 期。

第四章　近代员工社会资本经济回报的实证案例

上海商业储蓄银行在南京国民政府成立后得到飞速发展。银行的竞争力和其一流的经营管理水平是分不开的，本章以上海商业储蓄银行为微观案例，进行人事数据的统计与分析。首先，本章针对上海商业储蓄银行用人和考核及调动的统计分析也支持该行"用人唯贤"的理念。其次，本章针对行员介绍人和担保人的数据统计显示行员的社会资本也影响行员的工资水平。

第一节　上海商业储蓄银行的经营与用人的非人情化

上海商业储蓄银行是私营银行中的翘楚，诸多学者认为它经营的成功部分归功于有效的人事管理。其实，从近代金融的发展看，不只是上海商业储蓄银行，诸多的新式商业银行和传统的金融机构钱庄十分不同，前者用人唯贤，摆脱人情化对人事管理的干扰。

一、上海商业储蓄银行的经营

上海商业储蓄银行由陈光甫在1915年创立。在陈光甫先进科学、因地制宜的经营策略下，银行资本由初创时的10万元迅速增加到1927年的250万元、1931年的500万元，分支机构遍布国内20多个城市。[①] 到1934年底，该行的活期存款中的49%来自上海，51%来自外埠。在当时铁路沿线的主要

---

① 中国人民银行上海市分行金融研究所编：《上海商业储蓄银行史料》"前言"，上海：上海人民出版社1990年版。

城市都有分支机构，已经成为一家全国性的银行。[①]进而成为近代规模最大、经营最成功的私营华资银行。它也被认为是近代私营商业银行的典型代表。陈光甫取得的经营成就与他采取的一套行之有效的用人机制和讲究科学的调查方式有很大关系。

首先，笔者选择上海商业储蓄银行作为样本是具有代表性的。由于陈光甫在银行经营中采用"地毯式"经营策略，需要在全国范围广泛开设分支机构，对于职员的用人需求非常大，上海商业储蓄银行经营的成功，也证明了他在实践中所总结的一套招聘、培养和激励考核制度是行之有效的。

其次，选择上海商业储蓄银行作样本也具有完整性和准确性。陈光甫在美国学习过先进的商业知识，因此非常重视数据调查和分析。比如，他积极倡导开展信用调查并和他人一同创立了中国征信所。[②]再如，在诸多银行的档案资料中，只有上海商业储蓄银行对人事的调查是完备和清晰的，这使得一份人事档案的调查数据可以取得多方档案资料的相互印证。

二、近代金融业用人的非人情化

在近代金融业中，银行之间的竞争取决于人事管理，如，程麟荪（2003）[③]、兰日旭（2016）[④]等，因此银行业对人力资本有较高的要求。银行虽然在人员任用时也会借助行员社会网络，但对行员能力的注重是影响他们长期经营的关键因素。经营成功的银行如中国银行、金城银行、上海银行等，他们雇佣行员更看重的是行员的教育和道德品质而不是私人关系。中国银行认为自己在用人方面改变了过去凭亲朋关系入行和用人唯亲的局面，制定了一套科学的人事管理制度并严格执行。在录用学生时，根据1915年公布的《总分行

---

① 中国人民银行上海市分行金融研究所编：《上海商业储蓄银行史料》"前言"，上海：上海人民出版社1990年版，第264—265页、第418页。

② 孙建国：《中国征信所及其个人征信事业考察（1932—1949）》，载《史学月刊》2004年第12期。

③ Linsun Cheng, *Banking in Modern China*, Cambridge University Press, Mar 2003：169.

④ 兰日旭：《中国近代银行家群体的变迁及其在行业发展中的作用探析》，载《中国经济史研究》2016年第3期。

号练习生服务规程》采用考试制度。^①金城银行总经理周作民 1933 年的报告表明，"行中用人一层，除特殊需要者随时延聘外，其余似非经过相当考试及训练不可"。^②上海商业储蓄银行人事处经理伍克家在 1932 年的总经理处会议上提到，"许多因人情上的关系，要想拒绝，真不容易，不过人事科抱定宗旨，一概不讲情面，这样坚持下去，困难当可减少"。^③因此，这些在竞争中取胜的银行，多在人才招录和管理上尽量降低私人关系的影响。

上海商业储蓄银行在用人和考核上更是典范。徐盈认为上海商业储蓄银行取得成功，部分归功于陈光甫使上海商业银行的用人走上了法制化道路。^④总体来看用人一般以"任人唯贤"为原则。^⑤上海商业储蓄银行的录用人员逐渐从推荐转到考试。"罗致人才之方法，或登报，或发信与学校，或托熟人介绍，均无不可"，^⑥但必须经过笔试、口试、体格检查三个步骤。"1930 年，该行录用人员则以考试为主，吸收一部分大中学校毕业生，在该行举办的银行学校训练班加以培训。"^⑦对于行员考核也是十分严格。

第二节　上海商业储蓄银行人员的任用、考核和调动

上海商业储蓄银行在实际经营中摸索出自己的任用、考核和调动制度。本书用数据验证了上海商业储蓄银行是否在 1930 年之后"逢进必考"，各大口岸经理是否必须是外国留学过的职员，是否越有能力的员工得到了更多的

---

① 中国银行行史编辑委员会编著：《中国银行行史》，北京：中国金融出版社 1995 年版，第 180 页。

② 中国人民银行上海市分行金融研究室编：《金城银行史料》，上海：上海人民出版社 1983 年版，第 269 页。

③ 中国人民银行上海市分行金融研究所编：《上海商业储蓄银行史料》，上海：上海人民出版社 1990 年版，第 804 页。

④ 徐盈：《当代中国实业人物志》，上海：中华书局 1948 年版，第 95 页。

⑤ 吴经砚等：《陈光甫与上海银行》，北京：中国文史出版社 1991 年版，第 110 页。

⑥ 中国人民银行上海市分行金融研究所编：《上海商业储蓄银行史料》，上海：上海人民出版社 1990 年版，第 795 页。

⑦ 吴经砚等：《陈光甫与上海银行》，北京：中国文史出版社 1991 年版，第 121 页。

调动。检验结果表明，上海商业储蓄银行在人员的任用和调动等方面大体上遵循"用人唯贤"的准则。

一、上海商业储蓄银行行员的任用

上海商业储蓄银行的录用人员从早期的推荐逐渐转到考试。"如对各大口岸之经理，必须是在外国留学过的职员，结合推荐录用，当然，其中亦有人事关系，如原青岛分行经理王昌林是美国留学生，同时亦是总经理陈光甫的内侄婿。……又如，各地分行的营业员（跑街），是以熟悉当地情况的、钱庄出身的人员为最理想，但也可由分行经理向总行推荐录用。"[1]

1930年后，上海商业储蓄银行录用人员"改为以考试为主，吸收一部分大中学校毕业生，在该行举办的银行学校训练班加以培训"[2]。最后"笔试、口试和体格检查，是进入（上海商业储蓄）银行的必须程序"[3]，总体来看"用人一般以'任人唯贤'为原则，通过考核，量才录用，虽亦有照顾私人关系处，但无真才实学，仍不予重用。对于有专长的人才，则破格录用或提拔"[4]。

以上的历史资料都是出自上海商业储蓄银行管理人员的直接表述，但事实情况如何？一方面，作者引用了档案资料说明，即使是政要介绍，也未必会被任用；另一方面，本书搜集了上海商业储蓄银行在1937年对全体行员的调查资料，来具体分析上海商业储蓄银行到底都任用了怎样的人。

在1935年3月28日，国民党高官陈果夫写给上海商业储蓄银行总经理陈光甫的一封信如下：

光甫先生惠鉴

兹有沈大经君毕业上海大同大学高级中学，聪颖勤慎，颇堪造就，因有志于银行事业，特为介请予以栽植，倘得试充练习生或技术练习员，

---

[1] 吴经砚等：《陈光甫与上海银行》，北京：中国文史出版社1991年版，第121页。
[2] 同上。
[3] 中国人民银行上海市分行金融研究所编：《上海商业储蓄银行史料》，上海：上海人民出版社1990年版，第795—796页。
[4] 吴经砚等：《陈光甫与上海银行》，北京：中国文史出版社1991年版，第110页。

俾能渐图上进……①

陈果夫

虽然，陈果夫地位显赫，但是从回信中可知此人并没有被任用。

果夫先生台鉴接奉

　　惠书聆悉一是承介（绍）沈大经君，敝行以市面不景气，不拟增添人手，一时未克报命，至以为歉，除已交记室存记，遇有机缘再行邀致外，特此布覆。②

弟　陈光甫拜

　　从这些信件可知，即使面对陈果夫的推荐，上海商业储蓄银行的用人还是亦能较为规范。除了档案提供的案例，行员数据也可以给我们一定的信息。图 4.1 展示了 1937 年现任行员的入行时间的数据信息。从任用行员的趋势看，1915 年到 1927 年之间，新任用的行员数量相对比较稳定，每年都不超过 25 人。但从 1928 年起，招聘行员的速度就快速增加，到了 1931 年年度员工增加 200 多人，到 1934 年甚至增加到 300 人左右。另外从新进行员的教育水平观察，大部分增加的行员是拥有中学及其相当的中等教育水平（具体的教育分类见第五章第三节的说明）。相当于小学的低等教育水平的员工和相当于大学及之上的高等教育水平的员工数量都相对较少。

　　下面我们来分析以下两个问题：（1）经理人员是否多数是留学生？（2）行员录取是否以考试为主？

　　第一个问题：各个分支行经理的教育水平是否多为留学生。在档案数据中记载了 31 位分支行经理的相关人事数据。我们可以看到留学毕业的总共有 6 位。分别是汉行经理周苍柏，鄂行经理胡庆生，津行经理资耀华，赣行经理程顺元，青行经理王昌林，港行经理黄勤。由于有 6 位分支行经理的受教育水平数据不可知，所以在可知教育数据的经理中，留学生经理占 24% 左右。

---

① 上海档案馆藏：《上海商业储蓄银行有关告发、匿名信及谋事存托等事项伍克家等与各分支行及外界来往函件》，全宗号：Q275-1-2317，第 136 页。

② 同上书，第 137 页。

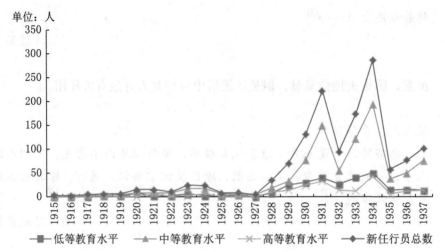

资料来源：上海市档案馆藏：《上海商业储蓄银行全行行员履历及职员调动记录》，1937年，档号：Q275-1-1273，Q275-1-1274，Q275-1-1275，Q275-1-1276。

图 4.1   上海商业储蓄银行每年任用人员数量和教育水平统计 ①

表 4.1   上海商业储蓄银行分支行经理个人信息

姓　名	年龄	籍贯	学　历	1937 年薪水（银元）	1937 年所在行处	职务
周苍柏	49	湖北江夏	美国纽约大学毕业	530	汉辖行	经理
晋汝金	40	江苏江都	江苏八中毕业	240	沙行	经理
胡庆生	43	湖北武昌	Reachers College Columbia University	280	鄂行	经理
吕仓岩	35	江苏无锡	无锡实业学校	360	宁行	经理
宣艾侯	47	江苏高垂	圣约翰中学肄业	280	宁宫行	经理
沈永祥	31	浙江余姚	圣约翰大学毕业	120	宁珠行	经理
袁保坤	37	江苏无锡	上海大同学院肄业	220	宁关行	经理
蔡芸孙	48	江苏镇江	南京两江师范毕业	190	镇处	经理
刘厚坤	34	四川华阳	圣约翰大学肄业	150	芜行	经理
胡思城	42	安徽绩溪	南京暨南商科毕业	140	临行	经理
吴密庵	37	江苏邮 *	江都县中肄业	120	板行	经理

---

① 虽然本书使用 1937 年的调查数据遗漏了之前年份入行并且已经生病、死亡或者其他愿意已经离职的员工，但由于该行用人规模在不停地扩大，因此该数据基本能够反映出该银行行员入职时的大致情况。

续表

姓　名	年龄	籍贯	学　历	1937 年薪水（银元）	1937 年所在行处	职务
资耀华	38	湖南莱阳	日本帝国大学经济科	400	津行	经理兼平行经理
程顺元	39	上海	美国哥伦比亚大学商硕士	360	赣行	经理
林友琴	44	江苏丹阳		200	浔行	经理兼赣行副经理
蔡墨屏	32	江苏镇江	镇江敏成中学肄业	280	鲁行	经理
王昌林	37	浙江杭县	美国纽约哥伦比亚，费城本薛文尼亚肄业	360	青行	经理
谈森寿	40	江苏武进	上海南洋高中肄业	300	锡行	经理
曹明轩	43	江苏镇江		180	常行	经理
经春光	41	江苏江都	私塾及青年会夜校与杨公 * 函授学校	220	郑行	经理
伍克家	40	四川成都	苏州东吴大学理科毕业	500	粤行	经理
李景陶	43	湖南长沙		300	湘辖行	经理
贝大智	42	江苏吴县	苏州艺徒工场初中肄业	200	苏行	经理
应俭甫	48	浙江永康	浙江永康中学肄业	220	西行	经理
吴少亭	48	江苏江宁		260	东行	经理
姚　根	32	江苏南通	通海甲种商业学校毕业	130	提行	经理
潘步韩	54	江苏吴县	上海法文书院毕业	340	霞行	经理
温酉璋	41	浙江吴兴	私塾	200	仙行	经理
潘纪言	46	江苏宝山		230	中虹行	经理
李申甫	53	江苏镇江		260	通行	经理
黄　勤	45	福建闽侯	美国哥伦比亚大学研究院一年	480	港行	经理
陆君毅	48	江苏吴县	交通部工业专门学校肄业三年	280	秦行	经理

注：* 代表档案原文无法辨认。

资料来源：上海市档案馆藏：《上海商业储蓄银行全行行员履历及职员调动记录》，1937 年，档号：Q275-1-1273，Q275-1-1274，Q275-1-1275，Q275-1-1276。

第二个问题：虽然我们没有办法直接得知行员进入银行时是否经过了考试，但是我们可以利用练习生的数据来推测。近代银行业常通过招收练习生进行培训，来解决银行对人才的需求。"我国教育对于社会现状及农工商之真实情形，尚未能尽量灌输，入学之士虽多，仍有才难之叹，欲求其能冶上述诸学于一炉，而适合本行之需要者，事实上更难办到，自行训练，万不可缓"。[①]
上海商业储蓄银行于开始营业的第二年即 1916 年就筹设了银行传习所，并于
1923 年改为实习学校，学生修业满期经考试及格后，陆续派入行中实习。[②]

我们搜集了入行时曾经是训练生的行员，如表 4.2 所示。首先我们把练
习生和教育水平做一个交叉表格。发现平均有 17.9% 的员工做过练习生，主
要是以中等教育经历的行员为主，总共 285 人，占拥有中等教育经历行员总
人数的 31.81%。从表 4.2 的数据分析，似乎并不能得出必须考试才能进入银
行的结论。

表 4.2　教育水平与练习生

教育水平	没有做过练习生	做过练习生	总计	练习生比例
低等教育	252	31	283	10.95%
中等教育	691	285	896	31.81%
高等教育	185	10	195	5.13%
总共	1128	246	1374	17.9%

　　资料来源：上海市档案馆藏：《上海商业储蓄银行全行行员履历及职员调动记录》，1937 年，档号：
Q275-1-1273，Q275-1-1274，Q275-1-1275，Q275-1-1276。

为了进一步分析是否在 1930 年之后加大了考试招取练习生的力度，从时
间维度上做了如下的每年招录练习生数量的表格。从表 4.3 分析发现，上海
商业储蓄银行确实是在 1930 年之后增加了练习生的招录总数，从几个人到接
近四五十个人。但从练习生占总录取人员的比率来看，1930 年，前和后没有
明显的区别，都在百分之二三十左右。

表 4.3　上海商业储蓄银行每年新任用人员中练习生比率

入职时间	未做过练习生	做过练习生	年度入职总人数	练习生年度比率	入职时间	未做过练习生	做过练习生	年度入职总人数	练习生年度比率
1937	75	32	107	29.91%	1925	7	1	8	12.50%
1936	74	5	79	6.33%	1924	17	7	24	29.17%

---

①　中国人民银行上海市分行金融研究所编：《上海商业储蓄银行史料》，上海：上海人民出版
社 1990 年版，第 807 页。

②　同上书，第 805 页。

续表

入职时间	未做过练习生	做过练习生	年度入职总人数	练习生年度比率	入职时间	未做过练习生	做过练习生	年度入职总人数	练习生年度比率
1935	60	1	61	1.64%	1923	17	8	25	32.00%
1934	247	56	303	18.48%	1922	8	3	11	27.27%
1933	127	53	180	29.44%	1921	18	0	18	0.00%
1932	91	8	99	8.08%	1920	15	3	18	16.67%
1931	180	48	228	21.05%	1919	5	2	7	28.57%
1930	122	11	133	8.27%	1918	5	1	6	16.67%
1929	75	3	78	3.85%	1917	6	1	7	14.29%
1928	40	0	40	0.00%	1916	2	0	2	0.00%
1927	3	1	4	25.00%	1915	3	0	3	0.00%
1926	7	4	11	36.36%					

资料来源：上海市档案馆藏：《上海商业储蓄银行全行行员履历及职员调动记录》，1937年，档号：Q275-1-1273，Q275-1-1274，Q275-1-1275，Q275-1-1276。

由于考虑到有些员工是从其他银行或者钱庄等旧式金融行业中跳槽而来，因此再对数据中新任用行员的工作经验和是否成为练习生的关系进行分析。表4.4表明，在没有任何工作经验的行员中约有37.37%的行员需要从练习生做起，低等教育水平的员工约有一半的员工需要做练习生，中等教育水平的员工也有41.72%的行员需要从练习生做起。而具有高等教育水平的行员九成以上都不需要从练习生做起。

表4.4　没有任何工作经验的行员做练习生的比率

行员教育水平	未做过练习生	做过练习生	总共行员人数	练习生比率
低教育水平	27	26	53	49.06%
中等教育水平	250	179	429	41.72%
高等教育水平	80	8	88	9.09%
总共行员人数	357	213	570	37.37%

资料来源：上海市档案馆藏：《上海商业储蓄银行全行行员履历及职员调动记录》，1937年，档号：Q275-1-1273，Q275-1-1274，Q275-1-1275，Q275-1-1276。

本书又统计了有工作经验的行员在进入上海商业储蓄银行时是否需要做练习生的数据。如表4.5所示，总体来看约有4.1%的有工作经验的行员还需

要做练习生。这一比率与有工作经验的行员比，已经相当低了。在一位民国
银行行员胡守礼的自传《雪泥偶留——我的回忆录 1914—1949》[1] 中，就描述
了他从杂货店里的学徒到考取江西裕民银行练习生的经历。

表 4.5　有工作经验的行员做练习生的比率

行员教育水平	未做过练习生	做过练习生	总行员人数	练习生比率
低等教育水平	225	5	230	2.17%
中等教育水平	441	26	467	5.57%
高等教育水平	105	2	107	1.87%
总行员人数	771	33	804	4.10%

资料来源：上海市档案馆藏：《上海商业储蓄银行全行行员履历及职员调动记录》，1937 年，档号：Q275-1-1273，Q275-1-1274，Q275-1-1275，Q275-1-1276。

因此，总体看来大部分有工作经历的新任用行员都是不需要做练习生的，
而没有工作经验的行员中，接近一半的具有中等教育水平的行员都需要从练
习生做起。因此，总体看来虽然不是逢进必考，但需要考试并从练习生做起
的行员也占了相当比率。

没有练习生的岗位，包括打字员、文件保管员、文具保管员、电话接线
员、仓库收费员、仓库营业员等。这些业务是银行的非核心业务，因此也不需
要经过专业的练习生培训。因为这些岗位的没有工作经验的新进人员从道理上
看没有必须经过练习生培训的要求，因此我们也不能从练习生的数据排除这些
岗位的人员是经过考试进入银行的。当然考虑到数据调查时的遗漏问题，我们
可以认为上海商业储蓄银行较好地执行了没有经验新进员工的逢进必考制度。

总之，结合分支行经理人员的教育背景和普通行员进入时通过招考练习
生而进入银行的比率，我们可以认为上海商业储蓄银行在招录行员时，人力
资本方面还是要求较为严格的。

二、上海商业储蓄银行行员的考核和调动

对于行员考核，"须采取严格之人才主义，决对不可假借通融，将来升级

---

[1]　胡守礼：《雪泥偶留——我的回忆录 1914—1949》，北京：开明出版社 2018 年版。

加薪，应分为年资与效能两种，年资升加可按照固定之章程、普遍办理，服务之年限愈长则所得之薪给愈多，整齐划一、不可紊乱，效能升加，则须每年年底经过严密之审查，便宜从事，效能超迈者从优升加、效能平庸者一概不得享此权利、审查从严"。[①]但在 1935 年上海商业储蓄银行的一次全行行务会议记录中，发现"按年加薪，负担与时并增"，并决定"人员之才能，如不增加，则尽量避免加薪，以免负担加重，支配困难"。同时"拟定各人服务程序，尽量调动，使其才能增加，免失时效"。[②]因此，上海商业储蓄银行的考核、调动和加薪主要依赖于员工的工作"效能"，"年资"仅仅是一种参考。

上海商业储蓄银行采用等级评定法来考核职员业绩。上海银行通过考核职员的身体精神面貌、办事态度、办事能力、学习潜力和社会关系等方面，将考核等级分为优秀分子、可用分子和成问题分子三类。考核周期分经常考核和年终考核，经常考核一般由上一级主管考核，总行各部经理、主任及行经理由总经理考核，[③]银行年终考核将表现最优者工资升两级，次优者升一级，其余不变。

下面从我们搜集的具体数据来验证上海商业储蓄银行的考核与调动。因为档案资料中没有详细的记载行员考核的系统资料，所以本书也无法直接对考核这一环节进行验证。但是我们一方面可以借助案例观察银行的调动；另一方面，每个行员的调动是有记录的，虽然我们无法观察行员的考核，但是基于教育水平对人的工作能力的影响，我们可以用教育水平来近似考察行员的工作能效，从而分析工作能力对调动的影响。

案例如下：1946 年 7 月 22 日，时任汉口正街办事处会计系系员的王子勤写信给总经理陈光甫，表述了自己希望得到提升的意愿。

光甫世叔大人尊鉴：

……大人（陈光甫）已于上月十二日安抵沪上，谒（何）胜欣慰。窃思大人前在抗战时期，出使海外为国奔走辛劳备至，国基赖以奠定、抗战得以完成丰功伟绩良深敬佩谨陈者。晚（辈）值武汉沦陷之际，理

---

① 人事科：《总分行人事效能之增进》，载《海光》1930 年第 8 期。
② 中国人民银行上海市分行金融研究所编：《上海商业储蓄银行史料》，上海：上海人民出版社 1990 年版，第 809 页。
③ 中国人民银行总行金融研究所金融历史研究室编：《近代中国金融业管理》，北京：人民出版社 1990 年版，第 157 页。

宜西进，无如先严（父亲）年迈多病，势难远离，只得随行留守汉皋（汉口），以尽人子之道。而晚（辈）之境遇亦随国难而益非，始而遭倭寇之到夺，损失殆尽，不旋踵先严弃养，哀痛实深，继而感生活之高压困苦万分，终而受剧烈之空袭，房屋被焚，妻儿因以俱亡，晚（辈）遭此剧变，痛不欲生。奈有孀嫂及幼女四人，尚随左右，只得苟延残喘而已。此八年来，晚（辈）之经过情形也用为肃陈谅蒙矜鉴。晚（辈）素蒙栽培在行服务多年，现在汉口汉正街办事处担任会计职务，至此米珠薪桂之际，薪金所得入不敷出。今幸叔台返国对于行务与人事必有一番调整，尚祈垂念旧谊，恩予提升汉行襄理职务，俾晚（辈）阖家之生活得以安定则感戴大德于无涯……①

晚　王子勤　谨上

七月廿二日

在这封信中，首先对陈光甫总经理称赞一番，随即就说明自己的诸多不幸——老父过世、房屋被焚、妻儿俱亡，最后说出自己为了赡养孀嫂及幼女四人，在物价上涨的形势下，希望更够得到升职加薪。随即银行内部进行了一番人事调查，如下的信件应该是分管人事的经理写给总经理的，具体介绍了该行员的信息：

王子勤君，系十三年四月进行为汉行练习生，十五年升为助员，十九年六月调鄂行办事，二七年调汉口福熙路办事处办事，卅四年十一月调汉行主管储蓄，卅五年五月调人行口正街办事处会计系系员，现支薪给一百七十元，办事尚称勤奋，所请提升汉行襄理一节核其资历不合，似应缓议。

从上面的内部信件可以知道王子勤的现任职务和收入，并认为其如果要提升到襄理，资历还不够，并建议缓议。该建议得到总经理的采纳，在如下的经理回信中重申了银行提升的原则——依成绩力求公允。

---

① 上海市档案馆藏：《上海商业储蓄银行有关时局，谋职等各项事宜杨介眉等及外界致陈光甫函件》，全宗号：Q275-1-2700，第21—22页。

子勤贤世侄大鉴

……尊大人业已弃养、房屋受战事损失、家口尔有不幸，似此情形
殊为惋惜尚祈极力宽慰，是盼本行人事升迁，胥依成绩力求公允，倘侄
能增进学识、卓著勤劳，自必有望……①

三五年八月一日

所以，档案资料的书信表明，虽然面对老员工的遭遇和迁升请求有所考
虑，但没有放弃银行基本遵守的提升原则，即依据行员的能力考核。

除去档案资料，本书亦根据教育水平所代表的工作能力与行员的调动次
数进行绘图，以期考察上海商业储蓄银行的考核和调动，得到图4.2。

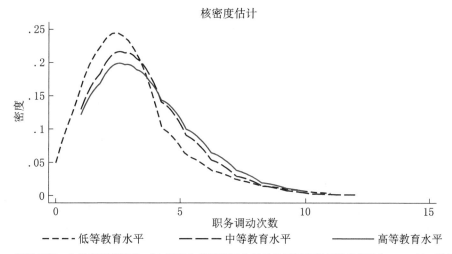

资料来源：上海市档案馆藏：《上海商业储蓄银行全行行员履历及职员调动记录》，1937年，档号：
Q275-1-1273，Q275-1-1274，Q275-1-1275，Q275-1-1276。

图4.2　上海商业储蓄银行不同教育层次行员的调动次数密度分布

图4.2展示了所调查全部行员的不同教育水平下的调动次数的密度分布，
表明低等教育水平的行员调动次数多集中在2到3之间，并且更高调动次数
的人数比率快速下降；中等教育水平的行员和高等教育水平的行员越来越集

---

① 上海市档案馆藏：《上海商业储蓄银行有关时局，谋职等各项事宜杨介眉等及外界致陈光
甫函件》，全宗号：Q275-1-2700，第19页。

中于更高的调动次数，并且表现出随着调动次数增加人数比例下降越来越慢的趋势。所以，图形展示了更好的工作效能会得到更多的人事调动。

第三节 人力资本对行员薪水的影响

在人事管理中的任人唯贤就意味着人力资本对行员的薪水有支配性的影响。在本节我们考察了上海商业储蓄银行的薪水制度，并从行员的教育水平和工作经验等人力资本要素出发，发现人力资本显著地决定了入行工资、1937年工资以及工资增长速度。

一、上海商业储蓄银行行员薪水制度

根据1931年《上海商业储蓄银行行员待遇规则》，上海商业储蓄银行员工的月薪除了初级试用助员和试用助员外分为三大等级：100元以下为助员，100元到200元为办事员，200元及以上为职员。这三大等级内部又各自分三等三级，即每一大等级内部都有九级。助员以下，每级工资差5元，办事员每级差10元，而职员每级差20元（见表4.6）。

晋升规则如下：（1）初级试用助员及试用助员，进行半年后按照办事成绩甄别去留及加薪。最优者得升为三等三级助员，次优者得升级加薪，平常者不升加，后概须满足一年后于年终甄别升加；（2）助员一年后最优者得升两级，次优者得升一级，平常者不升。由助员升为办事员，须遇有缺出审查及格者方得补升；（3）办事员一年后最优者得升两级，次优者得升一级，平常者不升。由办事员升为职员，须遇有缺出由总经理遴选补升；（4）职员一年后最优者得升两级，次优者得升一级，平常者不升。至一等一级之后，升加均由总经理特定。（5）升级加薪须视营业情形，各员所任职务之繁简，成绩之优劣而定，其有特别功绩者或特别任务者，得由总经理特许逾格擢升。[1]

---

[1] 中国人民银行上海市分行金融研究所编：《上海商业储蓄银行史料》，上海：上海人民出版社1990年版，第818—919页。

例如上海银行总行业务办职员钮师愈 1933 年进入银行的初始月工资为 70 元，职级为二等二级助员，在 1936 年调查时月工资为 110 元，职级为三等二级办事员，他在三年中共升了六个职级。[①]

二、行员人力资本对薪水的影响

上海商业储蓄银行的 1455 名职员履历及职务调动记录，记载了每位银行职员进入银行时和 1937 年调查时的每月工资水平（下面简称"入行薪水"和"1937 年薪水"）。也记载了行员人力资本比如受教育水平和入行前是否有工作经历等信息。因此我们可以准确地展示出"任人唯贤"的商业储蓄银行行员的人力资本是否预示了他的工资水平。

表 4.6　上海商业储蓄银行行员薪资标准

职　级		月薪（银元）	职　级		月薪（银元）	职　级		月薪（银元）
初级试用助员		30						
试用助员		35						
		40						
		45	三等	三级办事员	100	三等	三级职员	200
三等	三级助员	50		二级办事员	110		二级职员	220
	二级助员	55		一级办事员	120		一级职员	240
	一级助员	60	二等	三级办事员	130	二等	三级职员	260
二等	三级助员	65		二级办事员	140		二级职员	280
	二级助员	70		一级办事员	150		一级职员	300
	一级助员	75	一等	三级办事员	160	一等	三级职员	320
一等	二级助员	85		二级办事员	170		二级职员	340
	一级助员	90		一级办事员	180		一级职员	360
超等助员		95	超等办事员		190	超等职员		380

资料来源：中国人民银行上海市分行金融研究所编：《上海商业储蓄银行史料》，上海人民出版社 1990 年版，第 81 页。

[①]　上海市档案馆藏：《上海商业储蓄银行全行行员履历及职员调动记录》，1937 年，档号：Q275-1-1273。

首先考察上海商业储蓄银行行员不同教育水平下入行薪水的分布（见图4.3）。因为是否有工作经验可能会直接影响进行的岗位和级别，所以为了比较不同教育水平下的入行工资差异，数据剔除了入行时有工作经验的行员。同时，我们亦使用入行工资的对数来改善工资数据的分布，最终图4.3中的工资分布呈现出正态分布特征。不同教育水平行员的入行工资的密度分布典型地呈现以下特征：具有低等教育水平的行员的收入分布偏左，即整体工资较低；受到中等教育的行员收入分布居中，即低工资的人数低于低等教育水平组，而高工资的人数高于低等教育水平组并低于高等教育水平组；受到高等教育的行员收入分布最靠右，即拥有最高的高收入比例和最低的低收入比例。所以图4.3说明了教育作为人力资本的重要组成部分对入行薪水有很大的影响。

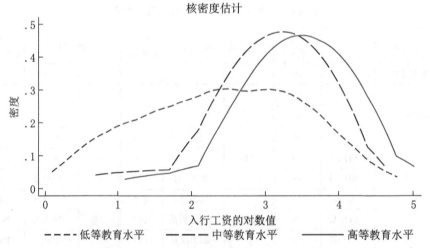

图 4.3　上海商业储蓄银行不同教育水平行员的入行薪水密度分布图（无工作经验）

资料来源：上海市档案馆藏：《上海商业储蓄银行全行行员履历及职员调动记录》，1937年，档号：Q275-1-1273，Q275-1-1274，Q275-1-1275，Q275-1-1276。

其次，比较人力资本中的工作经验对入行工资的影响（见图4.4）。无工作经验的行员入行工资整体分布偏左，整体来看有工作经验的员工的入行工资要多于没有工作经验的银行行员。这一点亦验证了工作经验作为人力资本对工资的影响。

再次，考察行员任职期内平均工资的增长额（见图4.5）。上文工资制度

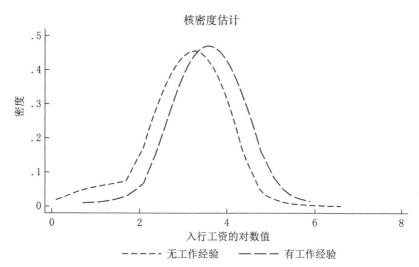

资料来源：上海市档案馆藏：《上海商业储蓄银行全行行员履历及职员调动记录》，1937年，档号：Q275-1-1273，Q275-1-1274，Q275-1-1275，Q275-1-1276。

图4.4　有无工作经验行员间的入行工资差异

的论述告诉我们，除了工资超过 380 元及之上的超等职员，其他职员的工资年度增长额最多为 20 元。这里为了剔除一些样本的极端值带来的误差，把数据限定在年均工资增长额为 20 元之内的样本。教育水平越高组的平均工资增长额也越高，即组的密度分布偏向右边。

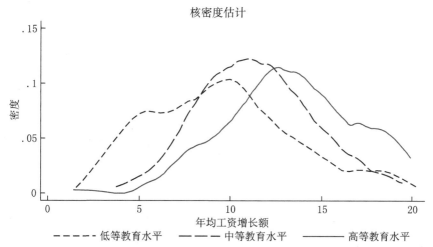

资料来源：上海市档案馆藏：《上海商业储蓄银行全行行员履历及职员调动记录》，1937年，档号：Q275-1-1273，Q275-1-1274，Q275-1-1275，Q275-1-1276。

图4.5　不同教育水平行员的年均工资增长额密度分布图

最后，继续比较不同教育组的 1937 年工资的密度分布（见图 4.6）。为了改善工资数据的分布，亦采用了 1937 年工资的对数值。在三个代表不同受教育水平的工资正态分布中，低等教育水平组偏左，高等教育水平组偏右。表现出教育对 1937 年工资差异的影响。

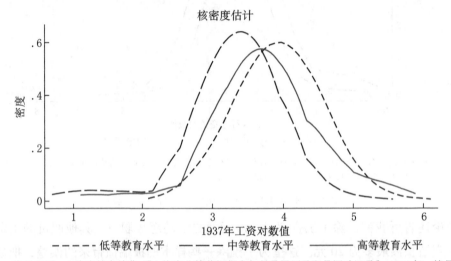

资料来源：上海市档案馆藏：《上海商业储蓄银行全行行员履历及职员调动记录》，1937 年，档号：Q275-1-1273，Q275-1-1274，Q275-1-1275，Q275-1-1276。

图 4.6　不同教育水平组行员在 1937 年工资的密度分布

因此，从以上教育水平和工作经历对工资或工资增长速度的影响分布图可知，在上海商业储蓄银行中，以往受教育状况和工作经验等人力资本对行员的工资起了决定作用。

第四节　上海商业储蓄银行的介绍人

上海商业储蓄银行的介绍人是行员社会资本的一部分。从统计分析发现，介绍人虽然不乏各界名流，但总体上看，主要由行内员工担任。介绍人和被介绍人之间关系密切。介绍人能介绍行员的数量大致反映了介绍人社会资本的高低。最后，通过简单的数据统计分析发现介绍人社会资本影响银行行员的收入水平。

一、上海商业储蓄银行的介绍人行业分布

根据上海商业储蓄银行的 1455 名职员履历及职务调动记录，经介绍人介绍进入银行的共有 1232 名职员（称为"介绍人样本"），相应地，他们由 675 名介绍人介绍进入。介绍人来源包括本行职员，以及银钱业任职，实业界、学界、政界等较为知名人士，这些人士大多与银行管理者有特殊关系。[①]

第一，有 181 名介绍人是本行行员，共介绍 622 名行员入职。也就是说约 42.78% 的行员的介绍人是本行行员。平均来看每名行内介绍人介绍 3.44 名行员。其中既有该行董事长和总经理，也有总行各个部门的经理，以及各个分行的经理，还有仅仅介绍一人的普通行员。比如上海商业储蓄银行总行出纳部的总出纳——汪如松，他总共介绍了 11 名行员，其中 6 名入行时是进入他掌管的部门——总行出纳部（该部门在 1937 年共有 23 名行员），还有 2 名则在其他分行部门做出纳工作。在总行出纳部门还有一名叫作章贤韶的 35 岁出纳员。他仅仅介绍了一名行员，名为章贤歆，年龄 27 岁。虽然档案里没有记载二者关系，但是相同的籍贯——浙江上虞，相同的本乡住址——上虞百官章陆村，和相同的姓名前两个字——章贤，我们可以推测章贤韶介绍了自己的弟弟或者堂弟。[②]

第二，在银钱业任职的介绍人也占了相当的数量。如江西裕民银行经理林联琛介绍 8 名行员，上海银行公会秘书长林康侯介绍 5 人，福泰庄经理周介繁介绍 3 人，中国银行总经理张公权介绍 1 人。还有如福州中央银行吴维贤、国华银行张景吕、同润钱庄裴云乡等人做上海商业储蓄银行的介绍人。

第三，介绍人亦有不少是实业界人士，如面粉公司、棉花公司的实际控制人等。如汉口中新四厂、福新五厂经理华栋臣介绍 9 名行员，其中 7 名被介绍行员的籍贯都是江苏无锡。申新五厂的张械泉介绍 4 人，蚌埠信业面粉

[①] 上海市档案馆藏：《上海商业储蓄银行全行行员履历及职员调动记录》，1937 年，档号：Q275-1-1273，Q275-1-1274，Q275-1-1275，Q275-1-1276。

[②] 上海市档案馆藏：《上海商业储蓄银行全行行员履历及职员调动记录》，1937 年，档号：Q275-1-1273。

公司的朱幼岑介绍了 3 人，汉口通益精盐公司的黄文植介绍了 2 人等等。此外会计师奚玉书介绍了 16 名行员。上海总商会会长虞洽卿介绍 1 人。

第四，介绍人在学界的亦不在少数，包括沪江大学教授余日宣、立信会计学校校长潘序伦、南京文化学院教授汪新民、中华职业学校校长潘仰光、上海南洋中学校长王培孙、沪江大学图书馆杨希章、前金陵大学校长包文等。① 此外还有商务印书馆、暨南大学、金陵中学等正规学校直接推荐，也有中华职业教育社、中华职业培育所、银行业传习所等职业教育学校进行直接推荐。

第五，还有一些政界人士作为介绍人。例如国民党重要人物、时任国民党中央组织部部长陈立夫，时任国民党政府主计处处长的陈其采等。其中陈立夫为介绍同乡钮仲豪在银行谋事，致上海商业储蓄银行陈光甫函："光甫先生，敬启者，敝同乡钮仲豪君向在钱业服务以范围不广，深顾于银行界效力，藉图业展，钮君经验宏富，人称诚实，特为其函绍介为蒙执事。"②

二、介绍人与被介绍人的关系

介绍人与被介绍人的关系网络主要包括同乡关系、血缘关系。

首先，最亲近的关系是亲戚带来的血缘关系。经介绍进入银行的 1232 人中，档案里特意备注介绍人和职员存在血缘关系的有 53 人，包括汉行经理周苍柏为银行介绍其 3 名表弟等 6 名亲戚，银行副经理杨介眉为银行介绍其表妹、舅父、内弟、堂内弟和妹岳丈等亲戚 5 人，银行内汇部经理李芸侯为银行介绍其兄弟和堂岳父两人。美国西北大学毕业的在总行工作的沈维经介绍自己的弟弟，东吴大学毕业的沈维宁。上海商业储蓄银行无锡银行专员华卫中介绍人自己的外甥王世绩之弟王世勖。前汉行营业员冯登洲介绍自己的儿子冯校明进入银行工作。上海商业储蓄银行襄理朱汝谦介绍自己的弟弟和

---

① 上海市档案馆藏：《上海商业储蓄银行全行行员履历及职员调动记录》，1937 年，档号：Q275-1-1273，Q275-1-1274，Q275-1-1275，Q275-1-1276。

② 上海市档案馆藏：《上海商业储蓄银行关于卖国贼曹汝霖请辞"顾问"职，孔祥熙、陈立夫、吴忠信等为亲友说项、谋职及行员请求改善房贴制度等各有关人员来函》，档号：Q275-1-948。

亲戚进入银行工作。总行定存部经理黄席珍介绍 24 岁美国耶鲁大学毕业的儿子黄元吉做湘行的副经理。总行业务处的陈洪年介绍自己的侄子陈长龄。英美烟公司的周操柏介绍自己的本家周咸康到上海商业储蓄银行汉口仓库工作。当然档案中此部分记录并不全面，但我们看到银行并不避讳行员介绍自己的亲戚等具有血缘关系的人进入银行工作。

其次，大范围的是同乡关系。同乡虽然不如血缘关系那么联系紧密，但是因为同乡关系涉及的人际网络范围更宽，所以也会有更大的影响范围。例如时任交通部长、交通大学校长王伯群为贵州兴义人，推荐其同乡和世好留学高材生李师同，并写下推荐函如下：

> （陈）光甫、（杨）敦甫两先生大鉴，昨日连谈获益良多，滇籍世好李师同君在日本早稻田大学毕业，后又研究银行学多时，得有学士学位，品学具优，为青年难得之材，常虑所学于理论不济实用闻，贵行组织新颖又与社会接近，两公又系金融界泰斗，切愿入贵行实习，在两公指导之下稍增经练，素知两公乐育人才，不遗余力，特一言为介，尚恳不吝教益以成其志则感同身受矣……①

从我们搜集数据统计，经介绍进入银行的 1232 名职员中能获得介绍人籍贯信息的职员共 448 人（称为"介绍人籍贯样本"），其中介绍人和职员存在省级同乡关系的有 286 人，占样本的 64%，存在县级同乡关系的有 115 人，约占介绍人籍贯样本的 26%。其中存在县级同乡关系的籍贯排名最多的是江苏吴县（33 人）、江苏无锡（9 人）、湖北武昌（9 人）等，这与银行全体职员和高管基本为江苏人和湖北人吻合。

如果按照职员和其介绍人的籍贯来分别排序，考察不同籍贯的介绍人介绍的职员人数占介绍人籍贯样本比重，以及不同籍贯的职员占全样本比重，可以发现地域的集中性（见图 4.7）。从职员的籍贯看江苏的吴县、无锡、镇江、上海等地占据最高的比率。而在我们的介绍人籍贯样本中同一地区的介

---

① 上海市档案馆藏：《上海商业储蓄银行关于卖国贼曹汝霖请辞"顾问"职，孔祥熙、陈立夫、吴忠信等为亲友说项、谋职及行员请求改善房贴制度等各有关人员来函》，档号：Q275-1-948。

绍人介绍的行员比率中，江苏的吴县、镇江和丹徒占了最高比率。这与银行总经理陈光甫就是江苏丹徒人有关。

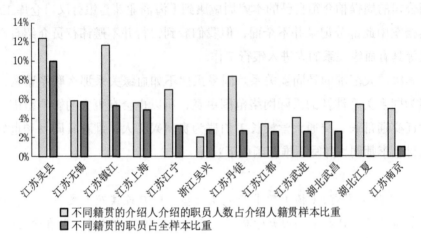

资料来源：上海市档案馆藏：《上海商业储蓄银行全行行员履历及职员调动记录》，1937年，档号：Q275-1-1273，Q275-1-1274，Q275-1-1275，Q275-1-1276。

图 4.7 上海商业储蓄银行职员和其介绍人的籍贯排名

三、介绍人的影响力与曾介绍行员数

由于介绍人凭借自身在上海商业储蓄银行的影响力可以介绍更多人进入银行，因此介绍人曾介绍人数可以衡量其在银行人员引进中的影响力。把介绍人依据曾经介绍的行员数量指标画分布密度图，图4.8中显示，该密度分布图服从右偏分布，即大部分介绍人都介绍了1—2人，数据显示介绍行员人数最少的593名介绍人共介绍666人进入银行，平均一个人介绍约1名行员。同时只有相对较少的介绍人能够一个人介绍5个以上的行员，数据表示曾介绍人数最多的前100名介绍人共介绍566人进入银行，平均每人介绍5.66个行员。

曾介绍人数在10人以上的介绍人基本均为银行内部高管（见表4.7）。如排名最高的是汉口分行经理周苍柏，共介绍24人，其次是总行内汇部经理李芸侯和总行副总经理杨介眉，分别介绍22人和19人，再次是知名会计学家奚玉书和银行总经理陈光甫，共介绍16人和15人。地方分行在行员的录用

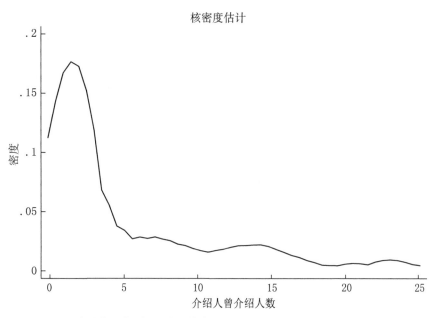

核密度估计

资料来源：上海市档案馆藏：《上海商业储蓄银行全行行员履历及职员调动记录》，1937 年，档号：Q275-1-1273，Q275-1-1274，Q275-1-1275，Q275-1-1276。

图 4.8　介绍人曾介绍人数的核密度曲线

中更是侧重银行本地分行经理和襄理级别人士的介绍。比如汉行经理周苍柏介绍的 24 名行员，不但包括自己的表兄、姨丈、表弟等亲戚关系，也包括其掌管的汉口行的副经理董明藏、副经理李灼、襄理崔幼南、襄理徐世清、襄理陈运，武昌分行经理胡庆生，宜昌办事处主任彭正松。而汉行副经理董明藏又介绍了 8 名行员，汉行襄理崔幼南又介绍了 12 名行员。

表 4.7　上海商业储蓄银行介绍人曾介绍人数排名

介绍人姓名	介绍人曾介绍人数	介绍人籍贯	介绍人职位	介绍人 1937 年薪水（银元）
周苍柏	24 人	湖北江夏	汉行经理	480
李芸侯	22 人	江苏镇江	总行内汇部经理	550
杨介眉	19 人	江苏南京	总行副经理	800
奚玉书	16 人		会计家	
金宗城	16 人	江苏镇江	总行营业部经理	540
李桐村	15 人	江苏江宁	总行副经理兼鲁行经理	600

续表

介绍人姓名	介绍人曾介绍人数	介绍人籍贯	介绍人职位	介绍人1937年薪水（银元）
陈光甫	15人	江苏丹徒	总经理	1200
蔡墨屏	14人	江苏镇江	济南管辖行经理	280
赵汉生	13人	江苏丹徒	总行业务办经理	500
庄得之	13人	江苏武进	银行董事长	—
杨敦甫	13人		前总行副经理	—
潘纪言	12人	江苏宝山	中虹行经理	230
葛士彝	12人	江苏吴县	总行襄理	340
崔幼南	12人	安徽太平	汉行襄理	340
汪如松	11人	江苏吴县	总出纳	360
陶竹勋	10人		已故第一任蚌行经理	

资料来源：上海市档案馆藏：《上海商业储蓄银行全行行员履历及职员调动记录》，1937年，档号：Q275-1-1273，Q275-1-1274，Q275-1-1275，Q275-1-1276。

四、介绍人曾介绍人数与被介绍人工资的关系

根据样本量为1232个的介绍人样本，分析介绍人曾介绍人数和工资情况之间的关系，表4.8即为按照介绍人曾介绍人数在1人、2—3人、4—9人、10人以上的4个区间分组。从表中可以看到，入行薪水、1937年薪水和工资年增长量都随着介绍人曾介绍人数的增长而上升。随着介绍人曾介绍人数从1

表4.8 按介绍人曾介绍人数分类的薪水水平

介绍人曾介绍人数	入行薪水		1937年薪水		工资年增长量	
	平均数（银元）	频数（个）	平均数（银元）	频数（个）	平均数（银元）	频数（个）
1人	32.07	507	67.37	516	5.80	473
2—3人	34.44	270	73.94	274	5.86	244
4—9人	35.24	212	74.16	216	5.98	208
10人以上	46.25	216	91.48	226	6.34	208
总计	35.70	1205	74.44	1232	5.94	1133

资料来源：上海市档案馆藏：《上海商业储蓄银行全行行员履历及职员调动记录》，1937年，档号：Q275-1-1273，Q275-1-1274，Q275-1-1275，Q275-1-1276。

个到 2—3 个再到 4—9 个及 10 个以上，入行平均薪水从 32.07 元增加到 34.44
元再到 35.24 元及 46.25 元。1937 年薪水和年工资增长量也是这样一个趋势。

第五节　上海商业储蓄银行的担保人

本书整理了上海商业储蓄银行担保人的应保财产和担保人的实际财产数
据，并且发现担保人的实际财产和被担保人的工资水平正相关。考虑到行员
提供保人的实际财产必须要大于等于行员应保财产数额，而行员的应保财产
又和他的职位高低有很大的关系，即保人的实际财产与行员的工资水平具有
天然的内生联系，所以在这里我们构造了保人的超额财产指标，即保人实际
财产与保人应保财产的差值，以消除与工资水平的内生性。最后，观察了保
人的超额财产，发现该指标依然与行员工资正相关。

一、上海商业储蓄银行的担保人概况

上海商业储蓄银行的担保人的财产大部分都有详细的记载。例如，总行
襄理葛士彝 1937 年薪水每月 340 元，其保人任仲琅是上海裕隆公司总经理，
开设百货、药材行，兼及股票生意，据上海银行调查实际身家 20 万元。当
然根据上海商业储蓄银行的相关规定，行员需要提供大于自己工作责任四倍
的保人财产，即应保财产。所以，实际当中保人的实际财产往往需要大于等
于应保财产。例如，在总行工作的女行员韦玉荷是电话接线员，她这个职
位的应保财产为 3000 元，而为她担保的香港浦东银行的保人财产也正好是
3000 元。再如，总行往来部的行员丁寿昌，其应保财产为 1 万元，他实际提
供的保人——苏州布号的沈德琪，实际资产为 4 万。但也有如下的一些情况，
文章也作了相应的处理。

（1）剔除的样本：有些样本并未具体记录保人的实际财产状况，仅记录
了保人是全浙商联会主席或宜昌某间店铺的股东。说明具备明显较高社会地
位的保人受到银行充分认可，但是却没有具体的数据可依。有些保人的实际

财产是没有表明数额的商铺和田地，这些描述也难以准确量化，所以这些样本在量化回归时剔除了。

（2）有一些行员的保人实际财产小于应具身家，这部分数据因为数据记录准确，所以也在样本内。

（3）最后对一些模糊的说法，进行近似明确。如，对于档案里标注实际财产为"一二万元"的数据，本书统一使用 1.5 万元进行录入，实际财产为几"万余元"的样本，我们在录入时把余元舍去。还有一些较模糊的字眼来评价保人的实际财产状况，如"颇为殷实""小康""富有""合格""尚可"等，我们则按照等于应保财产的数额进行赋值。

最后，除了上述情形，还有 45 人未觅保或没有保人记录，2 人正在换保，1 人保人未定，有 9 人投保第一信用保险公司，1 人以本行 1000 美元储蓄券作保。在没有觅保或无保人记录的 45 人里，有 16 人的 1937 年每月薪水不低于 300 元，均为银行的高级管理人员，如银行总经理陈光甫、总行副经理杨介眉、总行副经理兼工业部经理朱如堂、总行副经理兼农业部经理邹秉文、总行营业部经理李阄菲以及无锡银行专员华卫中等等；有 18 人薪水小于 80 元，其中时年 24 岁的刘奇任职于总务办信件保管科及收发科，并未被要求觅保，时年 15 岁的练习生张世选亦未觅保，和他一起在 1937 年进入银行的 7 位练习生也未觅保。

上海商业储蓄银行的担保人较多为高净值人士。比如，芜湖交通银行经理、汪南铁路公司襄理、长泰证券号经理、上海裕隆公司总经理等等。这些保证人有时也会充当职员的介绍人，如郑葆常（字健峰），福建闽侯人，美国哥伦比亚大学商学硕士，时任总行总经理秘书，他找到任职于两路管理局的老乡林则蒸作为介绍人，同时林则蒸也作为其保人；陈俊（字湘涛），清华大学毕业，时任总行秘书兼顾问，他的介绍人和保人都是同一人。

二、保人实际财产与应具身家分布

在上海商业储蓄银行的 1455 名职员履历及职务调动记录里，保人数据经过如上的处理后，共 1210 名职员同时具有保人实际财产和应具身家的数据。全部有数据的行员的应保财产大致有 0.05 万元、0.1 万元、0.15 万元、0.2 万元、

0.3 万元、0.4 万元、0.5 万元、0.75 万元、0.8 万元、1 万元、1.2 万元、1.5 万元、2 万元、2.5 万元、3 万元、3.5 万元、4 万元、5 万元、6 万元、6.5 万元、8 万元、10 万元这 22 个等级。大致的分布如图 4.9 的概率分布所示。这 22 个等级的行员占有数量是非常不同的，总行员数超过 50 人的等级分布如图 4.9 的表格所示：应保财产在 2 万元和 1 万元的行员是最多的，约占到整个样本总量的 28.42% 和 26.23%；紧随其后的是更低的 0.5 万元和更高的 3 万元和 4 万元，分别占总样本的 10.77%、9.82% 和 8.06%；接下来的 0.05 万元和 1.5 万元的应保财产水平相应的行员数就跌至 3.81%。所以画出概率分布图，大致是左右对称的，中间高两边低的图形。整个图形在右边有一个相对较长的尾巴。

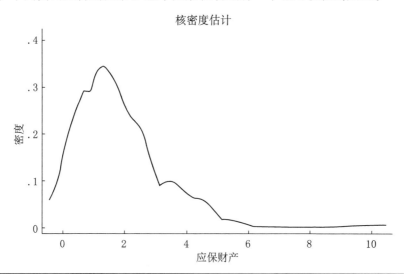

核密度估计

应保财产（万元）	频　数	百分比
2	388	28.42%
1	358	26.23%
0.5	147	10.77%
3	134	9.82%
4	110	8.06%
0.05	52	3.81%
1.5	52	3.81%

注：表格的数据记载了保人频数大于 50 的主要保人应保财产情况。

资料来源：上海市档案馆藏：《上海商业储蓄银行全行行员履历及职员调动记录》，1937 年，档号：Q275-1-1273，Q275-1-1274，Q275-1-1275，Q275-1-1276。

图 4.9　保人应具身家分布密度

保人的实际财产因为要大于等于保人的应具身家，其从 0.1 万元到 10 万元甚至几百万元，如表 4.9 所示。让人吃惊的是，保人实际财产能达到 10 万元的行员竟然有 112 人之多，约占整个行员样本的 9.14%；保人实际财产为 5 万元的行员也不在少数，约 101 人，占整个样本的 8.24%；而保人应保财产的实际要求在 5 万或者 10 万元档的行员都低于 50 人。因此，担保人的实际财产显示了担保人的实力雄厚，也展示了行员的社会资本的水平之高。

表 4.9　保人实际财产中频数大于 50 的分布

保人实际财产（万银元）	频　数	百分比
2	237	19.33%
1	148	12.07%
3	120	9.79%
10	112	9.14%
5	101	8.24%
2.5	66	5.38%
4	61	4.98%

资料来源：上海市档案馆藏：《上海商业储蓄银行全行行员履历及职员调动记录》，1937 年，档号：Q275-1-1273，Q275-1-1274，Q275-1-1275，Q275-1-1276。

三、保人实际财产与行员收入

根据样本量为 1217 的保人样本，本书先分析保人实际财产和工资情况之间的关系（见表 4.10），按照保人实际财产在 1.5 万元以下、1.5—4 万元、

表 4.10　按保人实际财产分类的薪水水平

实际财产	入行薪水		1937 年薪水		工资年增长量	
	平均数（银元）	频数（个）	平均数（银元）	频数（个）	平均数（银元）	频数（个）
1.5 万元及之下	27.57	279	53.01	282	4.81	266
4 万元及之下	34.19	522	67.05	533	5.81	482
4 万元以上	38.16	402	79.05	410	6.42	368
总　计	33.99	1203	67.83	1225	5.77	1116

资料来源：上海市档案馆藏：《上海商业储蓄银行全行行员履历及职员调动记录》，1937 年，档号：Q275-1-1273，Q275-1-1274，Q275-1-1275，Q275-1-1276。

4万元以上的三个区间分组，可以看到入行薪水和1937年薪水均随着实际
财产的增加而上升，佐证了上一节中保人实际财产与职员工资、职位高低正
相关。

　　保人实际财产与工资的关系并不会让我们觉得意外。因为保人的应保财
产是被保人入行后银行根据被保行员的职位而核定的，即应保财产与工资一
定是正相关的，而保人实际财产又必须大于等于应保财产（图4.10关于保人
实际财产和应保财产的交叉图也表明了两者的正相关关系），所以保人实际财
产应该是与保人工资正相关。

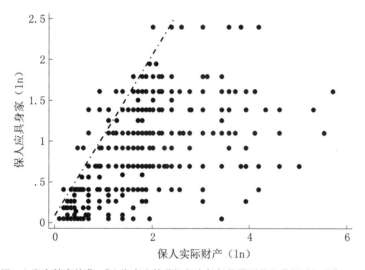

资料来源：上海市档案馆藏：《上海商业储蓄银行全行行员履历及职员调动记录》，1937年，档号：
Q275-1-1273，Q275-1-1274，Q275-1-1275，Q275-1-1276。

图4.10　保人实际财产与保人应具身家相互关系的散点图

　　在图4.10中，可以看到一条虚线。这条虚线代表了应保财产和实际财产
一一对应的边界。我们可以看到，在边界的左边分布着一些点，这些点代表
了有些行员保人的实际财产不满足银行所要求的保人财产水平，或者说保人
实际财产低于保人应保财产；在边界的右边有更多的分布点，他们代表着保
人的实际财产大于保人的应保财产，并且越靠右并远离虚线的点代表行员保
人的实际财产要远远高于保人的应保财产。当我们看到这个分布时，深感行
员保人的富有。

四、保人实际财产差值与行员收入

为了衡量保人社会资本的能力，本书构造了保人财产差值这个变量，即保人财产差值 = 保人实际财产 – 保人应具身家。在图 4.11 中我们做了保人应具身家和保人财产差值的散点图，发现没有明显的相关关系。即被保人是否寻找了远远超过银行所要求的应保财产担保人与被保行员的入行职位没有直接关系。这说明我们这里构造的保人财产差值变量已经避免了内生的与行员入职要求财产的相关性，是一个相对独立的变量。

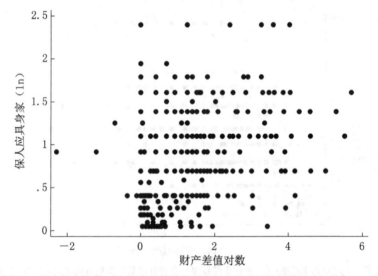

资料来源：上海市档案馆藏：《上海商业储蓄银行全行行员履历及职员调动记录》，1937 年，档号：Q275-1-1273，Q275-1-1274，Q275-1-1275，Q275-1-1276。

图 4.11　保人财产差值与保人应具身家相互关系的散点图

随后考察保人实际财产与应具身家的差值和职员工资水平间关系（见表 4.11），按照差值在 0 以下、0—0.8 万元、0.8—1.5 万元、1.5—5 万元、5 万元以上的五个区间分组。可以看到实际财产等于应具身家的情况（即差值等于 0）占保人样本的 31%。这部分人的入行薪水均值为 35.5 元，1937 年薪水为 72.2 元，工资年增长量 6.1 元。在行员提供超额担保即财产差值大于零的组中，呈现出保人财产差值越高的行员组，入行薪水、1937 年薪水和工资年增长量都较高。比如，保人实际财产与应具身家的差值为 0 到 0.8 万元的组内，平均入行薪水最低只有 27.6 元，1937 年平均薪水也是最低为 50.5元，工资年增长量也是最低为 4.4 元；保人实际财产与应具身家的差值为 5万元之上的那一组，入行平均薪水高达 36 元，1937 年调查时的平均薪水为69.9 元，年均工资增长率为 6.1 元。

表 4.11　按保人实际财产与应具身家的差值分类的薪水水平

应具身家与实际财产的差值	入行薪水		1937 年薪水		工资年增长量	
	平均数（银元）	频数（个）	平均数（银元）	频数（个）	平均数（银元）	频数（个）
(−∞, 0]	35.5	366	72.2	373	6.1	339
(0, 0.8]	27.6	173	50.5	175	4.4	161
(0.8, 1.5]	32.2	204	62.9	205	5.6	190
(1.5, 5]	36.3	260	68.8	265	5.8	246
(5, +∞]	36.0	185	69.9	190	6.1	165
总　计	34.0	1188	66.4	1208	5.7	1101

资料来源：上海市档案馆藏：《上海商业储蓄银行全行行员履历及职员调动记录》，1937 年，档号：Q275-1-1273，Q275-1-1274，Q275-1-1275，Q275-1-1276。

第五章　近代中国员工社会资本 经济回报的回归分析

在本章中，我们从上一章的统计描述进入计量检验。首先确定要回归的模型和对社会资本变量进行代理的介绍人变量以及担保人变量。然后又进一步介绍各个控制变量及如何取值。最后是基准回归的结果。总之，在这一部分的规范计量研究中，我们发现介绍人和担保人都显著地影响行员的工资水平。

第一节　上海商业储蓄银行社会资本对工资的影响机制

在社会资本经济效应的影响机制中，有"信息""人情"和"信任"三个。一方面，从理论分析介绍人是应该在被介绍人找工作时有一个"信息"提供的作用，并且该作用在被介绍人找到工作后结束，由于我们无法得知那些求职失败的样本，也就无法衡量"信息"的作用大小。另一方面，基于1937年工资，我们是可以验证"人情"和"信任"机制的。一方面，介绍人与银行内的沟通主要是出于"人情"作用，另一方面，担保人提供的超额担保则能提供相应的"信任"环境。

一、介绍人影响的人情机制

首先，介绍人与被介绍人关系密切。从档案中看，介绍人与被介绍人主要是同乡关系，其次是血缘关系[①]。经介绍进入银行的1232名职员中，能获

[①] 这一点和其他行业对介绍人的调查是一致的，如方显廷对天津针织工业、织布工业、粮食业及磨房业等的调查。

得介绍人籍贯信息的职员共 448 人，其中介绍人和职员存在省级同乡关系的有 286 人，占样本的 64%，存在县级同乡关系的有 115 人，约占 26%。档案里特意备注介绍人和职员存在血缘关系的有 53 人，包括汉行经理周苍柏介绍的其表兄、表弟、姨丈等 6 名亲戚，银行副经理杨介眉介绍的其舅父、内弟、堂内弟和妹岳丈等亲戚 5 人，银行内汇部经理李芸侯为银行介绍了其兄弟和堂岳父两人。还有一些是根据相关信息进行推测的。比如介绍人和被介绍人都是行员，籍贯相同并且名字里的三个字中有两个相同，则推测是比较近的亲戚。在档案中，都是浙江上虞人的章贤韶和章贤歆，35 岁的章贤韶介绍 27 岁的章贤歆入行工作；都是湖北武昌人的董明藏、董明焕和董明哲，41 岁的董明藏介绍 30 岁的董明焕和 32 岁的董明哲入行工作。

其次，能介绍多人进行的介绍人通常是银行的管理人员，他们客观上能够对被介绍人的工资产生影响。介绍人最多介绍了 24 名银行行员，最少是 1 名。能介绍 10 人及以上行员的介绍人有 15 名。从高到低排列，他们分别是汉口管辖行经理周苍柏，总行内汇部经理李芸侯，总行副总经理杨介眉，会计学家奚玉书，总行营业部经理金宗城，总经理陈光甫和总行副经理兼鲁行经理李桐村，济南管辖行经理蔡墨屏，总行业务处经理赵汉生、银行董事长庄得之、前总行副经理杨敦甫，总行业务处襄理葛士彝和汉口管辖行襄理崔幼南，出纳部总出纳江如松和本埠分行管辖部中虹桥分行经理潘纪言。

最后，以汉口管辖行的周苍柏为例，可以发现能介绍更多人进行的介绍人，他们在银行的影响力更大，基于介绍人与被介绍人较为密切的关系，人情机制可通过介绍人影响力指标——曾介绍人数的多少来影响行员的工资水平。周苍柏的介绍脉络如图 5.1 所示。

分总行和分行介绍人来看，分行的职员和介绍人的关系较总行更偏重于亲缘和同乡关系，如汉口分行经理周苍柏从 1923 年到 1937 年共介绍 24 人进入银行，其中 6 人为周苍柏的亲戚，15 人为湖北本地人（见表 5.1）。这 24 人中大部分是在湖北内的分支行工作，并且很早就进入行中工作，至 1937 年工龄从 12 年到 25 年不等。从薪水分析，在 1937 年已经有 10 位行员的薪水超过 100 元。被介绍人远超平均的工作年限和较高的薪水不得不让我们有如下的猜想——经过汉口分行经理周苍柏介绍的行员似乎得到了"人情"的眷顾。

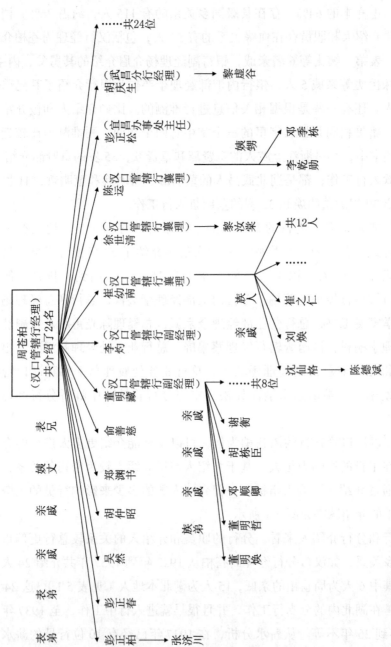

资料来源：《上海商业储蓄银行全行行员履历及职务调动记录簿》(1937)，档号：Q275-1-1274。

图 5.1 周苍柏所介绍行员脉络图

表 5.1　上海银行汉口分行经理周苍柏介绍进入银行的职工

	姓名	年龄	籍贯	受教育程度	工作年限	进行薪水（银元）	1937年薪水（银元）	1926年所在行处	介绍人与本人关系
1	李灼	38	四川巴县	重庆联合县立中学肄业	18	240	360	汉储行	
2	彭正柏	30	湖北武昌	武昌文华附属中学毕业	23	4	120	汉行储蓄科	介绍人之表弟
3	彭正春	24	湖北武昌	武昌文华中学高中二年级	16	30	60	汉行	介绍人之表弟
4	董明藏	41	湖北武昌	北平中国大学毕业	17	300	380	汉行	
5	吴然	24	浙江杭县	杭州宗文初中肄业	17	20	60	汉行	介绍人亲戚
6	崔思业	52	安徽太平	文华中学毕业	20	200	340	汉行	
7	朱道四	30	浙江杭县	浙江法政专门学校毕业	16	50	70	汉行	
8	徐世清	33	贵州铜仁	北平汇文学校毕业	19	70	150	汉行	
9	陈运	47	湖北秭归	日本帝国大学毕业	17	150	200	汉行	
10	余肇成	27	湖北汉阳	汉口化善初中肄业	16	30	50	汉行	
11	涂纪铨	23	湖北武昌	私塾	19	15	30	汉行仓库科	
12	胡仲昭	50	湖北武昌	私塾	19	40	55	汉行一仓	介绍人之亲戚
13	周咸森	38	湖北黄安	辅德中学肄业	12	25	25	汉行三仓	
14	詹俊民	19	湖北黄安	私塾	14	13	15	汉行第五仓库	
15	郑渊书	24	浙江杭县	浙江省立高中毕业	15	35	55	汉景行处	介绍人系本人之姨文
16	刘学汉	27	湖北武昌	湖北二中高中商科毕业	17	30	70	汉景街办事处	
17	张慧文	30	湖北汉阳	北平燕京大学毕业	17	45	75	汉景办事处	
18	俞善慈	24	湖北汉阳	文华中学毕业	15	30	55	沙行	
19	王振淇	30	浙江嘉兴	私塾	25	2	160	鄂行	
20	胡广生	43	湖北武昌	Reachers College Columbia University	19	150	280	鄂行	
21	彭正松	34	湖北江夏	文华大学毕业	19	45	130	宜行	
22	熊尚朴	35	湖北夏口	汉口圣保罗学校	25	2	120	湘行	
23	孟惠和	26	浙江绍兴	汉口博学书院	17	30	60	湘行	
24	徐福甫	23	浙江上虞	上海大夏及沪江附中肄业	14	30	45	总行储蓄部	介绍人保本人之表兄

资料来源：《上海商业储蓄银行全行行员履历及职员调动记录》，1937年，档号：Q275-1-1273、Q275-1-1274。

二、担保人影响的信任机制

银行都要求员工提供保人，因为银行行员"大都终日与钱币及有价证券等相接触。银行方面，为防止营私舞弊起见，自不能不令其提供确实可靠之保证"。[①] 担保人要有商业信用，并且行员的直系血亲等不能做保证人，行员之间也不能互为保证人。寻觅保人通常是银行招聘行员的最后一步，若不满足，即使已经考试通过也不能入职。如"最近某大政府银行考取新行员十名，其中八人，因无适当保人，均不得入行服务"。[②] 另外，即使觅到了保人，并且取得了工作，但如果"保证人，无论为人退保，或保证人身故，或因职业状况变更，致失保证资格……各该司役之保证书，如有上述情事，应即暂停工作，俟其保证书办妥后，再行复工"。[③]

担保人对被担保人工资收入的影响是通过信任机制产生的。

首先，担保人的财产比权势更重要。银行设置的行员保人须对由于员工舞弊或过失造成损失承担相应的保证责任。因此相比较保人的声望，保人的财产是保人对行员雇佣起作用的主要因素。"保人如系有权势者，或系要人，往往对于赔偿之款，设法延宕推诿，甚至置之不理，在银行方面亦无可如何，不能强其履行赔偿义务。""是以我国银行对于要人或有特殊势力者作保，不甚欢迎，良非无因"。[④] 从上海商业储蓄银行关于行员舞弊的档案资料分析，保人在损失赔偿上发挥着作用。最大的一笔赔偿是，职员吴稚梅的保人义记烟行经理周操柏赔付的，共 2.4 万元。[⑤]

其次，担保人需要具备的财产能力虽有约定，但超额的财产能力更有助于提供信任并获得更多工作机会。上海商业储蓄银行要求担保人应该具有相当财产，并以其保证行员所负责任有使银行蒙受损失之可能性数目之四倍为准，但因为保人实际上依然承担着无限保证责任，所以，保人的财力就有可

---

① 上海市档案馆藏：《上海商业储蓄银行人事管理制度》(1935)，档号：Q275-1-185，第 270—287 页。
② 权时：《论银行有革除现行保证制之必要》，载《银行周报》1936 年第 33 期。
③ 《赣浔行分函员役注意换保手续》，载《海光》1935 年第 4 期。
④ 章云保：《银行员保证制度之研究》，载《银行周报》1937 年第 2 期。
⑤ 上海市档案馆藏：《上海商业储蓄银行本埠分行管辖部陈民德舞弊案专卷》(1937)，档号：Q275-1-973，第 153 页。

能会影响行员的晋升。"行员保人，应请每年复查其保人有无死亡或他往，暨营业上盈绌情形。并须将此项调查记录，秘密抄寄分行经理查照。俾分行经理于派遣执事之时，得视其保人之现况，而定被保者所办事项之重要与否。"①，这表明，保人财产状况，尤其是财产能力亦会影响行员是否会被交办重要的事项，进而会影响行员在职后晋升的机会。

最后，基于信任，对于支行的管理层通常不要求提供担保。"我国银行对于其分支行之经理、副经理、襄理，往往不令其找觅保人，据其原因，因经副襄理，所负之责任綦重，经手之款项尤多，若令其找保，一则要觅此相当资格之保人，颇非易事，二则反显示行方于经副襄理，尚有不信任之处，既不信任，何能界予此重任，因此银行予分支行经副襄理，常有免其觅保者。"②上海商业储蓄银行档案亦表明，"总行总副经理，及各行处顾问参事"不需保证人。③

第二节　行员社会资本的代理变量和其作用的实证模型

本部分首先给出计量回归所要使用的回归模型，并在随后的部分确定衡量社会资本的两个代理变量——介绍人介绍行员的数量和担保人实际财产与应保财产的差值。代表社会资本的这两个变量能够很好地分别指征介绍人的社会网络能力以及担保人的担保能力。最后，介绍人和担保人社会资本变量统计意义上的不相关告诉我们，两个指标并不重合，它们从多维度测量了行员的社会资本。

一、社会资本对行员收入影响的模型设定

为了分析社会资本对工资的影响，使用明瑟方程④作为基本模型：

---

①　金宗城：《分行行员不敷调遣暨行员保人须逐年调查案》，载《海光》1930 年第 8 期。

②　章云保：《银行员保证制度之研究》，载《银行周报》1937 年第 2 期。

③　上海市档案馆藏：《上海商业储蓄银行人事管理制度》(1935)，档号：Q275-1-185，第 270—287 页。

④　Jacob Mincer, *Schooling, Experience, and Earnings,* New York: NBER Press, 1974: 91.

$$\ln(Salary)_i = \beta_0 + \sum_c \beta_c S_{ci} + \gamma_1 E_i + \gamma_2 Z_i + \varepsilon_i \qquad (5.1)$$

应变量 $\ln(Salary)_i$ 表示第 i 个行员工资水平的对数，本书主要是指上海商业储蓄银行在 1937 年全行调查时留下的工资数据。S_{ci} 表示第 i 个行员第 c 种社会资本的使用量，该变量主要由介绍人社会资本和担保人社会资本组成。E_i 是第 i 个行员所受教育水平的控制变量，Z_i 是第 i 个行员个体特征的变量，如：行员的年龄、工龄、籍贯、工作经历、工作部门等等。

二、社会资本代理变量——介绍人曾介绍的人数

该模型的核心解释变量是行员的社会资本——介绍人和担保人。对于介绍人，本书采用"介绍人曾介绍的人数"作为行员介绍人社会资本的代理变量，主要基于以下考虑：

在以往的研究中，通常使用介绍人的社会地位及影响作为社会资本所达高度的代理变量，并认为较高的社会资本高度能够给被介绍人带来更好的收入。因为研究工作范围是限定的——即在上海商业储蓄银行内部，那么介绍人在该银行的高度和影响力就是衡量介绍人所承载社会资本的合理代理变量。

下面通过两个层次来说明，介绍人所介绍人数能够衡量介绍人在该行内所代表的社会资本的高低。由于介绍人分为行内介绍人（介绍人本人是行员、董事、监事、股东、顾问、行内出版物主编等与银行相关人员）和行外介绍人（大学教授、政界高官、商会会长、企业家等）。下面就从这两个方面分析。

针对行内介绍人，他们在该银行的高度和影响，一方面，直观地可以采用他们在行内的职务等级进行衡量，另一方面，职位越高的人也能够介绍更多的人进入银行工作。验证如下：

首先，根据《上海商业储蓄银行史料》（第 818 到 819 页）行员的薪给列表，95 元以下为助员，100 到 190 元为办事员、200 到 360 元为职员、380 元及以上为超等职员。因此，根据行员的职务等级可以分为助员、办事员、职员和超等职员四种，并且其所代表职位越来越高。

其次，做介绍人行内职位和介绍人所介绍人数两个变量的交叉图表。如

表 5.2 所示，二者是正相关的。即介绍人行内的职位越高，那么他的影响力越大，因此能介绍入行的员工数也会越多。

最后，使用介绍人职位的高低来衡量介绍人社会资本会遗漏。有些行内介绍人后来身故、跳槽，这些介绍人的职位高低因为没有 1937 年的数据而无法衡量。还有一些行内介绍人，比如董事、监事、股东等，他们大多没有工资数据，也没有具体的职位信息。但显然，对曾任董事的黄静泉（糖商）和曾任监事的金邦平（上海启新洋灰公司经理）而言，曾任董事长的庄得之（洋行买办）在行中的地位更高、影响力更大。从他们介绍的行员来看正好体现了这个差别，庄得之曾介绍 13 人，黄静泉和金邦平分别曾介绍 2 人。

表 5.2　介绍人介绍人数与介绍人职位相关表

介绍人所介绍人数	不同职位的介绍人的个数				介绍人总计
	助员	办事员	职员	超等职员	
1	13	25	10	3	51
2	5	15	10	1	31
3	0	4	6	1	11
4	0	1	5	1	7
5	0	0	5	2	7
6	0	0	3	0	3
7	0	1	2	0	3
8	0	2	0	3	5
9	0	0	1	0	1
11	0	0	1	0	1
12	0	0	3	0	3
14	0	0	1	1	2
15	0	0	0	3	3
19	0	0	0	1	1
21	0	0	0	1	1
24	0	0	0	1	1

资料来源：上海市档案馆藏：《上海商业储蓄银行全行行员履历及职员调动记录》，1937 年，档号：Q275-1-1273，Q275-1-1274，Q275-1-1275，Q275-1-1276。

针对行外介绍人，与行内介绍人相比他们在本行的影响就要相对较弱一些，毕竟中国的古话说得很清楚"县官不如现管"。影响力弱的表现也可以从对工资影响的回归分析中得到证明。在控制了行员年龄、工作经验、教育、籍贯和部门等变量之后，发现行内介绍人介绍的行员工资收入水平要显著地高于行外介绍人介绍的行员。在表 5.3 的回归（1）中，针对 1937 年工资，行内介绍人介绍的行员工资显著地高于行外介绍人介绍的行员，即核心解释变量"是否本行介绍人"的系数显著为正。但这种差异在回归（2）中，加另一个自变量"介绍人所介绍人数"时，就消失了，即"是否本行介绍人"变量的系数不再显著。很显然"是否本行介绍人"变量是通过"介绍人所介绍人数"变量而对行员工资起作用的。

表 5.3　本行介绍人与非本行介绍人对工资的影响

自　变　量	1937 年对数工资（1）	1937 年对数工资（2）
是否本行介绍人（是为 1）	0.048**	−0.014
介绍人所介绍人数（取对数）		0.064***
年龄	0.080***	0.080***
年龄平方	−0.001***	−0.001***
工龄	0.141***	0.138***
工龄平方	−0.008***	−0.008***
工龄三次方	0.0002***	0.0002***
银行业工作经验（有为 1）	0.111***	0.107***
其他行业工作经验（有为 1）	0.027	0.029
较高水平教育（有为 1）	0.503***	0.498***
中等水平教育（有为 1）	0.232***	0.229***
籍贯和工作部门虚拟变量	控制	控制
调整的 R 方	0.655	0.649

综合以上分析，介绍人所介绍人数是一个较好的能够指征所有介绍人在上海商业储蓄银行中影响力度的指标。

介绍人与被介绍的行员是同乡或者血缘关系，体现了介绍人和被介绍人关系的紧密程度（strength of tie）。关系紧密程度对工资差异的影响在实证研究结果中是存在争论的，有些研究的结果表明松散的关系会提高工资水平，而另一些特别是关于中国这种关系文化的研究则认为更紧密的关系会提高被介绍人的收入水平（参见 Nan Lin，1999）[①]。研究关系紧密程度对工资水平的影响是很有趣的话题，但本书并不打算把它纳入其中。一方面，因为不像现代社会调查，数据可得。在本书的 1455 个样本中，血缘的数据只有 53 个，同乡的数据只有 448 个，样本量小。另一方面，样本在档案数据中分布不均匀，有些分支行基本不记载这些信息，数据存在偏差的可能性较大。

三、社会资本代理变量——保人实际财产与应具身家的差值

采用担保人的"实际财产与应具身家的差值"作为行员社会资本另一维度的代理变量。担保人在社会资本中的作用虽然经常被谈到，[②] 但较少进行量化分析。相对于担保在社会资本相关研究的匮乏，担保在银行信贷中的理论和实证研究却是汗牛充栋，我们显然可以借鉴一下现有的研究成果。艾伦和格雷戈里（Allen and Gregory）的经典研究指出：如果是事前风险，即借贷双方对信贷风险都有充分的了解，那么较高风险的借款人会被要求较高的担保以避免银行的风险损失，如果是事后风险，即银行对于借款人借到钱之后所做出的有损于银行的相关信息状况并不知情，那么完全担保[③] 则意味着更安全的贷款。[④] 虽然行员并非借款人，但同样会给银行带来风险损失，比如行员舞弊。

基于上海商业储蓄银行的实际管理操作，本书把银行面临的行员带来的风险损失分为两大类：事前的职务风险和事后的个人风险。针对职务风险，从事高风险职务的行员将被要求更高的担保，针对个人风险，主动提供的更高的担保将意味着更低的个人风险。银行的具体操作如下：一方面，银行根据可观察到的事前风险——职务风险，采用要求行员必须提供拥有职务风险

---

① Nan Lin, "Ocial Networks and Status Attainmen", *Annual Review of Sociology*, 1999, Vol.25: 467—487.

② 孙建国：《传统与变革：中国近代企业信用保证制度研究》，北京：社科文献出版社 2009 年版，第 66 页。

③ 完全担保意味着担保额大于等于贷款额。

④ Allen N. Berger and Gregory F. Udell, "Collateral, Loan Quality, and Bank Risk", *Journal of Monetary Economics*, 1990, Vol. 25, No.1:21—42.

四倍财产的担保人的方式。另一方面，银行也会在具体用人时，根据所调查的保人实际经济状况，即针对无法观察到的事后风险——个人风险，更多的担保意味着更安全的行员。在行员舞弊的案例中，行员在工作中利用其所发现的银行管理漏洞会给银行带来巨额损失。比如当时有名的陈民德案，月薪55 银元的行员给银行带来的损失高达 17 万银元。[①] 保人较高的经济实力能够弥补行员个人风险可能给银行带来的损失。

显然，被交办事项越重要，行员升职可能性也就越大，工资也就越高。由于担保人财产必须满足职务风险的要求，因此担保人财产超出工作要求的应保财产之外的部分，就保证了行员个人风险可能带来的银行损失的安全赔偿。所以，本书使用担保人"实际财产与应具身家的差值"的社会资本代理变量，指征行员个人风险的高低，而个人风险低的行员升职速度较快、工资水平高。

四、两个社会资本变量的相关性

本书检验介绍人曾介绍人数和保人实际财产与应具身家的差值两个变量间的相关性（见表 5.4）。可以发现无论是差值全样本还是差值剔除 0 后的样本均与曾介绍人数数据相关性不显著。这也说明这两个指标并不重合，用他们衡量社会资本是合适的。

表 5.4 介绍人曾介绍人数和保人实际财产与应具身家的差值间的相关性

	曾介绍人数
差值	−0.0081（0.794）
差值大于 0	0.0011（0.977）

资料来源：上海市档案馆藏：《上海商业储蓄银行全行行员履历及职员调动记录》，1937 年，档号 :Q275-1-1273，Q275-1-1274，Q275-1-1275，Q275-1-1276。注意括号里是 p 值。

这里附上自变量相关系数表（见表 5.5）。财产差值变量只和行员的部门变量有显著的相关性，并且相关系数只有 0.09，即相关性较低。介绍人介绍的人

[①] 上海市档案馆藏：《本行行员舞弊事件一览表》（1934），档号：Q275-1-972，第 6 页。

数变量也和被介绍人的年龄、籍贯和工作部门相关，但相关性均在 0.2 之下。由于变量的相关系数均低于 0.5，所以社会资本的两个变量设置得较为合适。

表 5.5　自变量相关系数

	财产差值 X1	介绍人数 X2	年龄 W1	工龄 W2	银行工作经验 W3	其他工作经验 W4	高教育水平 W5	中教育水平 W6	籍贯 W7	部门 W8
X1	1.0000									
X2	−0.0275	1.0000								
W1	−0.0298	0.1600*	1.0000							
W2	−0.0392	0.0629	0.4055*	1.0000						
W3	−0.0467	0.0784	0.1704*	0.1276*	1.0000					
W4	0.0298	−0.0184	0.2539*	−0.0966*	−0.3723*	1.0000				
W5	0.0172	0.0395	0.0913*	0.0388	0.0003	−0.0301	1.0000			
W6	0.0533	−0.0258	−0.3068*	−0.0508	0.0214	−0.1918*	−0.5568*	1.0000		
W7	0.0286	−0.1570*	0.0192	−0.0910*	−0.0277	0.0291	0.0874	−0.0856	1.0000	
W8	0.0946*	−0.1059*	−0.0450	−0.1377*	−0.1655*	0.1524*	−0.1376*	−0.0353	0.2780*	1.0000

说明：*代表在 5% 的水平上显著。

资料来源：上海市档案馆藏《上海商业储蓄银行全行行员履历及职员调动记录》，1937 年，档号：Q275-1-1273，Q275-1-1274，Q275-1-1275，Q275-1-1276。

第三节　其他控制变量的取值

除了上述模型所涉及的核心解释变量——社会资本，本回归为了控制其他变量对工资水平的影响，加入了诸多的控制变量。如，教育水平变量，通常来看越高的教育水平意味着越高的工资水平；练习生变量，因为练习生是要边干边学，所以该变量影响行员的工资水平；籍贯变量，不同地区来的员工可能存在工资差异，所以也控制了该变量；最后是年龄变量、工龄变量、工作经验变量和工作部门变量，通常这些变量也会影响行员的工资，因此在基准回归中要把它们都控制住。

一、教育水平

现代人力资本理论认为教育是人力资本形成最为重要的方式，但处于近代大变局漩涡的中国上海银行业发现当时的传统教育难以满足现代银行业发展的需要。于是新式教育、企业和社会教育、留学教育等方式共同形成近代上海银行业的人力资本。

从第一所教会学校开始，科举制废除，1902 年"壬寅学制"、1904 年"癸卯学制"、1912 年"壬子—癸丑学制"和 1922 年"壬戌学制"的相继颁布，我国的新式教育得到长足发展。除正规学校教育之外，社会教育和企业教育采取民众补习、职业补习、工业补习、商业实习、妇女实习、普通实习、函授学校、外语补习、职业传习所、在职培训等各种形式，为上海银行业人才补充所需知识和技能。当时的学者杨卫玉指出上海社会开办的职业学校可分为三类：（1）正规职业学校，包括中华职业教育社、中华职业学校、中华工商专科学校等，此外还有大公、晨光、民华等男女职业学校，数量超过 10 所；（2）职业补习学校，共有数十所，包括上海总商会补习学校、中华职业补习学校和立信会计学校；（3）临时职业传习所，如汽车驾驶学校和无线电传习所等①。

为上海银行业输送较多人才的立信会计补习学校，是由会计学家潘序伦 1927 年创立，开设会计学、公司会计、税务会计等课程，为社会大众提供会计课程的职业教育。在校生多为各个企业或机关的职员，最多时候分校数达十个，在校生人数达三四千人，1927—1947 年立信毕业生多达 3.5 万人②。上海商业储蓄银行的数据显示，部分行员来自立信学校。并且立信学校里一些教师如潘序伦和章钦贤也积极向银行推荐优秀人才③。

此外海外留学一方面补充了近代转型期中国教育的不足，为上海银行业培养了大批具有现代专业素养和国际视野的新型人才，并成为上海银行业的

---

① 杨卫玉：《上海之职业教育》，载《上海周报》1933 年第 1 期。
② 潘序伦：《追述立信会计学校的一些史实》，载上海市政协文史资料委员会编：《上海文史资料存稿汇编》第 9 辑，上海：上海古籍出版社 2001 年版，第 156—157 页。
③ 上海市档案馆藏：《上海商业储蓄银行全行行员履历及职员调动记录》，1937 年，档号：Q275-1-1273 和 Q275-1-1274。

领军人物，另一方面，留学生也是中西文化交流、引进国外先进知识和技能的天然桥梁。近代上海银行业中赫赫有名的陈光甫、张嘉璈、李馥荪、陈朵如、徐国懋、王志莘、孙瑞璜等均有海外留学经历。在上海商业储蓄银行的创始人和高层管理人员中，多有留学经历者，而且多为留学美国，这和其他银行高管的留学日本经历不同。[1] 如创始人和总经理陈光甫 1904 年随湖北国际展览会参观团赴美，之后留学深造，以勤奋学习克服较差的根底，于 1907 年以优异成绩获得宾夕法尼亚大学商学士学位[2]。总行副经理兼农业部经理邹秉文毕业于美国康奈尔大学农科，总行襄理鲍正润毕业于美国纽约大学，总行视察员郑健峰为美国哥伦比亚大学商硕士，沈维经为美国西北大学商学士，历任上海银行检查科预算主任及兼申新银团稽核，总行会计办郎君伟为美国美希干（密歇根）大学学士[3]，汉口分行经理周苍柏 1917 年毕业于美国纽约大学经济系，襄理陈运毕业于日本帝国大学，鄂行经理胡广生也毕业于哥伦比亚大学[4]。

除了新式教育、企业和社会教育、留学教育等五花八门的教育类别外，晚清民国时期不同学制的修业学年也均不相同。1902 年"壬寅学制"并未真正实行。1904 年的"癸卯学制"以普通教育为主干，分为纵向三段七级（初等教育 13 年 + 中等教育 5 年 + 高等教育）、横向三类学校（普通教育、实业教育和师范教育），其中初等教育包括蒙学堂 4 年、初等小学堂 5 年、高等小学堂 4 年，中等教育设中学堂一级 5 年，高等教育包括高等学堂或大学预科 3 年、大学堂 3—4 年、通儒院 5 年，与普通高等小学堂平行者有初等实业学堂、师范预科、实业补习普通学堂和艺徒学堂，与普通中学堂平行者有中等实业学堂和初等师范学堂，与普通高等学堂平行者有高等实业学堂和优级师范学堂。1912 年"壬子—癸丑学制"纵向分为三段四级（初等教育 7 年 + 中等教育 4 年 + 高等教育 6—7 年），其中初等教育包括 4 年初等小学和 3 年高

---

① 兰日旭：《中国近代银行家群体的变迁及其在行业发展中的作用探析》，载《中国经济史研究》2016 年第 3 期，第 75—88 页。

② 寿充一等编：《近代中国工商人物志》第 2 册，北京：中国文史出版社 1996 年版，第 170—179 页。

③ 上海市档案馆藏：《上海商业储蓄银行全行行员履历及职员调动记录》，1937 年，档号：Q275-1-1273。

④ 同上书，档号：Q275-1-1274。

等小学，中等教育设中学一级，毕业后可进入大学、专门学校或高等师范学校，高等教育包括 3 年大学预科、3 年或 4 年本科，大学毕业可进入大学院，修业期不限，并取消高等实业学堂，设专门学校 1 年预科、3 年本科；师范教育平行于中学校，学年 3 年，预科 2 年，高等师范学校 3 年，预科 1 年；实业学校分为甲种和乙种两级，甲种实业学校对应中学，乙种实业学校对应高小。1922 年"壬戌学制"是最后固定下来的学制，按"6—3—3"划分，小学 6 年、中学 6 年三三分段，中学阶段取消实业学校，设立学年不限的职业学校，师范学校 6 年，高等教育废除预科制，修业年限 4—6 年。[①]

就上海商业储蓄银行而言，据 1937 年上海商业储蓄全行行员履历及职务调动记录，这些职员学历名目繁杂、五花八门，包括大学、中学、小学等普通教育，包括私塾、家塾、传统书院等传统教育，包括法政专校、商业学校等专门学校，包括书院、公学等西式学校，也包括女校、夜校、职业学校等等。而且多次实施不同学年的学制，因此银行职员的受教育年限难以按照当时实施的学制和职员学历进行简单推测和换算。如 1937 年调查时职员年龄大多分布在 15 岁到 50 岁之间，均已完成学业，但 15 岁职员上学时可能经历的是"壬戌学制"，学历为"甲种实业学校"的 35 岁职员经历的是"壬子—癸丑学制"，但这两种学制的教育年限并不相同，难以同等比较，因此无法判断这两位职员的具体受教育年限。

因此本书把职员的学历分为八类：（1）大学，包括研究院、大学肄业或大学预科，也包括武昌文华书院、英华书院、东亚同文书院、中国公学等具备颁发学士学位资质的学校。（2）高中，例如东吴二中、省立二中、青年会中学、英华中学等，包括高中肄业。（3）初中，包括初中肄业，也包括华童公学等学校。（4）小学，包括小学肄业。（5）商业的专门学校、实业学校和职业学校，包括甲种和乙种商业学校、高等商业学校、上海立信会计学校等，也包括肄业生。（6）除商业外的实业学校和职业学校，包括青年会夜校、江南制造局工艺学堂、法政专校等，也包括肄业生。（7）师范学校，也包括肄业生。（8）传统教育，包括私塾、家塾、贡生等。并且本书进一步按照受教育程度来划分成高中低三等，小学、传统教育、乙种商业

---

① 张传燧：《中国教育史》，北京：高等教育出版社 2010 年版。

学校等划为低等，初中、高中、中学校、非高等的师范教育、甲种商业学校、高等商业学校以及职业学校等划为中等，大学、商业专门学校、高等师范学校划为高等。如果行员履历中有多种学历，则按照最高学历进行录入，（见表5.6）。

表5.6 按受教育程度分类的描述性统计

受教育程度	样本量	年龄	入行薪水（银元）	1937年薪水（银元）	工资年均增长量	实际财产与应具身家差值（万银元）	入行年限	介绍人曾介绍人数
低等	275	34.30	32.42	58.73	4.13	3.36	5.45	4.84
中等	869	28.22	31.78	69.67	6.08	4.58	5.13	4.90
高等	191	31.57	54.35	121.87	9.01	5.38	5.65	5.39
总计	1335	29.95	35.00	74.86	6.06	4.40	5.27	4.93

资料来源：上海市档案馆藏：《上海商业储蓄银行全行行员履历及职员调动记录》，1937年，档号：Q275-1-1273，Q275-1-1274，Q275-1-1275，Q275-1-1276。

按受教育程度划分的变量统计性质如表5.6所示，样本总体为1335个，接受高等、中等和低等教育的人数分别为191、869和275，分布呈现纺锤形。从表中可以看到，职员接受教育的档次越高，其1937年薪水和工资年均增长量也越高，接受高档教育几乎是接受低档教育的职员1937年薪水的两倍；但接受中档教育的职员平均进行薪水低于接受低档教育的职员，原因在于230名接受中等教育的职员拥有练习生经历，且练习生只在高中毕业的学生中招收，其低微的月薪拉低了中档教育职员的平均进行薪水。不同教育程度职员的年龄和入行年限均有所不同，接受中等教育的职员年龄最小，但就业年限最大，接受初等教育的职员年龄最大，就业年限排名第二。

不同教育程度职员的实际财产减去应具身家的差值不同。接受高等教育的职员实际财产、应具身家及二者差值均最高。同样接受高等教育的职员，其介绍人曾介绍人数也最高。虽然，从表5.5可知，教育变量与介绍人和担保人社会资本变量并不显著地具有相关关系，但是并不排除在某些个体上，人力资本与社会资本内生的具有联系。比如这里用上海银行的留学生作为考察对象，留学生不仅学历高，而且具备良好的社会关系，比本国大学毕业生求职更具优势。高昂的留学费用要求极高的家庭经济条件，而经济情况良好的家庭往往具有更广泛且高层次的社会关系，能找到更高身家的保人，此外留学生在留学时也能结交外国商业人士和一同留学的好友，建立新的高等级社交网络。综上所述，留学生的社会资本更多，保人的实际财产状况与应具身家的差值更大，其薪水应该更高。例如，鄂行经理胡广生为美国哥伦比亚大学硕士，其保人为汉口和记洋行的黄厚卿，应具身家 4 万元，但实际财产状况 60 万元，入行薪水每月为 150 元，1937 年薪水每月上升至 280 元，远高于银行平均薪水水平。[①]

为了剔除人力资本因素所带来的工资的增长，本书在基准回归模型中加入教育水平作为控制变量。

二、练习生

陈光甫重视年轻人才的职业教育培养，通过开办各种训练班来向社会招收练习生，作为银行的储备人才。早在 1916 年陈光甫就筹办银行传习所，1923 年成立实习学校，学生 19 人，期限 6 个月，修业期满考核合格，就派入行内实习。1929 年实习学校改为银行传习所，举办考试招收学生，考生资格规定在高中毕业或大学预科，或高等专门学校肄业两年以上。1931 年传习所改称训练班，投考考生须高中毕业且在 19 岁以下，当年招考两次，录取 63 人。[②] 在上海商业储蓄银行，训练班的内容并非如学校教课一般注重理论，而是着眼于实际事务，"灌输银行实际智识"，所聘的教师则要求不仅有学识，还要富于实际经验。授课内容包括英语口语、英文作文、珠算、商业数学、簿记和会计原理等科目，此外还有一些实用技能训练，例如估看银洋、验视洋钞、兑付支票、承接汇款、调拨头寸等。[③]

虽然练习生的入行薪酬较低，但自身素质较高，并受到银行的重视，接受银行非常丰富的职业教育，所以未来薪水上升空间较高。本书使用"是否曾经是练习生"作为虚拟变量来考察职业教育对职员工资的影响。

---

① 上海市档案馆藏：《上海商业储蓄银行全行行员履历及职员调动记录》（1937 年），全宗号：Q275-1-1274。

② 中国人民银行上海市分行金融研究所编：《上海商业储蓄银行史料》，上海：上海人民出版社 1990 年版，第 805—806 页。

③ 刘平：《民国银行练习生记事》，上海：上海远东出版社 2016 年版，第 53—54 页。

三、籍　贯

根据上海商业储蓄银行的 1455 名职员履历及职务调动记录，有籍贯记录的共 1429 人，其中大多数来自江浙地区，尤其以江苏最多，比率达到了 49.2%，其次是浙江人和湖北人，分别占 18.3% 和 9.0%。近代上海银行界势力最大的是浙江的"宁波帮"，但上海商业储蓄银行的管理层以江苏人为主，故其总行职员也以江苏人最多，而湖北人较多是因为当时上海银行在各地设立的分行中人数较多是汉口分行，加之上海银行创始人陈光甫 12 岁即在汉口谋生近 10 年，汉口是陈光甫的半个家乡。

按职员籍贯来分类统计 1937 年收入，剔除掉部分没有籍贯或收入的记录总共可获得 1419 个样本，其中月收入 300 元以上的高级职员 33 人，其中江苏人 20 人，占六成，其次是浙江人、湖北人和广东人；收入在 200—299 元的职员有 35 人，其中 17 人是江苏人，占 48%，其次是浙江人和安徽人；100—199 元有 139 人，江苏人有 79 人，占 57%，其次是浙江人和安徽人；而基层行员以江浙和湖北人为主，占 76%。具体如表 5.7 所示。

表 5.7　按籍贯分类的描述性统计

籍贯	30 银元以下	30—50 银元	50—100 银元	100—199 银元	200—299 银元	300 银元以上	总计
江苏	75	183	327	79	17	20	701
浙江	18	70	130	28	9	4	259
湖北	43	36	40	10	1	2	132
安徽	19	29	31	12	2	1	94
广东	11	21	31	3	0	2	68
河北	7	21	26	1	0	0	55
江西	1	11	18	0	2	0	32
山东	9	4	5	2	0	0	20
福建	4	4	3	1	2	1	15
其他	7	15	13	3	2	3	43
总计	194	394	624	139	35	33	1419

资料来源：上海市档案馆藏：《上海商业储蓄银行全行行员履历及职员调动记录》，1937 年，档号：Q275-1-1273，Q275-1-1274，Q275-1-1275，Q275-1-1276。

细分到具体县市，不同籍贯的职员人数排名在前十的县市分别为江苏吴县（142人）、江苏无锡（81人）、江苏镇江（76人）、江苏上海（70人）、江苏江宁（46人）、浙江吴兴（39人）、江苏丹徒（38人）、江苏江都（37人）、江苏武进（37人）和湖北武昌（36人），其中江苏丹徒是银行创始人陈光甫和总行业务办经理赵汉生的家乡，湖北江夏是上海银行汉口分行经理周苍柏的家乡，上海银行的管理人员和职员的籍贯之间存在很大的关联性。

为了剔除籍贯所带来的收入差距，本书在基本回归模型中加入籍贯作控制变量。

四、年龄、工龄、工作经验和工作部门

当然我们在基准回归模型中加入了个人特征变量，如年龄、年龄平方项以及工龄、工龄平方项、工龄立方项。加入年龄变量，控制年龄本身增长所带来的工资增长效应。而年龄的平方项则捕捉了随着年龄的增长，年龄对工资增长能力逐渐变弱的特征。同样加入工龄项是为了控制工龄增长所带来工资的增长，而工龄的平方项则控制了工龄增长工资增长能力下降的趋势，最后工龄的三次方项则是为了描绘在达到一定年龄后有些行员向管理岗位上升的特征。

行员的工作经验和工作部门同样会影响行员的收入水平，因此，也把这些变量加入到控制变量当中。工作经验主要分为有工作经验和无工作经验。本书也加入是否有金融业工作经验的控制变量，有则为1，无则为0。根据上海商业储蓄银行在1937年总分行处的划分，[1] 全行被分为总行、本埠分行管辖部、直辖行、汉口管辖行、南京管辖行、蚌埠管辖行、天津管辖行、南昌管辖行、济南管辖行、无锡管辖行、郑州管辖行、广州管辖行等共12个部门。本书在基准回归中加入11个代表工作部门的哑变量来控制工作部门对工资水平的影响。

---

[1]　中国人民银行上海市分行金融研究所编：《上海商业储蓄银行史料》，上海：上海人民出版社1990年版，第689页。

第四节　模型数据的统计描述和基准回归结果

依据第三节的模型和变量选择，本节中首先把样本中各个变量的统计性描述予以呈现和分析。随后对基准回归的结果进行汇报。基准回归的结果表明，行员的社会资本显著地影响了行员的工资水平。

一、变量统计描述表格

根据基准回归模型，相关变量的统计描述如表 5.8 所示。1937 年薪水的均值在 76.83 银元，最大值为 1200，最小值为 4.5。介绍人曾介绍人数的均值为 5 人，最大为 24 人。保人"实际财产与应具身家的差值"变量的均值为 4.23 万元，最小值是 0。职员年龄平均为 30.45 岁，最小 15 岁，最老 62 岁，说明上海银行拥有一支较为年轻的职员团队。行员入行年限平均为 5.35 年，

表 5.8　变量描述性统计

变　　量	样本量	均值	标准差	最小值	最大值
1937 年薪水（银元）	1453	76.83	76.25	4.5	1200
介绍人曾介绍人数	1232	5.01	5.88	1	24
保人实际财产与应具身家差值 / 万元	1208	4.23	15.81	0	296
年龄	1442	30.45	8.26	15	62
入行年限	1451	5.35	4.02	0	22
其他行业工作经历（有为 1，无为 0）	1448	0.44	0.50	0	1
银行业工作经历（有为 1，无为 0）	1448	0.15	0.36	0	1
中等教育（是为 1，否为 0）	1335	0.65	0.48	0	1
高等教育（是为 1，否为 0）	1335	0.14	0.35	0	1
介绍人是否本行行员	1234	0.50	0.50	0	0
籍贯	1453				
所在部门	1455				
总样本量	1455				

资料来源：上海市档案馆藏：《上海商业储蓄银行全行行员履历及职务调动记录簿》(1937)，档号：Q275-1-1273，Q275-1-1274，Q275-1-1275，Q275-1-1276。

最长的已超过 22 年，最短的刚进入银行，大部分分布在 4 年和 7 年，人员较为稳定。大约有 15% 的人有银行业工作经历，有 44% 的人有其他行业工作经历。从受教育程度看，接受高、中、低等教育的人数分别占 14%、65%、21%。籍贯和工作部门是分类变量，均值、方差、最大值和最小值都没有实际的含义。其中籍贯被分为 16 类，从行员多少从高到低，分别是江苏占50.45%，浙江占 17.41%，湖北占 8.81%，安徽占 6.54%，广东占 5.02%，河北占 3.92%，江西占 2.41%，山东占 1.38%，福建和湖南分别占 1.03%，河南占 0.69%，四川占 0.62%，陕西 0.28%，山西占 0.21%，贵州占 0.14%，广西占 0.07%。工作部门中，总行占 32.85%，本埠分行管辖部占 13.61%，直辖行占 4.05%，汉口管辖行占 16.49%，南京管辖行占 12.16%、蚌埠管辖行占3.02%、天津管辖行占 4.60%、南昌管辖行占 2.27%、济南管辖行占 3.37%、无锡管辖行占 2.41%、郑州管辖行占 1.51%、广州管辖行占 3.64%。

二、基准回归结果

由于在诸多研究文献中都认为社会资本的"信息"效应显著，本书采取了进入同一家银行的行员进行考查，以过滤"信息"通过介绍人对工资产生影响（大家获得了同一家银行招聘员工的信息）。这里为了进一步降低"信息"机制可能产生的影响，特别将 1937 年工资数据中入行时间短于一年的样本予以剔除［见表 5.9 回归（4）］，从而使得关于介绍人的"人情"作用结果更加稳健。这是因为，如果介绍人在介绍行员时不但向行员提供了关于银行的信息，也成功地向银行管理人员发送了被介绍人的信息，那么经过行员入行后银行和行员的直接接触和信息传递，入行一段时间后的工资将不会再通过介绍人而产生"信息"效应的影响［表 5.9 回归（5）—（6）则是对介绍人社会资本代理变量合理性的部分检验］。

为识别两个代理社会资本核心解释变量间相关性，依次在回归（1）和回归（2）加入两个代理变量。通过比较回归结果可知，在加入"保人财产差值"变量后，"介绍人曾介绍人数"变量依然显著，且系数的数值也未出现显著变化，这表明两个代表社会资本的代理变量对工资收入不存在显著的共同作用。

表 5.9　社会资本对工资影响的回归结果

变　量	1937 年工资（ln）					
	（1）	（2）	（3）	（4）	（5）	（6）
介绍人是否本行行员 （1是，0否）					0.049** （0.020）	−0.014 （0.025）
介绍人曾介绍人数 （ln）	0.130*** （0.019）	0.130*** （0.194）	0.056*** （0.013）	0.059*** （0.013）		0.064*** （0.016）
保人财产差值（ln）		0.038** （0.016）	0.029*** （0.010）	0.035*** （0.111）		
高等教育			0.430*** （0.037）	0.424*** （0.039）	0.503*** （0.036）	0.498*** （0.036）
中等教育			0.212*** （0.026）	0.224*** （0.027）	0.232*** （0.027）	0.229*** （0.026）
常数项	3.942*** （0.032）	3.874*** （0.035）	1.465*** （0.167）	1.226*** （0.189）	1.732*** （0.164）	1.700*** （0.163）
年龄			0.095*** （0.010）	0.099*** （0.011）	0.081*** （0.010）	0.080*** （0.010）
年龄平方项			−0.001*** （0.000）	−0.001*** （0.000）	−0.001*** （0.000）	−0.001*** （0.000）
工龄			0.143*** （0.017）	0.206*** （0.033）	0.141*** （0.015）	0.138*** （0.015）
工龄平方项			−0.009*** （0.003）	−0.016*** （0.004）	−0.008*** 0.002	−0.008*** （0.002）
工龄立方项			0.000** （0.000）	0.001*** （0.000）	0.000*** （0.000）	0.000*** （0.000）
银行业工作经验			0.078** （0.032）	0.055 （0.034）	0.111*** （0.032）	0.107*** （0.032）
其他工作经验			0.023 （0.025）	0.010 （0.026）	0.027 （0.025）	0.029 （0.025）
籍贯 工作部门			控制 控制	控制 控制	控制 控制	控制 控制
观测值	1235	1030	976	861（t ≥ 2）	1168	1168
Adj R-squared	0.035	0.039	0.634	0.610	0.534	0.650

说明：***、** 和 * 分别表示在 1%、5% 和 10% 的水平上显著。保人财产差值为 0 的样本占 30%，无法直接对数化，因此本书根据伍德里奇的做法，将差值均加 1 后再对数化，这样不会改变变量系数的经济含义。

资料来源：伍德里奇：《计量经济学导论：现代观点》（第 5 版），张成思等译，中国人民大学出版社 2015 年版，第 157 页。

回归（2）的结果显示，担保人和介绍人显著影响了工资差异。为了剔除个体特征对这一结果的影响，回归（3）中进一步加入了工作经验、教育水平、年龄、工龄、工作部门等表示个体特征的变量，结果发现：一方面，担保人和介绍人对工资差异依然具有显著的影响。另一方面，介绍人系数从回归（2）的 0.130 下降至 0.056，担保人影响系数从回归（2）的 0.038 下降到 0.029，即在加入控制变量后，核心解释变量的系数有所下降。

为了进一步剔除社会资本的信息机制，特别在工资样本中剔除入行时间 t = 1 的样本，回归（4）展示了回归结果。样本量从 976 下降到 861 个，代表社会资本的介绍人和担保人变量的系数显著性和值的大小都较为稳定，具体为，"介绍人曾介绍人数"的系数为 0.059，"保人财产差值"的系数为 0.035。

最后的两列回归，主要是检验了"介绍人曾介绍人数"变量是否能比"介绍人是否本行行员"变量更好地捕捉行内行外介绍人所带来的工资差异。在回归（5）中，除了所有的控制变量，只加入"介绍人是否本行行员"的核心解释变量，发现系数显著。但在回归（6）中继续加入"介绍人曾介绍人数"变量后，"介绍人是否本行行员"变量就不再显著了。说明"介绍人曾介绍人数"变量已经包含了"介绍人是否本行行员"变量对工资差异产生影响的全部信息了。

最后，通过回归（1）到（6），可以得到如下的结论：首先，"介绍人曾介绍人数"和"保人财产差值"是合适的社会资本的代理变量。其次，"介绍人曾介绍的人数"越多，那么被介绍人的工资也越高。上海商业储蓄银行关于行员档案信息表明，能介绍较多人入行的多是银行内部总行和分行经理等。依据回归（4）中介绍人的系数可知，如果"介绍人曾介绍人数"增长 100%，那么被介绍人的工资增长约 5.9% 左右。最后，"保人财产差值"变量的系数为（回归4）0.035，其代表的含义是，如果保人财产差值增长 100%，工资增长 3.5%。

第六章 行员社会资本影响
工资的机制分析

虽然社会学理论解释了社会资本影响本章所论工资差异的机制——人情和信任，但还是缺乏影响过程的历史事实分析。当代的研究可以进行调查从而补充事实过程，但对历史研究而言，由于不能调查，也难以从现有的书信档案往来中找到完整的细节，使得研究事实过程变得困难。本部分引入"工种"变量来分析社会资本带来工资差异的事实构成，并辅助有限的历史档案资料勾勒历史逻辑。

第一节 介绍人对工种的影响

介绍人通过私人关系向银行管理层明示或者暗示，要求被介绍人得到提升或者调动。这一点在档案资料中有详细的记录，而且本部分的计量回归也支持这一历史事实。

一、工种变量和工资差异

"工种"代表行员从事的工作类型。从上海商业储蓄银行的档案中可知，行员已经剔除了银行中的司机、杂役等人员，在当时，这一类人被称为"工友"而非"行员"，即与银行的业务没有关联的蓝领人员。档案资料里的行员主要分布在总行、本埠分行、直辖行和各地区管辖行等12个部门里。除总行外的分支行处内部工种相似，在经理和襄理外，主要分为会计科、出纳科、营业各科和文书科。[1]总行则有些特殊，其不但有管理部分（包含会计处、人事处、业务处、调查处、总务处）统管全行，还有与分行业务相似的营业部分（营业部、放款部、活存部、往来部、定存部、内汇部、证券部、进展部、出纳部、储蓄部、信托部、国外部、农业部、盐业部、仓库部和工业部）经营各种银行业务。"总行营业部分，树立经营标准，以为各分行倡"，[2]因此总行的营业部门和分支行处的营业科是同一种工种，是银行行员的主体。

从理论上分析，我们把总行和分支行的部门进行匹配就可以找到行员的工种，比如经理、会计、出纳、文书和农业、盐业、仓库等各个营业部门。但一方面，档案中总行的数据完善，分支行处却仅对经理、会计、出纳、仓库人员有标注；不过，"银行事务概括分为营业、会计、出纳三部，分种处理，而由经理统其权，此系一般之组织法，其间虽有差异，要亦不出此原则也"，[3]因此把经理、会计、出纳和营业等工种区分出来似乎也足够了。

基于以上分析，本书根据四卷行员调查的原始数据，配合上海商业储蓄银行全行重要人员名表，[4]匹配五大类工种。经理类，主要包括总行和分支行处的总、副经理、襄理以及办事处的主任。会计类，包括分支行处的会计和总行管理部分的会计处行员。出纳类，包括分支行的会计和总行营业部分的出纳处部行员。仓库类，包括所有分支行处和总行的仓库行员。营业类，剩下的全部行员。这五大类工种的平均工资、最高工资、最低工资、工资方差见表6.1。

表6.1　1937年不同工种的工资差异　　　　　　　　（单位：元）

	样本量（人）	均　值	标准差	最小值	最大值
经理	117	253.25	158.56	75	1200
会计	102	80.36	35.02	20	280
出纳	72	75.42	27.24	35	180

---

[1] 中国人民银行上海市分行金融研究所编：《上海商业储蓄银行史料》，上海：上海人民出版社1990年版，第684—685页。

[2] 同上书，第686页。

[3] 同上书，第762页。

[4] 上海市档案馆藏：《上海商业储蓄银行全行重要人员印鉴卡名表》（1937），档号：Q275-1-314-23。

续表

	样本量（人）	均　值	标准差	最小值	最大值
仓库	167	41.27	27.34	14	260
营业	996	62.08	33.97	4.5	530
总样本量	1455				

资料来源：上海市档案馆藏：《上海商业储蓄银行全行行员履历及职员调动记录》，1937 年，档号：Q275-1-1273，Q275-1-1274，Q275-1-1275，Q275-1-1276。

总体看来，仓库工种的平均工资较低，月工资为 41.27 元，约为营业工种 62.08 元月工资的三分之二。经理工种的平均月工资较高为 253.25 元，紧接其后的是会计 80.36 元和出纳 75.42 元。

二、介绍人影响工种的书信往来

社会资本影响工资的两个变量"介绍人曾介绍人数"和"保人财产差值"对行员"工种"的影响较容易在档案中留下案例资料的是介绍人变量，特别是行外介绍人。由于行外介绍人不能直接作用在行员的工资水平上，他们往往通过行内人员起作用，因此会留下和行内管理人员的书信往来。这些书信可以作一些补充的证明。

案例一

上海商业储蓄银行南京分行行员冯子裁，浙江吴兴人，1933 年入行，当时 23 岁，入行时每月薪水 50 元，1937 年每月薪水 85 元，介绍人和保证人是其舅父——时任南京国民政府主计处处长的陈其采。[1] 在档案中总共记录了两次薪给增加，一次在 1936 年 2 月 21 日，在宁行升了专员，薪水也从 50 元涨到 55 元；另一次是在 1937 年 3 月 30 日，升任襄理，薪水进一步涨到 85 元。从工种看，他从营业类升到经理类。

陈其采是冯子裁的舅舅，他也是陈果夫和陈立夫的叔叔，这样一位身份地位显赫的人是如何影响被介绍人的收入的呢？陈其采在 1933 年 5 月 20 日和 1935 年 12 月先后两次写信给时任上海银行总经理陈光甫，第

---

[1]　上海市档案馆藏：《上海商业储蓄银行全行行员履历及职务调动记录簿》(1937)，档号：Q275-1-1274，第 200 页。

一封信件是为外甥谋个工作，第二封信就是为了谋个不同的工种。

1933 年 5 月份的第一封信这样写道：

> 光甫、敦甫先生同鉴：弟比因目疾留京日多疏教为念，侧闻南京贵行营业发达，正在扩充，并拟添用曾任银行会计人员以资熟手，甚盛甚佩。兹有舍亲冯子裁在南京市民银行供职，已有年数，办事勤慎，性行端方。只缘该行为市政府管辖，行员保障薄弱，供职此中殊少兴趣……贵京行畀予相当业务，俾遂素愿，必能努力……再冯君现在市民银行系担任储蓄部会计，月薪七十元。①

这封信不但表达了想让冯子裁进入上海商业储蓄银行工作的想法，亦隐晦地提出了工资要求。信件其后被交给总务处经理葛士彝具体负责。葛在这封信的空白处批注到，"南京方面人事由第二区区经理……准备就绪……特附奉介绍信一封"。这也就有了 1933 年 7 月 1 日冯子裁在上海商业储蓄银行的就职信息，此时薪水 50 元。

1935 年 12 月的第二封信件这样写道：

> 光甫先生大鉴，……舍甥冯子裁君在贵行南京分行务服有年……贵京行为谋联络机关方面业务起见，派冯君负责接洽，经遇情形尚称良好，比闻此间四牌楼办事处扩充伊始，主任一职尚在物色之中，……惠派冯君担任，对于业务当多裨益，为特进敢一言……，弟陈其采。②

这次，信中直接提出了中意的职位——"四牌楼办事处主任"。随后也就有了冯子裁在 1936 年 2 月 21 日的职务变动，成为专员，薪水 55 元，从 5 月起另支津贴 15 元。并在 1937 年 3 月 26 日成为襄理，薪水 85 元。工种亦发生了改变。

---

① 上海市档案馆藏：《上海商业储蓄银行关于卖国贼曹汝霖请辞"顾问"职，孔祥熙、陈立夫、吴忠信等为亲友说项、谋职及行员请求改善房贴制度等各有关人员来函》，档号：Q275-1-948，第 19—20 页。

② 同上书，第 21—22 页。

案例二

　　杨鼎臣，安徽合肥人，1936年6月1日入行，当时41岁，先后毕业于合肥正谊中学、北京陆军模范团学校，无介绍人。其薪水从入行到1938年8月病故没有改变，为35元。其所任事务稍微有些变化，从1936年栈务员派驻大源厂，到1937年3月调入总行文具科，再到1937年6月派驻中国合众仓库码头公司。[①]

　　虽然介绍人未记录在案，但是国民政府高官吴忠信曾在1937年6月写信给上海商业储蓄银行的副经理杨介眉请予以照顾的事实表明，吴忠信是事实中的介绍人。吴忠信和杨鼎臣同是安徽合肥人。[②]

　　这封信件交给一署名霖的管理人员（笔者猜测应为部门经理潘恩霖）进行办理，他在另一封信中写道："杨鼎臣君现年四十一岁，曾任军需连长等职，原任张鸿源所开大源铁厂账房，于二十五年五月我行没收该厂时派充栈务员，现在文具科办事，月薪三十五元，似无十分可用之处。"[③]

　　杨鼎臣在这封信之后被派驻码头做栈务员，但依然是诸工种中平均工资最低的仓库。这其中的原因主要是"似无十分可用之处"。

　　因此，在冯子裁的案例中，介绍人直接指出了想要获得的职位或者工种。在杨鼎臣的案例中，介绍人则是希望调离收入较低的工种，只是介绍人的影响结果会受到行员教育水平和年龄等变量的制约。

三、介绍人对工种影响的回归分析

　　为了估计代表行员社会资本的"介绍人曾介绍人数"和"保人财产差值"变量对"工种"的影响，回归如下的方程：

---

①　上海市档案馆藏：《上海商业储蓄银行行员人事资料——杨姓（三）》，档号：Q275-1-1051，第84—86页。
②　上海市档案馆藏：《上海商业储蓄银行关于卖国贼曹汝霖请辞"顾问"职，孔祥熙、陈立夫、吴忠信等为亲友说项、谋职及行员请求改善房贴制度等各有关人员来函》，档号：Q275-1-948，第26页。
③　同上书，第25页。

$$\text{Occupation}_i = \sum_c \beta_c S_{ci} + \gamma_1 E_i + \gamma_2 Z_i + \varepsilon_i \tag{6.1}$$

应变量 $Occupation_i$ 表示第 i 个行员的对应职业类别，$Occupation$ 总共包括经理、会计、出纳、仓库、营业五个类别。S_{ci} 表示第 i 个行员第 c 种社会资本的使用量，该变量主要由介绍人社会资本和担保人社会资本组成。E_i 是第 i 个行员所受教育水平的控制变量，Z_i 是第 i 个行员个体特征的变量，如：行员的年龄（及平方项），工龄（平方和立方项），籍贯（16 个省的虚拟变量），工作经历，工作部门（12 个总分支行处的虚拟变量），入行两年及以上等等。回归结果见表 6.2。

表 6.2 的回归结果显示，以"介绍人曾介绍人数"和"保人财产差值"为代表的社会资本及以"高等教育"和"中等教育"为代表的人力资本，与"经理"呈显著的正向关系，与"仓库"呈显著的负向关系，与"会计""出纳"和"营业"的关系则并不显著。该结果表明，除人力资本因素外，社会资本在很大程度上也是影响工资收入的重要因素——人力资本和社会资本越高，成为高收入"经理"的可能性越大；反之，则更可能成为低收入的"仓库"。

表 6.2　社会资本对行员工种的影响

变　量	经理 （1）	会计 （2）	出纳 （3）	仓库 （4）	营业 （5）
介绍人曾介绍人数（ln）	0.029*** （0.009）	−0.001 （0.012）	0.008 （0.010）	−0.0415*** （0.011）	0.004 （0.019）
保人财产差值（ln）	0.013* （0.007）	−0.016 （0.010）	0.003 （0.009）	−0.021** （0.095）	0.021 （0.016）
高等教育	0.125*** （0.025）	0.058 （0.036）	−0.100*** （0.030）	−0.243*** （0.033）	0.159*** （0.056）
中等教育	0.042** （0.018）	0.063** （0.025）	−0.063*** （0.021）	−0.194*** （0.023）	0.152*** （0.039）
年龄	0.014** （0.007）	0.011 （0.010）	−0.006 （0.008）	−0.013 （0.009）	−0.006 （0.016）
年龄平方项	−0.000 （0.000）	−0.000 （0.030）	0.000 （0.000）	0.000 （0.000）	0.000 （0.000）
银行业工作经验	0.019 （0.022）	0.023 （0.031）	0.082*** （0.026）	−0.072** （0.029）	−0.053 （0.049）
其他工作经验	−0.018 （0.017）	−0.040 （0.024）	0.041** （0.197）	−0.017 （0.022）	0.035 （0.037）

续表

变 量	经理 （1）	会计 （2）	出纳 （3）	仓库 （4）	营业 （5）
工龄	0.000 （0.021）	0.045 （0.030）	0.034 （0.025）	−0.001 （0.028）	−0.078* （0.047）
工龄平方项	0.001 （0.003）	−0.004 （0.004）	−0.003 （0.003）	−0.001 （0.004）	0.006 （0.006）
工龄三次方项	−0.000 （0.000）	0.000 （0.000）	0.000 （0.000）	0.000 （0.000）	−0.000 （0.000）
常数项	−0.446*** （0.125）	−0.287 （0.176）	0.104 （0.145）	0.567*** （0.571）	1.063*** （0.273）
籍贯和部门	控制	控制	控制	控制	控制
观测值 Adj R-squared	861（t>=2） 0.160	861（t>=2） 0.059	861（t>=2） 0.035	861（t>=2） 0.266	861（t>=2） 0.273

说明：***、** 和 * 分别表示在 1%、5% 和 10% 的水平上显著。表中的每一列是一个独立的 OLS 回归。应变量是职业虚拟变量，即这个职业为 1，不是为 0。

表 6.2 的回归结果表明，社会资本会增加行员成为最高收入工种"经理"的可能性，同时会降低行员成为最低收入工种"仓库"的可能性，即影响行员的晋升。

第二节 担保人对晋升的影响

本节我们通过深挖上海商业储蓄银行的舞弊案件，分析担保人对行员工资影响的途径，并且通过规范的计量分析支持历史资料分析的结论。

一、档案中的舞弊风险、工种和职位晋升

回顾历史，即使是有担保人的存在，也没能阻止银行舞弊案件的发生及其带来银行亏空的现实。上海商业储蓄银行曾经调查从银行设立到 1934 年 11 月止所有的行员舞弊案件，共计 68 起，共涉及 76 名行员。[①] 这些案例提

① 上海市档案馆藏：《本行行员舞弊事件一览表》（1934），档号：Q275-1-972，第 1—6 页。

供了进行分析的历史一手资料。

（一）保人应保财产无法覆盖的舞弊风险

首先，舞弊金额可能超过行员被要求的最高的应保财产金额。图 6.1 展示了这些舞弊案例所呈现出的总舞弊损失分布，横轴是舞弊损失金额，单位是万元，纵轴是发生次数。总体来看，大部分涉案金额都在 5000 银元以内，共有 47 次。只有 2 个案例涉案金额达到 10 万银元以上，分别是 17 万银元和 23.6385 万银元。这已经远远超过银行所要求行员保人应具身家的最高数额 10 万银元。因此，行员保人所被要求的应保财产不足以覆盖所有的舞弊损失（见表 6.3）。

表 6.3　舞弊损失金额和弥补方式分布

舞弊损失金额分布			舞弊损失弥补方式分布		
损失金额 X（万银元）	发生次数	所占比率	弥补方式	发生次数	所占比率
X ≤ 0.5	47	64%	保人赔偿	40	58%
0.5 < X ≤ 1	7	10%	银行亏空	15	22%
1 < X ≤ 2	8	11%	亲属赔付	8	12%
2 < X ≤ 4	8	11%	本人储金	3	4%
4 < X ≤ 10	1	1%	部门负责经理	2	3%
X > 10	2	3%	保险赔付	1	1%

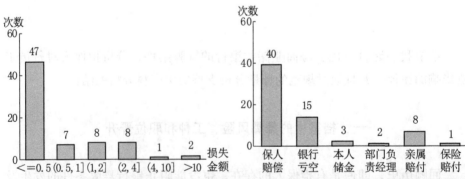

说明：图 6.1 中，由于有些团体舞弊档案数据给出了每个行员的舞弊金额，所以这里的发生总次数为 73 次，而非 68 或 76 次。在图 6.2 有些案例中，全部损失已被追回或由行员赔出，有些案例的赔偿则由多方组成。

资料来源：《本行行员舞弊事件一览表》（1934），档号：Q275-1-972，第 1—6 页；《本行行员舞弊之研究》（1935），档号：Q65-2-60-1。

　图 6.1　不同范围舞弊损失金额（万元）　　图 6.2　舞弊损失的赔偿方式
　　　　　的发生次数

其次，银行经常在无法收回舞弊损失时自认亏损。案例显示除去银行能够追回的部分（包括行员自己赔出部分），损失主要的弥补方式为保人赔偿、银行亏空、本人储金和亲属赔偿等（见图6.2）。其中保人赔偿共有40次，是最多的，但紧跟其后的就是银行自亏，共有15次。银行自认亏损都是在其他弥补方式无望的情况下，不得已的走账方式。再次是亲属赔偿，共有8次，包括父亲、兄、母舅等亲属。最少的三种补偿方式为：本人储金，出事行员部门经理的连带赔偿和保险赔偿（见表6.3）。

最后，保人赔偿的金额和银行亏空的金额分布表明，银行亏空的金额较高。保人赔偿的40个案例中，平均赔偿金额为3510银元，而银行亏空的15个案例的平均赔偿金额则为15423银元。具体的赔偿金额分布分别见图6.3和图6.4。因此，银行保人虽然能够避免部分银行的损失，但剩余的风险敞口依然很大。

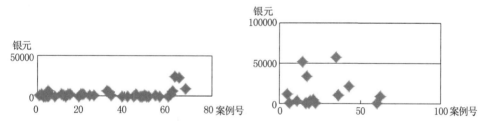

资料来源：《本行行员舞弊事件一览表》（1934），档号：Q275-1-972，第1—6页；《本行行员舞弊之研究》（1935），档号：Q65-2-60-1。

图6.3　舞弊案中的保人赔付金额分布　　图6.4　舞弊案中的银行亏空金额分布

总之，保人的应保财产虽然可以弥补行员因为舞弊所带来的损失，但并不能完全覆盖行员舞弊给银行带来的损失，银行剩余的舞弊风险损失依然巨大。

（二）舞弊风险的工种

案件记录显示会计、出纳工种的舞弊次数较多，而经理工种的舞弊风险金额较大，所以总体来看这三个工种是高风险工种（见表6.4）。在76名相关行员中，出纳有42名，会计有14名，经理有5名，仓库有3名，其他营业为12名。虽然营业工种舞弊人数不少，但相比较1937年各工种员工数目，出纳和会计工种是舞弊比例较高的工种，分别达到 36% 和 14%。从各工种舞弊总额分析，经理工种舞弊总额最高为 329476 银元，其次才是出纳，舞弊总额为 244689 银元，如若按人均舞弊总额分析，经理工种的人均数额为 65895 银元，远远超过其他工种。最后，根据舞弊比率和人均舞弊金额的乘积可知，会计、出纳和经理是舞弊风险最高的工种。

表 6.4　不同工种的舞弊次数、比例、金额

工种	舞弊案例次数（1）	1937 年行员数目（2）	舞弊比率（3 = 1/2）	舞弊总额（银元）	人均舞弊金额（银元）（4）	舞弊风险（4 × 3）
出纳	42	117	0.36	244689	5826	2091
会计	14	102	0.14	94008	6715	922
经理	5	72	0.07	329476	65895	4576
仓库	3	167	0.02	22326	7442	134
营业	12	996	0.01	211130	17594	212

资料来源：《本行行员舞弊事件一览表》（1934），档号：Q275-1-972，第 1—6 页；《本行行员舞弊之研究》（1935），档号：Q65-2-60-1。

　　表 6.4 中的舞弊风险是指总的风险，并没有区分职位风险和个人风险。下面分别从职位风险和个人风险两个角度进行分析，本书发现高职位风险工种为出纳和经理，高个人风险工种为出纳、会计和经理。

　　首先，职位风险代表职位所负责任有可能给银行带来的损失。一方面，从案例分析，出纳工种由于直接接触现金和票据，给银行带来的损失频率最高。具体的舞弊行为包括："私扣储户存款""扣用款项""查库，行款丢失""截留票据""挪移钞票"等等。[1] 更有一位出纳，因为自己工作"常有错误，赔累既多"，于是在"整扎钞票中抽去二十元以为弥补"。[2] 经理工种出于管理职责，仅仅是失职就会带来巨大损失。如 1925 年，"本行经理之信通堆栈主任"因堆栈涉嫌用棉纱包充丝包并意图放火灭迹的事件，遂被警察逮捕。其给银行造成直接经济损失达 3.4868 万银元，但"本行因其为银行负责人员，有失体面，特行保出"，[3] 由于该主任坚决不承认有舞弊行为，银行认

---

[1]　上海市档案馆藏：《本行行员舞弊之研究》（1935），档号：Q65-2-60-1，第 17—35 页。
[2]　同上书，第 32 页。
[3]　同上书，第 23 页。

定其至少有失职之罪，决定自认亏损，并将其辞退。另一方面，从 1937 年
1455 个行员样本数据分析，经理工种的平均应保财产（即行方预估的职位责
任）为 3.096 万银元，出纳工种的平均应保财产为 2.475 万银元，都显著地
高于全行行员平均 1.830 万银元，是典型的高职位风险行业。而会计工种的
平均应保财产为 1.836 万银元，并不是高职位风险工种。再从舞弊案例中分
析，会计工种的舞弊案例中，不少是因为代理了出纳的业务，比如"管理收
汇款项，有活期储蓄交存二百八十元"被会计扣留，"因主任信任，将所有填
发票据、划付款项事悉委其一人""因时局纠纷，业务清闲，遂令会计兼营储
蓄""代收进口押汇""收入电报费数元，未入账册"。[1] 会计本身主要负责"保
管公章，核对账款，计算利息，验照签章，登载账册，核复各种单据契约"
等，[2] 并不直接接触现金和票据，职位风险并不大，只是在 20 世纪 30 年代前
后"因（银行）业务之扩充，添设分行处庄，年有增加，新进生手人员亦日
有增多，事务愈见其繁，人事支配愈难周密"。会计不得不兼出纳。[3]

　　其次，个人风险代表行员自己在长期工作中发现漏洞，并利用之给银
行造成超过保人财产金额的亏空。各个工种舞弊并带来银行亏空的次数如
下：出纳 5 次，会计 5 次，经理 4 次，营业 3 次，仓库 1 次。剔除行员基数
接近十倍于其他营业工种，出纳、会计和经理三个工种就成了高个人风险的
工种。由于出纳、会计负责具体的财务工作，经理又负总责，因此他们发现
漏洞并加以利用是最便利的。比如，1921 年南通分行的出纳，通过将大额
存单抵押在其他堆栈公司，并同时借出栈单在南通分行抵押变现，使得堆栈
公司和南通分行两方落空，从而造成 2 万余元的损失。[4] 再如，1925 年总行
存款部会计，因发现其管理的某一客户所开的三个账户中，只有两个时有进
出，而另一账号丝毫未动。因此，其认为盗用这个账户的钱应该不易发现，
遂私刻图章，窃取支票，陆续支用，造成损失达 2 万元之巨。[5] 最后，对于
经理工种，因为他们一旦舞弊，通常会串通会计、出纳或者客户，金额巨大。

① 上海市档案馆藏：《本行行员舞弊之研究》（1935），档号：Q65-2-60-1，第 17—35 页。
② 中国人民银行上海市分行金融研究所编：《上海商业储蓄银行史料》，上海：上海人民出版社 1990 年版，第 762 页。
③ 同上。
④ 上海市档案馆藏：《本行行员舞弊之研究》（1935），档号：Q65-2-60-1，第 19 页。
⑤ 同上书，第 23 页。

在 1921 年的南京分行，办事处主任和三个出纳相互勾结挪用各种款项，四个行员总共舞弊 53310 银元。[1] 又有在 1932 年的郑州办事处，主任、会计员和营业员勾结贸易公司等，任意放款，嗣后相关公司倒闭，损失金额高达 236385 银元。[2]

（三）个人风险和职位晋升

高个人风险的工种是银行的财务部门——出纳和会计以及相应的主管——经理。在人事档案中发现，由于这三者所具有的专业财务知识，行员通常会在这三个职位中进行流动。比如，粤行的陈炎阶，曾任总行储蓄处会计、粤行会计、粤行会计科主任，直至粤行襄理兼出纳科主任，一人任遍三个工种。[3] 又如，李鹏图曾先后在天津黄家花园办事处任出纳、北平分行的平东处任会计以及在本埠分行的上海八仙桥分行任出纳，即在出纳和会计之间相互流动。[4] 再如，1937 年任本埠分行提篮桥分行经理的姚根，曾任该行的会计。[5] 出纳或者会计向经理工种的流动是一种晋升。鉴于这三个工种都是高个人风险的工种，更高的超过银行所要求的保人实际财产会降低银行所面临的亏空风险。因此，"保人财产差值"较高的从事财务相关工作的行员容易得到更好的发展机会，从而表现为更容易晋升至经理工种。

二、担保人对晋升影响的实证分析

在银行中，因为业务的不同，大致可以分为基于财务工作的晋升和基于营业相关工作的晋升。在上文论述高个人风险工种时，已经叙述了档案数据中"经理"工种曾任"会计"和"出纳"的经历，甚至有一部分"经理"同

---

① 上海市档案馆藏:《本行行员舞弊之研究》(1935)，档号: Q65-2-60-1，第 18 页。
② 同上书，第 29 页。
③ 上海市档案馆藏:《上海商业储蓄银行全行行员履历及职务调动记录簿》(1937)，档号: Q275-1-1275，第 296 页。
④ 上海市档案馆藏:《上海商业储蓄银行全行行员履历及职务调动记录簿》(1937)，档号: Q275-1-1273，第 313 页。
⑤ 上海市档案馆藏:《上海商业储蓄银行全行行员履历及职务调动记录簿》(1937)，档号: Q275-1-1276，第 264 页。

时兼职"出纳"或"会计"。档案还描述了另一类的晋升路线,即从营业员向"经理"的晋升,如 1937 年在本埠分行的上海八仙桥分行任经理的温酉璋,曾于 1933 年在本埠分行的上海界路分行任襄理兼总行营业员。[①] 因此,行员的晋升路线大致可分为财务路线和营业路线。基于这两个路线的晋升,回归两个子样本,财务和营业的晋升方程:

$$Manager_i = \sum_c \beta_c S_{ci} + \gamma_1 E_i + \gamma_2 Z_i + \varepsilon_i \qquad (6.2)$$

应变量 $Manager_i$ 表示第 i 个行员是否是经理工种,是哑变量,其他变量的解释同式(6.1)。在式(6.2)中,财务子样本包含"经理""会计"和"出纳"三个工种,营业子样本包含"经理""营业"和"仓库"三个工种。针对两个子样本进行 OLS 回归的结果如表 6.5 所示。

表 6.5 社会资本对行员晋升的影响

变　量	经理 (财务晋升路线)	经理 (营业晋升路线)
介绍人曾介绍人数(ln)	0.032 (0.039)	0.031*** (0.009)
保人财产差值(ln)	0.070** (0.033)	0.009 (0.007)
高等教育	0.349*** (0.104)	0.127*** (0.025)
中等教育	0.062 (0.078)	0.041** (0.018)
年龄	0.083*** (0.031)	0.014** (0.007)
年龄平方项	−0.001** (0.000)	−0.000 (0.000)
银行业工作经验	−0.062 (0.093)	0.031 (0.022)
其他工作经验	−0.074 (0.078)	−0.013 (0.017)

① 上海市档案馆藏:《上海商业储蓄银行全行行员履历及职务调动记录簿》(1937),档号:Q275-1-1276,第 267 页。

续表

变 量	经 理 （财务晋升路线）	经 理 （营业晋升路线）
工龄	−0.076 （0.089）	−0.007 （0.011）
工龄平方项	0.010 （0.010）	0.002 （0.002）
工龄三次方项	−0.000 （0.000）	−0.000 （0.000）
常数项	−1.681*** （0.570）	−0.426 （0.112）
籍贯和部门	控制	控制
观测值 Adj R-squared	167 0.333	850 0.192

说明：***、** 和 * 分别表示在 1%、5% 和 10% 的水平上显著。

　　表 6.5 的回归结果表明，针对财务晋升路线，"保人财产差值"显著地影响是否成为"经理"工种；针对营业晋升路线，则是"介绍人曾介绍人数"显著地影响了是否成为"经理"。总之，该回归很好地印证了保人财产差值基于风险弥补的晋升效应。

第七章　稳健性检验和调节效应

本章的前两节是稳健性检验，主要目的是要验证基准回归结果是否稳健。首先，通过使用行员能力更加一致的练习生样本剔除行员个人能力的差异导致的工资差异。回归结果发现，介绍人变量不但显著地影响行员工资，而且系数又变大了不少，但是担保人变量不太显著，部分是由于样本容量的有限导致的。随后，本书研究行员在总行工作还是分行工作对介绍人"人情"影响的调节作用，以及行员教育水平对担保人"信任"作用的调节作用，从而补充"人情"能力影响的范围和"信任"作用影响的范围。

第一节　基于练习生的回归结果稳健性检验

本书对社会资本和工资差异的研究，可能会受到行员自身能力差异的内生性影响，即能力高的行员，他们能动用的社会资本也较多，同时他们的能力也导致他们有较高的工资水平。完全剔除和识别能力对回归结果的影响，对于历史数据来讲，几乎是不太可能的，因为关于个人的档案数据还没有完整到可以涉及父母的教育水平等工具变量。本书只能退而求其次，通过选择练习生样本来控制能力，缓解内生性。

一、练习生的群体一致性

近代银行业常通过招收练习生进行培训，来解决银行对人才的需求。"我国教育对于社会现状及农工商之真实情形，尚未能尽量灌输，入学之士虽多，仍有才难之叹，欲求其能冶上述诸学于一炉，而适合本行之需要者，事实上更难办到,自行训练,万不可缓。"① 上海商业储蓄银行于开始营业的第二年即 1916 年就筹设了银行传习所,并于 1923 年改为实习学校,学生修业满期经考试及格后,陆续派入行中实习。②

练习生一方面在学历和工作经验上相似,另一方面,银行对他们的录取"皆采严格主义,取精重质",即挑选较高能力的人才。③ 首先,练习生多是中等学历,并且没有任何工作经验的群体。大学这样的高等学历是社会中稀少的人才,而低等学历行员多是之前的钱业从业人员,所以他们通常不需要经过练习生的培训就直接入行工作。具体的,在 229 个练习生中,仅 9 人有金融业相关经验,23 人有其他行业经验,因此总的有工作经验的人数只占14%,在总样本中则占 59%;在练习生样本中,拥有高等学历的有 10 人,低等学历的有 33 人。对练习生来讲相似的特征也意味着相似的入行工资,约有59% 的行员入行工资为 20 元。其次,练习生在经笔试(包括中文、英文及算学)、面试(口才、仪表、品行)考核后,通常严格按照招生计划的数量进行招收。如在 1931 年上海商业储蓄银行的一批练习生招考中,考试人数两百数十名,而录取额只有 40 人。在人事科依照"各种标准简选而得,完全为人才主义,绝无他项关系"的标准录取了 40 人后,发现还有 24 位"同人中推荐请托之人,虽分数不及,而来历上均较他人为明晰,人情上似亦不能不予以顾及"。但最终经过副总经理召集的高级职员讨论,最终决定"一律不录,仍以已录四十人为定"。④

二、稳健性检验的回归结果

因此,本书认为练习生样本在行员的能力上差异不大,所以基于此样本的回归可以缓解内生性。最终,基于练习生样本的回归见表 7.1 所示。

回归(1)只有核心解释变量"介绍人曾介绍人数",回归(2)则是在

---

① 中国人民银行上海市分行金融研究所编:《上海商业储蓄银行史料》,上海:上海人民出版社 1990 年版,第 807 页。
② 同上书,第 805 页。
③ 同上书,第 806 页。
④ 刘平:《民国银行练习生记事》,上海:上海远东出版社 2016 年版,第 29 页。

（1）的基础上加入另一个核心解释变量"保人财产差值"，并且两个回归都没有控制变量。笔者发现介绍人解释变量十分显著，并且系数值较大约为0.144，"保人财产差值"的系数并不是很显著。回归（3）则添加了年龄、工龄、籍贯、工作部门、教育水平等控制变量，介绍人系数依然显著。在最后回归（4）中，进一步剔除了入行一年及以内的行员，发现"保人财产差值"变量不显著，而"介绍人曾介绍人数"的系数显著为正，且数值稳定，为0.114。该数据与基准回归中的系数0.059相比，约为两倍。这个数值表示，如果"介绍人曾介绍人数"增长100%，那么行员的工资将增长11.4%。

表 7.1　基于练习生样本的回归

变　　量	1937 年工资（ln）			
	（1）	（2）	（3）	（4）
介绍人曾介绍人数（ln）	0.119* （0.062）	0.144** （0.065）	0.109*** （0.029）	0.114*** （0.302）
保人财产差值（ln）		0.113* （0.060）	−0.010 （0.029）	−0.012 （0.294）
高等教育			0.452* （0.264）	0.439 （0.267）
中等教育			0.270*** （0.062）	0.277*** （0.071）
年龄及年龄平方项 工龄和工龄平方及立方项			控制 控制	控制 控制
常数项	3.807*** （0.089）	3.643*** （0.109）	−0.282 （0.783）	3.252*** （0.571）
籍贯和工作部门控制变量			控制	控制
观测值	150	125	125	119（t＞＝2）
Adj R-squared	0.0182	0.051	0.852	0.841

说明：***、** 和 * 分别表示在 1%、5% 和 10% 的水平上显著。

总之，基于练习生样本的介绍人社会资本对工资有显著的正向影响。但"保人财产差值"的核心解释变量并没有通过内生性检验。虽然，这个结果表明"保人财产差值"核心解释变量无法影响工资水平，但是这样的结果也有可能是因为样本太少造成的，因为在舞弊案例可知"保人财产差值"变量主要是通过财务相关工种起作用的，但在练习生的回归样本中，经理工种仅有

3 人，出纳 1 人，会计稍多些有 22 人，但总共只有 26 个财务相关样本。

第二节 教育水平对担保人"信任"作用的调节

第六章的历史资料分析显示，在财务晋升路线中，担保人的超额担保能够给被担保行员提供有效的"信任"。这种"信任"会不会因为行员本身的教育水平而有所不同呢？本部分将予以分析。

一、教育水平为何会调节担保人的"信任"

基于历史文献，本书认为担保人主要是通过"信任"机制对行员工资收入产生影响。在上海商业储蓄银行的行员档案中，没有觅保或无保人记录的共有 45 人，其中有 16 人在 1937 年的每月薪水不低于 300 元，他们均为银行的高级管理人员，如银行总经理陈光甫、总行副经理杨介眉、总行副经理兼工业部经理朱如堂、总行副经理兼农业部经理邹秉文、总行营业部经理李阆菲以及无锡银行专员华卫中，等等。对管理层不要求担保，主要考虑到如下两个原因：一方面，因经副襄理，所负之责任重，经手之款项多，要找相当资格的保人，颇非易事；另一方面，显示行方于经副襄理尚有不信任之处，因此不要求担保人也是对他们的信任。

因此，可知担保人超额担保的"信任"能力对工资的影响会随着被担保行员本身的可信度的上升而下降。在中国崇尚教育的传统文化环境中，受到更高的教育本身就是可信任的人。因此，担保人所具有的超过应保财产的财力对工资收入的影响，可能会受到教育水平的调节作用，即保人社会资本对于教育水平较高的行员的影响较弱，而对教育水平较低行员的影响较为强烈。

二、调节作用的回归结果

在技术上，为了衡量教育的调节作用，只需要在基准回归的基础上增加一个自变量，即加入"教育水平"与"保人财产差值"的交互项。由于本研究中，教育水平被分为高、中、低三类，所以这里加入了两项交互项：高等教育 × 保人财产差值和中等教育 × 保人财产差值。在这个新的回归方程中，保人财产差值变量本身的系数代表了受到低等教育水平行员的保人对工资水平的作用能力，而受到高等教育水平行员的担保人作用大小需要交互项和保人财产差值变量系数相加，中等教育水平行员也是如此，将对应交互项的系数与保人财产差值变量系数相加。具体回归结果见表 7.2 所示。

表 7.2　教育水平对保人社会资本的调节作用

变　量	1937 年工资（ln）	
	（1）	（2）
介绍人曾介绍人数（ln）	0.046*** (0.010)	0.044*** (0.010)
保人财产差值（ln）	0.032*** (0.011)	0.124*** (0.025)
高等教育	0.503*** (0.039)	0.609*** (0.052)
中等教育	0.240*** (0.028)	0.331*** (0.036)
高等教育 × 保人财产差值		−0.125*** (0.038)
中等教育 × 保人财产差值		−0.112*** (0.028)
常数项	4.411*** (0.245)	4.318*** (0.244)
控制变量	是	是
观测值	934	934
Adj R-squared	0.607	0.613

说明：* 代表 $P < 0.1$，** 代表 $P < 0.05$，*** 代表 $P < 0.01$。

表 7.2 表明，在基准回归（1）中加入了教育水平对"保人财产差值"的调节效应后，在回归（2）中"保人财产差值"变量变得更加显著了，同时"介绍人曾介绍人数"变量的系数和显著性都十分稳健（该系数的显著性没有发生变化，系数大小也没有太明显的变化，从 0.046 变到 0.044）。

由于在回归（2）中加入了教育水平与保人财产差值的交互项，因此原本的保人财产差值变量的系数含义发生了变化。具体的，"保人财产差值"变量本身的系数代表了针对受到低教育水平的行员的影响，0.124 表示，对于受到低等教育的行员，"保人财产差值"若增长 100%，则 1937 年工资增长12.4%。担保人针对受到中等教育水平行员的影响的大小需要两项系数相加，即"保人财产差值"项和"中等教育 × 保人财产差值"项两项系数：0.124 +（−0.112）= 0.012，表示对于受到中等教育的行员，"保人财产差值"若增长100%，则 1937 年工资增长 1.2%，这个值与受到低等教育水平的行员相比小了很多，可以忽略不计。同样，担保人针对受到高等教育水平行员的影响的大小也需要将两项系数相加，即"保人财产差值"项和"高等教育 × 保人财产差值"项两项系数：0.124 +（−0.125）= −0.001，这个数值如此之小，就约等于零了。

综上，在考虑了教育水平对"保人财产差值"的调节效应后，发现介绍人社会资本变量依旧十分稳健，担保人社会资本变量则主要影响了教育水平较低的行员的工资。

第三节　总分行对介绍人"人情"作用的调节

在基准回归中，介绍人的"人情"对行员工资水平影响显著。本部分拟分析介绍人的"人情"作用是否在总行和分支行中作用大小有所不同。因为毕竟真正的银行管理落到实处，还需要各级管理人员的执行能力和执行意愿。

一、总分行为何会调节介绍人的"人情"

上海商业储蓄银行是科学管理的典范，在管理上力求公平，但由于总行管理部下设检查处，因此，因为管理距离的存在，介绍人通过"人情"渠道对行员工资差异的影响，会受到行员工作地点——总行还是分行的调节，具体表现在"人情"在管理距离较短的总行对工资的影响较弱，而在管理距离较远的分支行对工资的影响较强。

　　在上海商业储蓄银行 1931 年 9 月的一次招考练习生的实践中，就表现出总行在人事方面对"人情"的坚决态度。当时上海商业储蓄银行的高级职员举行聚餐，讨论练习生的录取问题。因为，刚刚招考了一批练习生，报考人数有二百数十名，而录取名额只有 40 人，但尚有 24 人，均有人事关系，应否列为备取，当录取者中有因故不到者，可随时补充。并且这些受人推荐请托的 24 人，虽分数不及，但来历上均较他人为明晰，好像"人情上，不能不予顾及"。高级职员黄席珍是顾及人情关系的代表，他提出"事实亦不可不兼筹并顾，当先提出人事上最有关系者，究有几人，再照其考试分数之高下，以定去留"。马少卿则是严格拒绝人情的代表，认为"既以考试制，则当一秉大公，完全以考试之成绩为标准，不应掺入人事上之问题"。但最后在赵汉生的建议下，合并考生的中文和英文试卷分数，看是否分数足够留用。审查的结果认为"并无必须补录者，皆在可录不可录之间"。并决定一律不录。①

　　总行对人情的拒绝，一方面，是因为总行管理严格，另一方面，可能是有"人情"背景的人太多，形成了多方力量的较量，从而导致了严格管理的局面。相对而言，分支行则没有这么多有大来头的行员，"人情"的作用也就更能表现出来。

二、调节作用的回归结果

　　为了研究行员在总行还是分行对介绍人作用的调节，在技术上依然是要增加控制变量，即加入是否是在总行工作控制变量，以及总行与介绍人变量的交互项：总行 × 介绍人数。考虑到行员在总行还是分行也会影响重要的解释变量——教育水平对工资的影响能力，这里进一步加入总行与教育水平的两个交互项：高等教育 × 总行和中等教育 × 总行，控制两组样本的更多差异。由于添加了交互项，系数代表的含义发生了改变，因此对系数的解释要十分小心。具体的回归结果见表 7.3 所示。

---

　　① 上海商业储蓄银行编：《聚餐议事录》，载《海光》1931 年第 10 期。

表 7.3　总行和分行对介绍人社会资本的调节作用

变量	1937 年工资（ln）			
	（1）	（2）	（3）	（4）
介绍人曾介绍人数（ln）	0.044*** （0.010）	0.041*** （0.010）	0.078*** （0.014）	0.076*** （0.016）
保人财产差值（ln）	0.124*** （0.025）	0.120*** （0.025）	0.120*** （0.024）	0.116*** （0.023）
高等教育	0.609*** （0.052）	0.575*** （0.053）	0.571*** （0.526）	0.713*** （0.074）
中等教育	0.331*** （0.036）	0.316*** （0.036）	0.308*** （0.036）	0.323*** （0.040）
高等教育 × 保人财产差值	−0.125*** （0.038）	−0.119*** （0.038）	−0.124*** （0.038）	−0.133*** （0.039）
中等教育 × 保人财产差值	−0.112*** （0.028）	−0.106*** （0.028）	−0.106*** （0.028）	−0.102*** （0.026）
总行		0.084*** （0.025）	0.164*** （0.033）	0.254*** （0.057）
总行 × 介绍人数			−0.077*** （0.021）	−0.079*** （0.021）
高等教育 × 总行				−0.259*** （0.088）
中等教育 × 总行				−0.074 （0.056）
常数项	4.318*** （0.244）	4.275*** （0.243）	4.257*** （0.241）	4.163*** （0.348）
控制变量	是	是	是	是
观测值 Adj R-squared	934 0.613	934 0.618	934 0.623	934 0.627

说明：* 代表 $P < 0.1$，** 代表 $P < 0.05$，*** 代表 $P < 0.01$。

在表 7.3 中，分别做了四个回归，1937 年行员的工资为应变量。表 7.3 的回归（1）是表 7.2 的回归（2），这里拿来做参照。回归（2）是在（1）的基础上添加总行虚拟变量，发现该变量回归系数显著为正，即总行行员的工资显著地高于分行行员的工资，大小约在 8.4% 的水平。其后，继续添加总行与介绍人曾介绍人数变量的交互项，得到回归（3）。那么介绍人变量对分支行的行员工资的影响能力为 0.078，即当介绍人能介绍的行员数量增长 100%

时，工资水平增长 7.8%；介绍人变量对总行行员工资的影响能力为"介绍人曾介绍人数"变量系数与"总行 × 介绍人数"变量的系数相加，即 0.078 + (−0.077) = 0.001，即介绍人基本不影响总行行员的工资水平。回归（4）是在回归（3）的基础上继续添加总行与教育的交叉项，即进一步放松总行和分行行员在教育系数上的差别，并同时考虑总行与分行之间的异方差，发现回归结果与回归（3）基本相同。即介绍人系数显著为正，并且主要对分行员工产生影响，对总行员工的工资几乎没有影响。

第三部分 企业员工社会资本的构建：从私人物品到公共物品

在前文的分析中可知，近代企业员工所使用的社会资本（介绍人和担保人），分别通过"人情"和"信任"影响了员工的工资水平。如果考虑到我们量化分析中没有观测到的介绍人的"信息"作用，总体来看，近代企业员工的社会资本分别从以上三个方面来给使用它的企业员工带来利益。在现实中，有时介绍人也承担了担保责任，即事实中的担保人和介绍人是同一人。下文为了讨论的方便依然把介绍人和担保人分开论述。

从经济学的角度分析，介绍人的"信息"作用和担保人的"信任"作用对经济运行的效率都是一种改善，但介绍人的"人情"作用却会歪曲资源配置，甚至会带来经济效率的损失。因此，我们着重关注对企业和经济发展有促进作用的社会资本的"信息"和"信任"功能。在近代企业作为新型组织结构出现的过程中，动用了根植在传统社会中的介绍人和担保人社会资本。现在我们关心的是，这种社会资本安排，尤其是"信息"和"信任"部分在近代的企业壮大发展中是否够用呢？如果不够用，又该如何解决这个问题呢？

第八章 社会资本的
私人物品特征及制约

为了回答近代我国企业员工所动用的介绍人和担保人社会资本是否够用的问题，首先要分析介绍人和担保人社会资本的物品特性。厘清物品属性是十分重要的，一方面，因为私人物品和公共物品的使用范围是不同的，即私人物品的使用范围仅限持有该物品的个人，而公共物品则能惠及一个群体；另一方面，因为针对执行社会功能的某些基础设施，如教育、国防、信息收集和信任建设等，以公共物品的形式提供会更加有经济效率。

第一节 近代中国员工社会资本的部分私人物品属性

近代企业员工所动用的介绍人和担保人社会资本的物品属性如何？还需要借鉴经济学对物品的分类标准。经济学主要从物品的排他性和竞争性两个角度来衡量和区分物品。竞争性表示一个人使用这种产品会减少其他人对这种产品的使用，排他性则表示一种物品具有可以阻止其他人使用该物品的性质。[1] 私人物品是既有排他性也有竞争性的物品，这种物品的供给是有限的，每个人拥有的数量也是不同的。公共物品是既有非排他性又有非竞争性的物品，这种物品的提供可以惠及集体中的每个人。

一、传统社会的社会秩序和社会资本

作为中国历史的遗产，清朝以来的中国地方社会一直实行的是自我管理。

---

[1] 曼昆：《经济学原理》，北京：北京大学出版社2009年版，第233页。

清朝末年到过中国的英国传教士阿礼国曾指出：中国是历史上各个帝国中唯一没有建立在军事力量、宗教或迷信基础上的帝国。[①] "但它到处可见的绝妙组织和安排是特别惹人注目的"，即基于人们普遍的对儒学的接受，上至皇帝本人，下至普通百姓，以及每一个机构组织都努力地扮演着他的合适的儒家角色。[②] 儒家思想具体地又通过宗族和地方绅士来实现地方的管理。比如绅士负责上通下达，《牧令书辑要》[③] 指出，官府的命令必须经过德高望重的绅士的解释和说明，民众才能够懂得和接受。宗族则通过族谱的修纂来收纳族人，处理人际关系。[④] 这样就实现了社会的相应秩序和管理。

在族谱的编纂中已经说明了每个人的位置和重要性。现实中，就如费孝通所提出的差序格局理论。以己为中心，一圈圈推出去，愈推愈远。这一圈圈的波纹就是个人的关系网络，也组成了个人可以动用的社会资本。这种社会资本的形成与当时的地方社会管理和秩序是分不开的。在近代，随着工业的推进，不少劳动力纷纷离开乡土、进入城市，成为企业员工。嵌套在传统乡土中国中形成的社会资本帮助人们通过"信息"找到工作，通过"人情"获得更高收入，构建"信任"与企业相互合作并获取工资溢价。

二、介绍人社会资本的部分私人物品属性

介绍人主要会在员工找工作时起到传递"信息"的作用。虽然在我们前文的数据分析中并不能直接衡量该作用对工资高低影响的程度，但是介绍人向被介绍人和用人企业传递相关信息这一点是确定的。在介绍人主要传递"信息"时，他可以同时告诉多人，"信息"物品不会随着传递而减少，即这种物品没有竞争性，但"信息"的传递可以具有"排他"性，即只告诉特定的人。因此，介绍人在扮演"信息"中介时具有一定的私人物品特征。

介绍人在员工取得工作后，往往通过"人情"机制来增加员工的收入。这种"人情"机制在我们前文的案例和实证分析中都已经清晰地展现了出来。

---

① 阿礼国：《中华帝国及其命运》，载《孟买季刊》，1856年4月，第249页。
② 芮玛丽：《同治中兴》，北京：中国社会科学出版社2002年版，第155页。
③ 《牧令书辑要》第六卷，第25页。
④ 冯尔康：《宗族不断编修族谱的特点及其原因》，载《淮阴师范学院学报》2009年第5期。

"人情"是一种特殊关系，它强调个人之间的互惠。其具有明显的排他性和竞争性。比如，在前文提到的书信往来档案中，陈果夫和陈立夫的舅舅陈其采，写信给上海商业储蓄银行的总经理陈光甫，希望给自己的外甥冯子裁安排一个办事处主任的职位。这个"人情"作用明显是竞争性的，该办事处主任的职位只有一个，如果推荐冯子裁担任该办事处主任一职就不可能推荐其他人做这个职位，同时"人情"作用也是有竞争性的，推荐了冯子裁后再推荐别人任这个职位也会对冯子裁的最终提升任用产生不利的影响。很明显，介绍人的"人情"功能是具有私人物品特征的。

三、担保人社会资本的私人物品属性

担保人社会资本主要扮演了"信任"的角色。从上海商业储蓄银行的担保人看，该社会资本是私人物品。从上海商业储蓄银行的档案中分析，担保人通常只能担保一名行员，而且这名担保人需要居住在行员工作所在地，同时也需要有足够的财产。在各个地方能够做担保人的人数是有限的，虽然保人所在的行业分布很广，比如银行业、钱业、学界、油厂、药房、照相、纱厂、麦粉厂、绸业、政界、纺织公司、木商、堆栈等行业，但档案中注明的担保人的职位通常是经理、董事、副行长、协理、（商号）主人、县知事、主任、车务处长、会长、董事长、行长、铁路站长等，这些都不是普通的职员。[①]上海商业储蓄银行对担保人的记录是十分详细的，不但有担保人的姓名和行业，也有担保人的住址等相关信息，能够很好地核查担保人承保行员的相关信息。总体看来，行员对这些担保人的使用是具有排他性和竞争性的。

第二节 私人物品社会资本对经济发展的制约

企业员工所使用的担保人和介绍人社会资本总体呈现出私人物品的特征。

---

① 上海市档案馆藏：《上海商业储蓄银行行员保单记录簿》，1915—1929，全宗号：Q275-1-1150。

随着近代工商企业和金融服务业的发展，如果私人物品数量不够则会制约企业的扩大和增长。针对介绍人的"信息"传递，"人情"作用和担保人的"担保"能力三种私人物品，我们在下文中主要考虑担保人"信任"部分的私人物品是否够用。一方面是因为介绍人的"人情"私人物品会扭曲资源配置，不具有正向的经济作用，另一方面则考虑到近代各种登报广告的出现，介绍人"信息"传递作用的有限性并没有对企业的用人产生制约。

比如，1934 年胡守礼就是看到《新生》周刊社 10 月所登载的《代招考银行练习生启事》后，通过考试进入金融行业的。而在 1934 年 8 月该刊就曾经刊登过生活书店招考练习生的启事，胡守礼在 9 月份下旬读到该刊《谈常识》一文中提到 8 月份的招考练习生考试的"常识试题"后，就很后悔自己没有看到，错失了机会。[1]"（20 世纪）30 年代的青年大多追求进步的，大家都看进步书刊"，胡守礼即使在公共汽车上也看到有男女青年手持《新生》在阅读。[2] 因此，报刊的发行足以弥补原有的介绍人"信息"传递的不足。从银行招收练习生考试的场面看，招聘信息所吸引来的应试人数也是远远超过所要招聘的规模。就如，胡守礼参加的那场考试，总共有三个编辑室坐满了人，每个编辑室有四五十人，他因为去得不早，位置都找不到，只坐在了台子横头。在这接近 150 人的考试中，最终录取了 17 人。[3] 有时大银行的招考即使是不登报也是人满为患，比如 1933 年 2 月交通银行招考乙种试用员，报名非常踊跃，约 300 人。原定在交行总处举行的考试，因为报考人数过多，临时改在汉口路九号交行所租余屋办理。[4]

一、早期担保人社会资本的"足够用"

担保人承担的"信任"作用在早期的经济社会中已经足够使用，并且用起来十分方便。比如，何炳棣在自传中提到，家族内何柏丞兄长曾任职暨南

① 胡守礼：《雪泥偶留——我的回忆录 1914—1949》，北京：开明出版社 2018 年版，第 75—76 页。
② 同上书，第 84 页。
③ 同上书，第 77—79 页。
④ 刘平：《民国银行练习生记事》，上海：上海远东出版社 2016 年版，第 20 页。

大学校长，在这期间他任用自己的内侄出任出纳。内侄为人精细负责，对暨南大学内迁、教育部委托何柏丞主持西南联大期间，以及地下资助上海学人内迁诸项款额的支付与保管都做得井井有条。何炳棣认为何柏丞兄长得以保令名，财务方面无后顾之忧，都要归功于自己人掌握了出纳的职位。何炳棣亦体会到了"何以传统官员不得不部分地任用'私'人的主要道理"。① 这里的私人就是个人的社会资本。对个人社会资本的使用保证了"信任"和在此基础上的合作。

担保人担保的制度是中国近代新式银行照搬本土钱庄金融机构的制度设计。在 20 世纪早期，"钱庄职员仅凭保人口头保证，并无字据"，当发生被保人舞弊时，"保人尚能忍痛履行赔偿，以重信誉"②。当时的钱庄多为本地机构，并且从业人员也十分有限，担保人制度运行良好。作为员工私人物品的担保人社会资本是否够用，主要取决于如下两个成本的衡量：

首先，构建容易（低固定成本）。担保人担保的制度核心是保证人比较了解并且能够监督被担保人，从而降低雇员舞弊的风险。该监督机制是嵌套在原有的社会网络之中的，比如相互之间的血亲、姻亲直至整个宗族等等。由于在原有的宗族网络中，每个人都有自己的位置，相互之间的制约和惩罚机制十分清晰。当企业出现后，利用了原有社会网络的制约和惩罚机制，从而规范雇员的行为，与雇员形成相互信任。比如，上海商业储蓄银行最大的那笔舞弊案件——陈民德和吴稚梅案中，总行储蓄处出纳助员吴稚梅舞弊案件的金额是 2.4 万银元，保人是义记烟行经理周操柏。从银行角度来看，向保人追讨舞弊金额就行了，但事实上银行副总经理却给汉口分行经理周苍柏去了封信。给周苍柏去信是因为周苍柏是周操柏的弟弟，以及吴稚梅的亲戚。周苍柏前后两封回信给总行：表示愿意担保其兄周操柏全额赔款，并且希望尽量由吴稚梅的连襟李述初多赔或者尽量全赔，并解释要求李述初赔款的原因是"因李（李述初）同弟（周苍柏）俱与吴（吴稚梅）姓瓜谊，渠亦裕如且较吴（吴稚梅）为优。李（李述初）能代偿若干，弟（周苍柏）及家兄（周操柏）即可轻累若干。"③ 于是可以看出在这一舞弊赔偿中牵涉了亲戚网络

① 何炳棣：《读史阅世六十年》，北京：中华书局 2021 年版，第 19 页。
② 刘啸仙：《组织银行业同人联合信用保险公司刍议》，载《银行周报》1936 年第 33 期。
③ 刘平：《东方华尔街的阴影：上海银行舞弊案》，载《档案春秋》，2014 年第 2 期。

中的多个人，即保人制度是完全建立在原有社会网络中的相互制约机制。在社会中构建担保人信任制度是十分自然的选择，因为不需要额外更多的制度建设，呈现出较低的构建固定成本。

其次，扩大受限（高边际成本）。构建保人制度的固定成本低，但是在更多的人使用这个制度时，边际成本就变得越来越高了。首先，表现为保人难觅。即合格的保人越来越少，所以寻找的困难就增加了使用保人制度的边际成本。同时企业的求才也受到保人资格的限制，企业放弃的合格雇员也增加了企业使用保人制度的边际成本。其次，表现为增加的边际监督成本。一方面，因为雇员寻找本地保人变得困难，所以雇员会寻找异地保人。异地保人增加了监督成本。比如在上文中提到的在上海总行工作的陈民德，他的保人何颖生是在苏州经营绸庄。这种异地保人财产的变动情况获知都十分困难。另一方面，保人对被保人的监督也变得困难。保人和被保人不在同一地，对被保人信息的获知严重滞后。因此，监督成本的增加也会提高保人制度在社会中大面积运营时的高边际成本。最终，成本的增加导致了该制度运营起来不再合适。业界精英和学者们反复思考并琢磨和尝试不同的新制度。

二、担保人社会资本开始"不够用"的环境和原因

在传统社会的差序格局中，人和人的相互经济联系都发生在相对固定的地理半径内，即在血缘、宗族和乡邻之间。在特定的地理范围内，人们较少流动，因此相关的"信息"比较充分，"信任"亦是在对人"信息"更充分，以及人和人的长期互动相互制约的条件下，能够轻而易举的实现。但当来到民国时期，随着商业的进一步发展，工业企业的日渐增多，更多的人从他们世代居住的乡村向城市流动。这样在清末以地方自治为主的社会经济秩序就无法重新移植到城市里来。因此，在城市里设立的工业企业可利用的"信息"和"信任"就显得不够那么充分。

从本书的案例——上海商业储蓄银行分析具体的原因如下：

第一，近代银行业的职员都需要掌握现代的专业会计和经济技术。近代新式银行的业务是基于现代复式记账的基础之上的，与老式钱庄和票号的记

账方法不同（钱庄直到 1937 年才开始使用复式记账法[①]），因此需要大量的受过专门训练的专业人员，这也是上海商业储蓄银行在面临所需人员不足的条件下，多年在受到中等教育水平的人员中招收练习生的原因。这种对专业技术人员的大量需求，本质上与其他如面粉、纺织、烟草等行业的人员需求是不同的，后者大部分的工人只需要是普通劳动力即可，只对中高层管理人员有较高的要求。

第二，企业规模亦非常之大。近代的新式银行业随着经济的发展，多采用总分行的管理方式，来驾驭较大的企业规模。而同时期的旧事金融机构——钱庄多采取合资经营，股东人数虽然各庄不大相同，通常最少者为 2 人，最多者为 10 人。[②] 因此企业资本的规模相对股份公司制度的银行扩张起来更加困难，也规模更小。虽然钱庄有联号，即股东在多个钱庄有投资[③]，但本质上是不同的钱庄。我们看到仅上海一地钱庄的数量在 1926 年（钱庄鼎盛期）约为 87 家，[④] 而上海的银行在 1936 年（银行鼎盛期）的数量约为 57 家[⑤]，其实仅上海商业储蓄银行一家在上海就有多个分支行处。

随着新式金融机构的遍地开花，金融从业人员越来越多，该制度所要适用的范围越来越大，就开始显得不太合适了。

第三节 担保人社会资本"不够用"的具体表现

保人作保才能取得工作是中国传统社会的习俗。因为商店等职员"必有银钱经手出纳，设有错误，以及监守自盗"[⑥] 等情形发生，保人制度可以起到

[①] 中国人民银行上海市分行编：《上海钱庄史料》，上海：上海人民出版社 1960 年版，第 473 页。

[②] 同上书，第 455 页。

[③] 同上书，第 770—771 页。

[④] 同上书，第 192 页。

[⑤] 中国银行总管理处经济研究室：《全国银行年鉴 1936》，上海：汉文正楷印书局 1936 年版，第 A11—A3 页。

[⑥] 徐启文：《如何改善职员担保制度》，载《银行周报》1927 年第 25 期。

防弊的作用。但这种制度安排随着近代企业数量的增加，越来越显现出其能力的捉襟见肘。

一、被录用的人才难觅保人

企业只有唯才录用新人，才能在市场中保持优势。但在保人担保企业员工的条件下，难以有足够的保人对雇员进行担保。

在 1930 年之前，保人的连带责任并不是十分明确。"按昔日担保之事，如遇职员亏累，保人往往挽人说情，折减赔偿，故因担保而致牵累者，责任尚轻。"[①] 所以也会有保人和被保人勾结的情况发生，"数年前（1927 年之前的数年），杭州某钱庄伙友某甲，职司出纳，私挪店款三千元。将届年梢，知事将败露，乃密告其保人某乙。盖欲设法弥补。某乙固亦钱庄经理也，奸诘异常，谓某甲曰，尔即返店，再挪五千元来，尔则暂行避匿，我自有办法。某甲莫名其妙，计如其言。翌日，经理发觉某甲亏欠店款八千元事，急报于某乙。某乙佯作惊惶状，双方稍事谈判，乙即承认对折赔偿，即刻以现款四千元付某钱庄，抽回保证书。某钱庄经理以乙固素有声誉势力者，本不望其全赔，即刻得有半数到手已属满意。待事寝，乙乃将所余一千元还甲，曰：此尔半生衣食之资也"。[②]

而 1930 年正式开始实施的《民法》，对债务担保问题有了详细的规定，明确了相关雇佣担保人的连带责任。《民法债编》第 739 条规定："称保证者，谓当事人约定一方于他方之债务人，不履行债务时，由其代负履行责任之契约。"第 740 条规定："保证债务，除契约另有订定外，包含主债务之利息、违约金、损害赔偿及其他从属于主债务之负担。"第 748 条规定："数人保证同一债务者，除契约另有订定外，应连带负保证责任。"[③] 保人的责任重大。"故在舞弊情事发生后，担保者即无从减责，必全数赔偿而后已。此种情形，社会上数见不鲜。同乡某君，叠次代人担保，因而赔累十万余金，此君故富有，尚不足为累，倘在货财薄弱之辈，自非倾家荡产，或尚不敷保证之

---

① 徐启文：《如何改善职员担保制度》，载《银行周报》1927 年第 25 期。
② 郑维均：《改良银行保人制度私议》，载《银行周报》1927 年第 25 期。
③ 徐启文：《如何改善职员担保制度》，载《银行周报》1927 年第 25 期。

数。因成人之美，而遭切身之祸。"①民间的谚语"不做中不做保，一世无烦恼"也说明人们认为保人难做。

因此，保人承担着巨大的风险，却没什么明显的回报，但为什么还有人愿意做保人呢？"担保人之事，大都出于责无旁贷者居多。盖在亲友之间，尝有某得职业，案例须有人担保，方可前去任事。除平庸之辈外，若在社会有声望有资财者，亲友中来请作保，当然义不容辞，倘若坚却峻拒，无异绝其谋生之路，不得已只有允为担保。"②

在如上所述的环境下，青年才俊在寻找到工作后，再觅妥保人依然是一件难事。"最近（1936 年）某大政府银行考取新行员十名，其中八人因无适当保人，均不得入行服务。又最近沪上某商业银行考取练习生多人，其中一人，因先后觅具保七人，均不合格，竟至自杀。"③这位青年是李伯年，浙江人，"为人刻苦耐劳，勤学不辍，因前所执业之肆停闭，遂遭失业，家无恒产，备尝艰苦，后应某银行之考取焉，唯录取之后，银行嘱谋一拥有五万金以上者为保，李不得已诣各亲友之门，恳切陈词，亲友中虽有上项资格，竟无人肯允者。九仞之功，亏于一篑"④。这反映了愿意作保的人难找，符合雇主要求的保人更难找。另一方面，"有时，一个好端端地在银行里工作的人，因为他的保证人的死亡、破产或其他原因，被银行当局暂时解除职务，叫他重新寻觅一个保证人，如果寻觅不到，或他所寻觅到的被当局认为不合适，那他只有被逐出在银行的门槛之外，而去尝失业的滋味了"。⑤

在银行业，"深知行员之责任重大，故对于保人限制特严。第一，须殷实商家。第二，需在银行所在地。第三，须经银行认可"⑥。因此，找到合适的保人真是十分困难。即使找到保人"对保证人又必曲意承旨，以求其欢心，节礼小费，以报其德意，在担保者初无藉此图利之心，而被保者一若非此不足以固其职位，然其精神上之痛苦，为何如耶"？⑦

---

① 徐启文：《如何改善职员担保制度》，载《银行周报》1927 年第 25 期。
② 同上。
③ 郑维均：《改良银行保人制度私议》，载《银行周报》1927 年第 25 期。
④ 徐启文：《如何改善职员担保制度》，载《银行周报》1927 年第 25 期。
⑤ 培林：《担保问题的探讨》，载《长城》1935 年第 4 期。
⑥ 郑维均：《改良银行保人制度私议》，载《银行周报》1927 年第 25 期。
⑦ 李权时：《论银行有革除现行保证制之必要》，载《银行周报》1936 年第 33 期。

二、保人对被担保人难知情

通过保人来避免被保人对雇主带来风险的核心就在于，保人能够监督被保人的行为，并及时制止，如章云保提到的"保人因于被保人有利害关系，保人在平时对被保人之行为，必尽监督规劝之责"；或者基于保人和被保人的关系网络，保人对被保人形成可置信的惩罚威胁。即"被保人因保人不顾将来之被累受损担任保证，除感激五中外，必洁身自好，期无负于保证人"。①这样，嵌套在保人和被保人之上的保证书才能起到真正规避风险的作用。但是实际并非如此。

因为"保证人并非与被保人同寓一处，亦非同在一地，即使同在一地，但各有其事，当不能常尽监督之责，而且其在外埠之保人更无论矣"②，即"保人不过为行员之亲友故旧，绝不能时时监察其行动，考查其成绩"③，且保人与被保人的关系，"甚至有彼此素不相识，全系间接之关系者，欲尽监督规劝之职，势所不能"。据某银行统计"保人有百分之六十八以上与被保者异地而处，双方情形完全隔膜，即在同一处所者，亦无不因职务关系，人事繁冗，彼此不相闻问，欲使其发生监督效力，事实上亦难于办到"。④

保人在实践中基本上在被保人不离开企业的条件下是一直要履行承保责任的。即该承保责任不是以一个固定期限为界的，如一年或者两三年。在上海商业储蓄银行的关于保人的档案中，保人立保的年份最早从民国4年起，即从1915年起；最近的从民国14年起，即1935年起。行员中途发生换保的情况，屈指可数。⑤因此，保人退保死亡或者换保的情况是比较少见的，同时也验证了保人的一个无固定期限作保的特征。所以，在长期的被保人任职过程中，被保人的想法发生变化是难以被保人所获知的。特别是在银行等金融机构，"出纳既繁，库存充厚，引起舞弊之动机实甚于一般商店"⑥，也更难

① 章云保：《银行员保证制度之研究》，载《银行周报》1937年第2期。
② 同上。
③ 郑维均：《改良银行保人制度私议》，载《银行周报》1927年第25期。
④ 李权时、宋漱石：《对于〈废除银行保证制度建议特种现金保证办法意见书〉答客问》，载《银行周报》1936年第49期。
⑤ 上海市档案馆藏：《上海商业储蓄银行行员保单记录簿》，1915—1929，全宗号：Q275-1-1150。
⑥ 章云保：《银行行员舞弊之处理》，载《人事管理月刊》1936年第11.2号。

被保人所觉察。

上海商业储蓄银行的一个舞弊案例也进一步说明了行员的亲戚也难以知道行员的相关信息，并且监督行员的行为。上海商业储蓄银行的总经理陈光甫曾在一次内部会议中说道：

> 虹口分行会计主任张某，有舞弊之事，至于锒铛入狱，对簿公堂，万人瞩目，西文各报已历历登载，此不特个人之羞，亦全体同人之耻。与张某同事者，知其性情好赌，何以不密告鄙人，或先告杨敦甫先生，施以切实之劝诫，或能令其有所忌惮，不致再蹈前辙。若恐密告之后，涉及其地位问题，则杨先生为人极好，必能竭力设法，一方制止其荒唐，一方维持其地位。今事已发觉，因一人而率及全体之声誉。……张某与鄙人关亲，自案发后，其白鬓盈头之老父于大雨中亲至鄙人处求情，当辞而未见。此两日下午，鄙人竟不敢归寓，明知必有若干亲友为张缓颊，允之则为失职，不允又恐伤和，在此种情况下，实属万分困难。……对于行员舞弊而不能执法以绳，即为不能尽职，此后又安能维持全行六七百人之法纪。[1]

在银行的舞弊档案中这样记载这件事：

> （他）以付迄之定存单嘱出纳处打本票，出纳处未察出，照数开与本票，计洋四千余元，但该存单不能二用，乃又空做账单，一面付票存收储蓄处，再空做储蓄处账单，一面收分行，一面付活储某君户，并冒签其字为凭，并不以之记入分清账。又空付储蓄账洋两千元，结数不平，由抽出同样数目之账页，藉以掩饰。后存户前来支款，该员适告假至南京，核对之下，遂被发觉，由其父照数赔偿，该员开除，时十九年七月。[2]

张某虽然有保人，最终还是他的父亲把钱赔了出来。但父亲或者行内亲

---

① 陈光甫：《陈光甫先生言论集》，上海商业储蓄银行编印，第 20—21 页。
② 上海市档案馆藏：《本行行员舞弊之研究》（1935），档号：Q65-2-60-1。

戚都难以觉察他在银行中的情况，更不要提他的保人了。保人愿意承保估计也是看中他的家底雄厚，亲戚富贵罢了。

三、保人财产难以覆盖风险

为了被保企业的财产安全，通常企业都会对保人状况每年进行核对，但依然难以保证保人财产的真实有效性。一方面，"调查者对保证人多素不相识，故于保人之一切，当非最知时间内，所能调查确实。且保人往往多方掩饰，外强中干，无由发现，故调查之真确颇非易事情。再调查者，常有主管见解，至所作之报告，并非尽由调查所得之资料，或因意气用事，或因保人之招待周到，或因与被保人，素有嫌怨，而故意吹毛求疵者亦常有之，或因收受小惠，而多方代为掩饰，亦所难免"。① 以致产生调查结果的偏差。另一方面，如若"经管行员保证书者，或因事忙或因怠忽职务，对于旧有保人之复查常有数年不办者，以致保人已经故世或破产或犯法或迁移等情事，均不知悉，迨被保人发生舞弊，而欲向保人求偿，始得发觉，则已无济于事矣"。②

当被保行员出现舞弊问题时，担保人不总是有配合赔款的意愿。比如，"保人如有权势者或系要人，往往对于应赔支款，设法延宕推诿，甚至于置之不理，在银行方面，亦无可如何，不能强其履行赔偿之义务"。③ 抑或遇到"声高望重之殷商、富绅作保，往往折扣赔偿，银行不能不自认损失"④。

担保人有时也确实没有赔偿所有损失的实力。一方面是一担保人可能担保多人。"殷实商人，为人担保之事甚多。故其资产虽厚，其无形之负债亦巨，或竟可谓其无限。殷实之称，殆成虚语，而其资力之不足恃。"⑤ 比如，在保人管理严格的上海商业储蓄银行的档案中，虽然大多数保人都是只保一人，但也有担保多人的情况出现，主要是一个担保人总共担保两人。只有一个极

---

① 章云保：《银行员保证制度之研究》，载《银行周报》1937年第2期。
② 同上。
③ 同上。
④ 郑维均：《改良银行保人制度私议》，载《银行周报》1927年第25期。
⑤ 同上。

端情况，即周操伯总共担保了 8 人（这其中还不包括所保行员有舞弊发生并被开除的吴稚梅）。义记烟行经理周操伯是汉行经理周苍伯的哥哥，他俩一个介绍，一个担保，为上海商业储蓄银行引入了不少行员。周操伯本人是比较有经济实力的，在保人财产调查中多数调查结果为 5 万元，但被担保的 8 人应保财产分别为 4 万元、0.5 万元（3 人）、0.05 万元（2 人）、1 万元（2 人），因此总共 7.6 万元的应保财产已经超出担保人的实际财产总额。虽然周操伯实力雄厚，在 1934 年吴稚梅的舞弊案中，他赔付了所有的损失共 2.4 万元[①]，但是一人担保这么多人风险极高。

另一方面，被保行员舞弊数额可能远远超过了银行根据行员职位确定的风险损失额。比如，在 1934 年陈民德的案件中，他的舞弊金额为 17 万元，但是当时上海行业储蓄银行内最高的行员应保财产也只有 10 万元，并且全行也只有 10 人（主要为月薪 100 元以上的行员）有此要求。其实要求保人高额应保财产的并不多，除了 10 万元有 10 人之外，8 万元有 1 人、6.5 万元1 人、6 万元 3 人，然后就主要集中在 5 万元，共有 36 人。陈民德的担保人何颖生是苏州某绸庄的经理。总行至苏州分行"查民德保人何颖生经此间调查，颇属富有，外间言其无甚财产者，未可尽信。请即严为追索，早日履行契约，如数赔偿"。因为上海商业储蓄银行的保人签署的都是无限责任的担保协议，所以按道理是必须全部偿还的。但苏州分行经理后来报告道："连日与保人何颖生切实谈判，虽已承认酌量赔偿，惟数目过大，恐难得到良好成色。"最后保人何颖生只同意赔付最多 1 万元。苏州分行对总行的询问，"至于上海方面所得何颖生确系富有之说，有无负责人员可以指出其所有财产之实况，俾可为进一步之追索否？"[②]，也表达了保人财产有名无实的现实。

四、银行碍于形象难于公开追讨

担保人的制度设计是为了杜绝职员的舞弊行为给企业可能带来的损失。

---

① 上海市档案馆藏：《本行行员舞弊之研究》(1935)，档号：Q65-2-60-1。
② 刘平：《东方华尔街的阴影：上海银行舞弊案》，载《档案春秋》2014 年第 2 期。

虽然该制度是构架在担保人之上，意在损失时由担保人赔偿，但是担保人通过熟人网络对被担保人进行惩罚则是该制度可以规避风险的关键。因此，有效的惩罚是大家合作和相互信任的基础。对舞弊者，无论金额多少、职位高低、服务年限深浅，一定要执法如山，不予徇私情，这样才可能形成有效的惩罚。沈九成"经营三友实业社十余年，舞弊事件仅二三起。某一年职员舞弊四十元，执送法院判处徒刑二月，并开出之。又一卷逃二百元，往外埠投军，即登报三天，悬赏通缉，嗣后每月登报通缉一次，如是者二年，其他职员为之寒心，舞弊乃绝"。①

但是银行与普通商号不同，本身是经营信用的机构，储户存钱在银行，银行再把存款变成贷款，以赚取存贷的利差。因此银行十分注重自己的信用形象，如果信用好，存款多业务繁盛；相反如果银行在储户的心目中出现信用问题，即使银行经营还稳健，依然会引起储户的盲目取款，进而带来银行的挤兑和倒闭。所以，当银行行员发生舞弊时，如果"登报通缉或诉之法院，则其机构组织之不健全，督察之不严密，管理之不周，必将自行昭示于人，适足以自暴其短，而引起外界不良之影象"。② 因此，银行有时会对于"情节较轻又系初犯，过去尚无重大错误，有相当劳绩者，如款项能由其设法归还或由其家属或保人赔偿"的行员，"和平解决"③。比如，查阅上海商业储蓄银行从1920年（第一例）到1940年的舞弊案件，发现大部分行员处理的结果都是把舞弊款项赔出后开除，只有少数被判刑④。甚至还有舞弊行员被允许辞职的案例：1939年，沪行往来部的行员蔡琴甫，是济南管辖行经理蔡墨屏的侄子，当他舞弊780元后，"念其年轻，徇蔡君要求，从宽"处置，"允辞职"。⑤ 但显然降低的惩罚也会减低对未来想要舞弊行员的威胁。

---

① 章云保：《银行行员舞弊之处理》，载《人事管理月刊》1936年第2期。
② 同上。
③ 同上。
④ 上海市档案馆藏：《上海商业储蓄银行关于行员舞弊案的调查报告》，档号：Q275-1-979，以及《本行行员舞弊事件一览表》，档号：Q275-1-972。
⑤ 上海市档案馆藏：《上海商业储蓄银行关于行员舞弊案的调查报告》，档号：Q275-1-979。

第四节　英美员工担保人社会资本从私人物品
向公共物品的转化

从英国最初的个人信用担保公司的出现（1840 年），到美国 1929 年大萧条前后总括保单（blanket bond）盛行的开始，都表现出构建公共产品社会资本的趋势。从最早的个人保单到集体保单，甚至标准的投保保单表格，通过将保险公司、雇主于雇员三者之间的保险合同合理转化为保险公司和雇主之间的合同，弱化雇员的个人社会资本的差异，强调公司管理流程和技术，使保险中的最大诚信原则能够真正起作用[①]，最终信用担保的范围和费率以企业为单位进行缴纳和赔付，从而构建了具有公共产品特征的集体社会资本。

一、英国：从担保人到个人保单再到集体保单

工业革命的发源地英国，在经济迅速起飞的同时，也面临着传统担保人担保的局限。从第一家经营个人信用的担保公司出现，只用 29 年时间就出现了集体保单，为担保人"信任"从私人物品到公共物品的转换提供了有益的尝试。

（一）担保人到个人保单

1. 在英国早期社会中的职员信任

在 19 世纪初期，英国对记账员（clerks，类似中国的账房先生）等雇员的信任并不是问题。在社会网络中，雇员和重要雇员之间有着高度信任的文化传统——绅士文化。绅士是集忠诚、值得信任并且在某种程度上高效以及富有激情为一身的。因此绅士文化避免了雇员不合适的行为并使雇员表现出极强的道德规范。通常为了维持这种对雇员绅士表现的预期，雇主会在同一个家庭内、商业网络以及宗教网络等社会网络内招聘他的雇员。[②] 雇主在这

---

① 最大诚信原则，要求保险活动当事人要向对方充分而准确地告知和保险相关的重要事实，当投保人违反该原则时，保险人可解除合同或请求确认合同无效。

② Greg Anderson, "The Emergency and Development of Fidelity Insurance in 19th-century Britain", *The Geneva Papers on Risk and Insurance*, 2004, Vol.29, No.2: 234—246.

样的网络范围内进行招聘，不但加强了对雇员的绅士行为预期，也保证了雇员未来的主动奉献。这一点和中国早期的雇员（尤其是合作伙伴和重要雇员）信任非常相似。

但是随着商业的发展，流动的社会摧毁了绅士文化。现金担保或者担保人是可以借助的信任方式。由于不是所有人都有足够的保证金，担保人担保是一个可靠的信任来源。担保人担保具有道德上的安全性，因为使用亲戚或者朋友进行担保促使被担保人对贪污等行为有所忌惮，失去一个朋友和亲戚可能是成本很大的事情。

但是在 19 世纪中期之后，对账房先生的需求增加得特别快，但是担保人体系限制了记账员的供给。银行、保险、铁路航运和贸易公司的规模和人数的增加，增加了对安全雇员的迫切需求。当高级职员的薪水增加时，担保金额也需要增加，也就增加了职员寻找保人的难度。同时增长的贸易、增加的金融交易和新公司的增长，亦增加了雇员舞弊的可能。人们越来越担心，担保人担保最终只是一种形式而非实际的担保。

2. 担保人的缺点

随着贸易和商号数量的增长，出现了更多的挪用公款的机会，人们更加注意到私人担保的缺点：（1）不安全，因为担保人担保经常是名义的而不是实际的。首先，难以获知担保人的生死，可能担保人已经死亡但是雇主还不知情。其次，难以核验担保人的偿债能力。最后，即使担保人最好的朋友可能都难以知道担保人财务状况的变化。（2）不方便也不公平。雇主和担保人维持联系并得到赔偿十分困难。很多人因为没有担保而无法入职。而且，雇员每一个职业上的进步都会增加被要求的担保额，一旦担保人去世，雇主可能被迫解雇一个全身心努力工作的雇员。（3）容易伤害担保人。对一个自然担保人来讲承担全部损失责任太大。一个赔款就可能意味着担保人的终身储蓄立刻消失，使得担保人在年老时无助并且一贫如洗。这是对担保人的惩罚，不是对失职者的惩罚。（4）有时在条款之外的原因也会被要求赔偿。比如企业的损失不是因为雇员不诚实而是因为雇员的低效率。但由于担保人没有足够的调查途径或因缺乏相应的知识也不能够检查账目，担保人就被蒙蔽了。①

---

① W. A. Dinsdale, Ph.D., B.Com, *History of Accident Insurance*, London: Stone & Cox, Limited, 1954: 80.

3. 推进担保人转为个人保单的现实因素

在英国的 19 世纪三四十年代，私人担保的缺点更加显现。（1）在当时的英国出现了很多严重的贪污行为，导致寻找担保人困难。贪污侵害问题发生在负责收税的小零售贸易商。他们的主要侵害行为是"借来"钱并希望在短时间内销售完商品后再把钱还上。（2）发生在伦敦海关的官员欺诈表明查实担保人清偿能力是困难的。当时任何港口官员是要求有两个保人担保，并且每年一个保人调查报告，查实保人的存续和清偿力。多年间海关管理部门都没有拒绝任何担保人，但是在一例舞弊案件中，担保人是有欺诈和坐牢前科的人。（3）担保人担保在没有取得雇主的同意时是无法单方面解除保证责任的，因此，为政府雇员做担保的人因为无法销售或者抵押自己的真实财产而影响了真实的个人财产。甚至即使担保已经停止，但直到担保合法取消之前都不能随便处置自己的个人财产。（4）最后，基于前述困难，英国议会同意一些政府官员存一部分相当于担保金额的现金做担保，但是只有有这么多钱的人才能这样做。[①]

4. 信用保险的可行调查

保险于 18 世纪在火险、寿险和水险等领域的成功鼓舞保险业务向其他领域挺进。1839 年在英国成立一个包含伦敦商业和金融业的领军企业（Bank of England 和 London Stock Exchange）的委员会，来调查公司举办信用保险业务的可能性。该委员会搜集了所有银行、保险公司、啤酒厂、铁路和商业公司的相关数据，并咨询精算师相关保单收费的可行性。

（二）个人保单的发展

1. 英国信用保险公司

1840 年成立的 London Guarantee Society（LGS）是第一个信用保险公司，它于 1840 年 6 月 24 日开始营业，资本是 10 万英镑。他的客户从东印度公司（East India Company）、伦敦市政（the City of London）到其他的银行和私人公司。[②] 到 1890 年，约有 30 家公司开展相似的业务，有些是和 LGS 一样在整个经济中全面开展业务，有些公司开发了诚信保险和人寿保险结合

---

① W. A. Dinsdale, Ph.D., B.Com, *History of Accident Insurance*, London: Stone & Cox, Limited, 1954: 82.

② Ibid.: 81.

的保险产品，还有一小部分保险公司只专注特殊的风险。①

2. 信用保险保单与传统担保人的结合

毫不奇怪，保险公司提供信用保单并完全取代担保人担保的发展是一个缓慢的过程。最初的信用保险公司发现，只有当他们复制传统担保人担保的形式才能够吸引和保留客户。比如，由于有些雇主坚持担保人担保，所以信用保险公司给担保人提供反担保业务。② 再如，有些储蓄银行的经理或者财务人员通常要求两个担保人进行担保，这时保险公司可以以再担保的形式参与担保。③ 在 19 世纪中叶，信用保险帮助传统社会向现代社会转型。随着财务相关劳动力市场的扩展，对私人担保的再保险使得没有社会网络的个人能够进入劳动力市场。毫不奇怪，LGS 自豪地称自己是"穷人的朋友"。④

3. 信用保险在承保范围和保费收入上的进展

从信用保险公司的承保范围来看，最早信用保险承保的对象主要是商业公司里的簿记员（clerks）、出纳员（cashiers）、收票员（collectors）等，之后扩展到海军部（Admiralty）、陆军部（War Office）、贸易委员会（Board of Trade）、大法官法庭（Court of Chancery）、破产法庭（Court of Bankruptcy）、地方法院（County Courts）、当地政府委员会（Local Government Board）、税务局（Inland Revenue），以及其他在政府和公共部门任职的雇员。

从信用保险公司的保费收入来看，LGS 公司 1840 年成立当年的营业额为 1000 英镑，在 1850 年 7 月的年度会议上宣布前一年的保费收入是 1.15 万英镑。在 1872 年，当时全部的保险公司的信用保险保费收入不超过 7 万英镑。⑤ 其后虽然没有全部信用保险公司的保费总收入数据或者 LGS 公司自己的数据，但是在 20 世纪中期，LGS 公司和另外一家成立于 1864 年的只经营信用保险的公司——National Guarantee，总共的保费合起来超过 10 万英

---

① W. A. Dinsdale, Ph.D., B.Com, *History of Accident Insurance*, London: Stone & Cox, Limited, 1954: 81.

② "反担保"是指，当被担保人给企业带来损失时，企业向担保人要求赔偿，这时担保人可以转向反担保人（信用保险公司）索取赔偿。

③ 再担保人依照约定的比率分摊担保人的担保责任并朝担保人收取一定再担保费用。

④ Greg Anderson, "The Emergency and Development of Fidelity Insurance in 19th-century Britain", *The Geneva Papers on Risk and Insurance*, 2004, Vol.29, No.2: 234—246.

⑤ W. A. Dinsdale, Ph.D., B.Com, *History of Accident Insurance*, London: Stone & Cox, Limited, 1954: 82.

镑。^①总体看来是持续增长的态势。

4. 互助保险形式的发展

英国的英格兰银行（the Bank of England）早在 1841 年就通过一个互助保险计划。随后其他的银行也开始规划互助保险计划。1852 年提出 1865 年成型的银行业信用保险方案规定，对于会员的收费是按被保额的 1% 收取。随后，这个计划被扩展到殖民地和国外的银行。在 1857 年，英国海关开始建立本部门的互助担保，该互助担保使得经手大量现金的海关官员不用寻找私人担保，也不用花大价钱在保险公司承保，每人缴纳担保金额的 1% 即可。海关互助计划是如此的成功，到 1858 年 1 月，共有 499 人投保，总共担保金额为 22.77 万英镑（海关所有部门总共被要求的担保额为 70 万英镑）。该计划规定，每个海关官员在退休时可以得到他们缴纳金额的一部分。在 1870 年到 1876 年间，几个铁路公司也成立了互助担保基金。^②

在银行、海关和铁路行业，雇员舞弊造成企业损失的概率比较低。比如 LGS 公司在 1840—1905 年间的信用保险的数据表明，各个行业中银行的赔付率最低，约为 1%；其后是法院、铁路和中央政府，赔付率在 2%—4% 之间；赔付率最高的是私人公司，约为 7.27%。^③这些行业较低的舞弊发生概率，使得互助保险的费率也更低。同时当企业互助保险的保费积累得足够多时，长期服务的雇员能够以退休金的形式提取部分保费供款。

（三）集体保单的出现及保险审核的转变

1. 集体保单的形式

最初的保单是担保个人信用的。但是在 London Guarantee and Accident（1869）成立之后，它为了方便处理如邮局、其他政府部门、铁路和商业公司等拥有大量员工的企业设计出集体保单。^④有些集体保单设计可以覆盖 5 个

① W. A. Dinsdale, Ph.D., B.Com, *History of Accident Insurance*, London: Stone & Cox, Limited, 1954: 91.

② Ibid.: 86.

③ Greg Anderson, "The Emergency and Development of Fidelity Insurance in 19th-century Britain", *The Geneva Papers on Risk and Insurance*, 2004, Vol.29, No.2: 234—246.

④ W. A. Dinsdale, Ph.D., B.Com, *History of Accident Insurance*, London: Stone & Cox, Limited, 1954: 87.

以上的雇员，并可以理赔多次直到合同规定的保险额。有些集体保单根据职位和职责，设置每个职员的理赔限额，同时允许更换雇员。更进一步的发展是浮动担保（floating guarantee），在保单里雇员的名字是确定的，但是只担保固定的数额。

在 20 世纪初期，"职位"担保出现了。它主要是对储蓄银行（saving bank）和地方政府雇员（不对普通的商业企业）发行的。这些保单主要考虑的不再是某个雇员而是职位。[①]

2. 保险审核重点的转变

很有趣的是，在以前个人是保险的主要考虑，但是现在稽核体系（system of check）以及监督办法（method of supervision）被看作至少和人一样重要。[②] 保险公司改进了他们评估和划分风险的方法。传统的个人保单更像是扩展的人品调查，而新的保单的调查则更详细。比如，雇主被要求提供之前雇员舞弊的详细损失数据，雇主之后采取的改善办法，雇员的薪水、人数、职责等信息，以及内部单账（checks and accounts）系统、专业审计的频率等。保险公司的责任只有在以雇主声明和陈述的雇佣状态下才有效。如果雇主不诚实，那么保险就不承担责任。现在保险合同就只剩下两方了，保险公司和投保公司。并且后者提供保费。尽管保险公司依然仔细审核雇员的习惯、诚信等，但雇员主观的错误陈述不会使得保单失效。在职位保单中，雇员的名字不再出现，因为这是对一类工作而不是一个人进行保险。[③] 非常清楚，是机会造成了偷盗。普遍地采用有效的稽核体系和有效的监督方法降低了舞弊的机会。收银机（the cash register）、收据复写本（carbon copies of receipts）和直接向银行付款等技术也大大降低了雇员舞弊的机会。[④]

---

① Greg Anderson, "The Emergency and Development of Fidelity Insurance in 19th-century Britain", *The Geneva Papers on Risk and Insurance*, 2004, Vol.29, No.2: 234—246.

② W. A. Dinsdale, Ph.D., B.Com, *History of Accident Insurance*, London: Stone & Cox, Limited, 1954: 89.

③ Greg Anderson, "The Emergency and Development of Fidelity Insurance in 19th-century Britain", *The Geneva Papers on Risk and Insurance*, 2004, Vol.29, No.2: 234—246.

④ W. A. Dinsdale, Ph.D., B.Com, *History of Accident Insurance*, London: Stone & Cox, Limited, 1954: 339.

二、美国：诚信保单的进一步发展

在美国对雇员的忠诚进行保险得到极大的扩张。首先，包含多个雇员多种责任的总括保证保单的出现。其次，各种法律促进了在金融机构中总括保证保单的普及，比如美国存款保险公司对参保银行雇员的投保要求，美国劳工部对管理投资企业年金金融机构的雇员的投保要求等。最后，其他商业公司也被美国商会推荐投保雇员诚信保险。

（一）总括保证（blanket bond）保单的出现

忠诚保险担保雇员的忠诚，在美国最初也只是承保指名的某个雇员，但该业务在 20 世纪 20 年代前后得到极大发展。最重要的特征就是针对银行行员和经纪人的总括保证（blanket bond）的出现。该总括保证保险可以覆盖所有的雇员，并且不管合同期（从担保起效日开始到担保期结束为止）内企业的人事改变。该业务发展迅速，从 1915 年的零元起步，在 1931 年的美国公司中，总保费收入约 1800 万美元。除此之外，在伦敦的劳合社承保人承保了美国的大约 300 万美元的总括保证保单。[①]

美国 1929 年的大萧条，以及之后推出的存款保险制度，极大地促进了总括保证的发展。美国大萧条时期，担保公司承保的存款保险、忠诚保险、合同保险等业务帮助企业克服各种危机。担保公司为了履行这些职责付出了极大的成本，但是也让人们看到了各种担保对风险的分散能力。[②] 在 1933 年美国推出存款保险制度，要求加入该保险的成员必须将他们职员的忠诚风险进行控制，即购买总括保证保险。

20 世纪 30 年代的美国，储蓄和贷款银行业务还没有很好地发展起来，他们也不是担保公司（bonding company）的主要客户。但是到了 20 世纪 70 年代，储蓄和贷款银行得到极大发展，有着 2200 亿美元的业务，为全国 40% 的房屋提供融资服务。这时储蓄和贷款银行也就成了担保公司的主要客户，

---

① Edward C. Lunt, "Fidelity Insurance and Suretyship", *The Annals of the American Academy of Political and Social Science*, 1932, Vol.161: 105—110.

② Ibid.

相应的总括保证保险的业务也得到扩大。①

（二）美国当前雇员信用担保的发展

1. 企业年金总括保证保单（Employee Retirement Income Security Act bond）

美国 1974 年《雇员退休收入保障法》（ERISA）的出台，引出企业年金的逐渐兴起。企业年金是企业和雇员共同缴纳的退休计划，该计划形成的退休基金由专业人士进行投资管理。为了避免企业年金基金受到管理人员人为的舞弊等因素造成的损失风险，ERISA 要求每个管理企业年金的雇员必须拥有其所管理退休基金至少 10% 金额的保险保额。并且在总额上，该保险金额不能少于1000 美元并且不高于 50 万美元或对整个退休基金不高于 100 万美元。②

2. 针对金融机构的总括保证保单

美国针对银行的存款保险制度要求会员银行必须满足一些基本安全要求，其中就包括雇员的忠诚保险。存款保险法案认为雇员的忠诚保险是一种损失赔偿保险，它可能会潜在地产生巨大的风险。因此，《联邦存款保险法》（Federal Deposit Insurance Act）第 18（e）条中要求银行购买雇员的忠诚保险。③

不仅银行，各种金融机构其实都有购买总括保证保单的需要。具体的，针对金融机构如经纪人、交易商的保单，标准表格（Standard Form）14 号；针对金融机构如抵押银行和金融公司的保单，标准表格 15 号；针对信用合作社的保单，标准表格 23 号；针对金融机构如商业银行、储蓄银行和储蓄贷款协会的保单，标准表格 24 号；针对金融机构如保险公司的保单，标准表格 25 号。可谓发展得极为全面。④

---

① Jean Harth, "Savings and Loan Blanket Bond-Past, Present and Future", *The Forum (American Bar Association Section of Insurance, Negligence and Compensation Law)*, 1972, Vol.8, No.2: 369—380.

② 来自美国劳工部（Department of Labor）网站上关于 ERISA 的管理办法，网址：https://www.dol.gov/sites/dolgov/files/EBSA/about-ebsa/our-activities/resource-center/publications/protect-your-employee-benefit-plan-with-an-erisa-fidelity-bond.pdf。

③ 在美国联邦存款保险公司的网站上，详细载明了相关要求。网址：https://www.fdic.gov/regulations/safty/manual/section4-4.pdf。

④ 引自在美国担保和诚信协会的官方网站（Surety and Fidelity Association of America），网址：https://surety.org/surety-fidelity/what-is-fidelity/#learn-more。

3. 应用于商业的诚信保单

美国担保和诚信协会的调查发现：每四个雇员里的三个承认至少曾经从雇主那里偷过东西；每三个失败的生意中有一个是直接因为雇员盗窃；美国雇员的舞弊损失每年约达到 500 亿美元。因此，美国商会（U.S. Chamber of Commerce）建议所有雇有雇员的企业，不管是什么产业或者什么规模，都需要购买雇员的诚信保险来保护企业免受欺骗的损失。诚然，对小企业尤其重要，因为一个舞弊的雇员就可能给企业带来破产。[①] 当然，在购买诚信保单之前，确定自己已经做了如下的努力：雇佣前调查雇员的相关背景，每张支票都要求会签，出纳和会计分开，对所有金融记录和存货进行内部审计，独立审计师每年审计，等等。

特别在美国的某些州，比如阿拉斯加、密歇根、得克萨斯等，雇员的诚信担保保险也被用来鼓励雇主为那些曾经有过高风险行为并且不太值得信任的申请人提供工作机会。

三、担保人社会资本从私人物品向公共物品的转化

从英国到美国前后的担保方式的转变——从担保人到个人保单、再到集体保单、最后到不考虑企业雇员人事变动的总括保证保单的出现，展现出担保所承担的"信任"从私人物品转向"公共物品"的特征。

首先是从担保人向个人保单的转变。担保人如前文所述是一个社会中十分稀缺的社会资源，需要符合资产水平、地理位置等等相应的诸多条件，并且是员工自己可以动用的私人物品。相比较而言，个人保单虽然也是私人物品，即某个员工出钱购买了个人信用保单，那么该保单就只能对他进行赔付，但这种私人物品的供给相对充分得多，可以在信用保险公司以一定的价格进行购买。从这个角度分析，从担保人向个人信用保单的转化对需要担保的员工来讲也是一个极大的改善，但依然是私人物品。

其次是从个人信用保险保单向集体信用保险保单的转变。集体保单主要

---

① 引自在美国担保和诚信协会的官方网站（Surety and Fidelity Association of America），网址：https://surety.org/surety-fidelity/what-is-fidelity/#learn-more。

是对一类职位进行担保，它十分看重被保险企业的稽核体系、监督办法等等，而不仅仅是企业所雇佣员工的人品等信息。保险公司根据被保企业提供的与雇员舞弊相关的历史数据，比如每次舞弊的损失数额、舞弊后企业采取的改善办法、员工的薪水、员工的人数和职责等信息制定一个针对集体的承保价格。在这种保单中，由于其注重于企业整体层面的因素，有时甚至员工的名字都不会出现。很显然，这时的保单不再是针对某个人，而是一群人，因此，集体保单的排他性和竞争性就远远低于个人保单和担保人所提供的"信用"物品。

最后是从集体信用保险保单向总括保证保单（blanket bond）的转变。总括保证保单可以覆盖所有的员工，包括在承保期间才招聘进入的员工。由于总括保证保单非常契合企业的需求，它迅速被推广到商业和金融企业中。与集体信用保险保单相比该信用担保产品的公共产品特征就更强了，一方面它没有排他性，比如对于一家商业企业，即使他要雇佣一名刑满释放要回归社会的人员，总括保证保单也是可以为他提供保障的；另一方面，总括保证保单没有竞争性，在购买保单的企业中一个员工的使用不会减少其他员工的使用，大家享受的都是一样的损失赔付。因此，从一个企业的角度来看，总括保证保单已经实现了担保"信用"功能的公共提供，即转变成了企业提供的公共物品。

当担保人承担的"信任"功能私人物品转化为企业提供的以总括保证保单出现的公共物品后，一方面破除了企业用人的担保限制，即可以给更多人工作的机会，使得企业尽可使用有才能的人；另一方面企业以公共产品的形式提供对员工的"信任"物品，也极大地降低了该物品提供的成本。根本的原因在于，基于保险的最大诚信原则，企业有内在的动力在相应管理层面进行流程和技术的改进，从而大大降低了企业员工舞弊的机会。

最后，还需要仔细解释一下最大诚信原则在这其中的作用。在个人信用保单的签订中，被保人即员工承诺自己提供的个人信息是真实的，但为了让担保公司给他们出具保单，他们可能还需要一些其他的反担保措施，比如保证金等等，那是因为合同中的最大诚信原则并不能保证保险公司的利益。比如，即使员工提供的信息都是真的，但是企业因为会计制度不完善等原因导致了被保人有了舞弊的机会，这种情况下保险公司依然要赔付。当这种情况变成集体保单甚至总括保证保单时，最大诚信原则就可以保护保险公司的利益，从而降低保险公司提供保单的成本。此时是企业为它的所有不特定员工购买的保单，企业要提供自己的管理制度、管理效果等相关数据信息，这些又是员工发生舞弊的关键因素，即企业的管理中是否存在舞弊机会，如果企业提供的相关信息有误，那么保险公司可以拒绝理赔。因此，这时的最大诚信原则不但能保护保险公司，也能促使企业采取措施显著的降低舞弊发生的概率，也就降低了企业以公共物品形式提供的担保"信任"物品的成本。

第九章 近代中国员工担保人社会资本向公共物品转变的尝试

担保人担保制度被当时的学者评论道："就各方面而言，现行保证制度利少害多，似无存在之价值。欧美各国在二三十年前，虽亦当由个人作保，一如东方诸国之习惯，但晚近数年，已渐无为他人作保之事实。"[①] 并且认为"个人担保之法，原为农业经济时代之产物，方今我国已渐由农业经济演进至工商经济时代，则此太偏重于个人信用之保证制度，自亦在自然淘汰之列。"[②] 业内人士也在报刊上激烈的讨论和践行着替代性的安排。

总体来看，当时企业继续完善内部会计等管理方式，以及完善企业年金的安排都为担保人社会资本向公共产品转变做了相应的铺垫，而提供集体信用保险保单和设立企业甚至行业的自助保险则是大胆的尝试。虽然在全面抗战爆发之前并没有全面实现担保人社会资本的公共物品转变，但中外历史针对担保人社会资本的转变发展依然是朝着相同的方向——从私人物品到公共物品。

第一节 企业内部管理制度的完善——向公共物品转换的铺垫

近代的学者针对职员舞弊问题的改善认为，"最重要的还在于事业本身制度的完密及组织的健全，那才是治本的要图，由于近世科学管理的研究，以及会计学术的发达，事实上已证明制度才是事业的基础"。[③] 对于近代的企业

---

① 李权时：《论银行有革除现行保证制之必要》，《银行周报》，1936 年第 20 卷第 33 期。
② 同上。
③ 培林：《担保问题的探讨》，载《长城》1935 年第 4 期。

来讲，受限于当时的技术条件，能做的只有建立和完善各项会计和检查制度，从制度上不给雇员舞弊的机会，降低雇员舞弊的风险，从而为担保从私人物品向公共物品的转变做铺垫。

一、现代会计制度的完善

现代会计制度便于发现错误和相互监督。实践中特别地设置了会计和出纳两个职位进行银钱收支的管理。针对会计制度完善的需求在上海商业储蓄银行的内部管理中可以窥知。首先，要求会计和出纳分清界限。会计，"凡保管公章，核对账款，计算利息，验照签章，登载账册，核复各种单据契约及会计上一切应办之事"。出纳，"凡保管现洋钞票、生金银、远期票据、抵押品证券契约、空白重要单据，办理代归票据以及首付款项，运送现金等出纳上一切应办之事"。[1] 出纳和会计分开管理是现代会计制度的基本要求，虽然说起来清晰，但实际上并不总是这样。比如上海商业储蓄银行虽然从设立起（1915 年）就采用新式银行会计，但在 1930—1935 年之间，由于"业务之扩充，添设分行处庄，年有增加，新进生手人员亦有增多……因此对于会计上出纳上之职责，不按照通告办理者，势所难免，界限不清，必使内部办事手续缺乏牵制，而使存心舞弊者趁机而入"。[2]

有了完善的会计制度，还要认真实施。从上海商业储蓄银行 1935 年的全行会议中可知，赴外检查员查账时发现"各种账簿登记不合法，各种账目不按日登记，单据、存根等不整理归档，……活页账及印鉴卡不经经理盖章"[3] 等等违规操作随处可见。

会计检查制度是现代会计制度重要的一环，它能够在事后发现职员舞弊的问题，并对想要舞弊的职员产生震慑。上海商业储蓄银行业成立了检查科并建立了相关检查制度。但是在 1934 年最大舞弊逃逸的陈民德案中，发现检查制度并没起到发现作用，认为检查处"虽不能谓无过，但事实上亦因人手

---

① 中国人民银行上海市分行金融研究所编：《上海商业储蓄银行史料》，上海：上海人民出版社 1990 年版，第 762 页。
② 同上。
③ 同上。

不敷，难有充分检查"。[1] 随后当年底（1934 年 12 月）银行决定加强监察制度，主要是从人事上增加检查处的人员，检查频率对分行从一年一次到一年两到三次。并成立总行查账科和核阅报告科，对总行各部分查账从每年一次到每六个星期就可检查一次。[2]

从上海商业储蓄银行的舞弊案件数量分析。从 1920 年到 1940 年每年舞弊人数如表 9.1 所示。从 1932 年到 1934 年发生舞弊的职员最多，分别为 20 人，9 人和 8 人。单个案件舞弊金额最大的发生在 1934 年，为 17 万元。但到 1935 年，案件数则呈现断崖式下降，仅有 1 人。其后每年的舞弊案例没有再能超过 5 人的。总体看来上海商业储蓄银行在 1934 年底到 1935 年的会计和检查制度的完善后，舞弊人数的数量得到一定的控制。

表 9.1 上海商业储蓄银行历年来的行员舞弊人数

年　份	1920	1921	1922	1923	1924	1925	1926	1927	1928	1929	1930
舞弊人数	4	6	3	5	3	3	5	1	1	2	6
年　份	1931	1932	1933	1934	1935	1936	1937	1938	1939	1940	
舞弊人数	2	20	9	8	1	3	4	4	1	3	

资料来源：上海市档案馆藏：《上海商业储蓄银行关于行员舞弊案的调查报告》，档号：Q275-1-979，以及《本行行员舞弊事件一览表》，档号：Q275-1-972。

从上海商业储蓄银行的档案资料中可知，在 1935 年之前，银行在记录和分析行员舞弊案例时，并没有仔细地分析每个案件舞弊发生的制度原因，反倒是比较集中于对舞弊行员特征的分析，比如行员是否上学时是肄业，学历水平的高低，在银行工作的年限等等[3]；但在 1935 年之后，银行着重分析舞弊形成的制度原因，并力图通过分析每个案件，找到能够事前避免或者事后能够及时发现的制度办法。[4] 具体的，在 1935 年之后上海商业储蓄银行在如下的方面进行制度的完善。

---

[1]　刘平：《民国银行处置操作风险大案的十大警示》，载《中国银行业》2017 年第 1 期。

[2]　中国人民银行上海市分行金融研究所编：《上海商业储蓄银行史料》，上海人民出版社 1990 年版，第 756 页。

[3]　上海市档案馆藏：《本行行员舞弊之研究》（1935），档号：Q65-2-60-1。

[4]　上海市档案馆藏：《上海商业储蓄银行关于行员舞弊案的调查报告》，档号：Q275-1-979。

二、会计制度的进一步完善

在 1935 年之后的舞弊报告中，会计制度和人员的完善依然是制度建设的重点。会计制度的核心在于出纳和会计的相互牵制，但是由于人手不够或相关人员请假等原因，导致一手包办即舞弊机会的产生。银行在实践中找到完善制度的相关办法，每次舞弊都推动了制度更进一步的完善。

案例一：青岛分行试用助员曹述志挪用储蓄存款舞弊

舞弊方法：1. 虚制储蓄现金收单，化名开户。该项收单不登日记账，亦不过总清账。其后就虚收之数陆续付出，至结账时抽去数目相近之账页，以求分户账结余总数与总清账科目结余之符合。2. 空收账款入舞弊户内，而择各储户中不常动用者空付账款以资抵补。

舞弊时间：自民国廿二年二月二十五日起，至廿六年一月十八日（4年）止，共舞弊数目 19761.36 元。

舞弊机会：利用记账兼理现金收付及内部办事手续缺乏严密牵制之弱点。

改进办法：函告注意七点，1. 重要公章应由跨级或其指定之人员切实管理，不得任意散置桌上。2. 会计对于现金收付单，须与各该日记账逐笔核对后方可交记账员记账。……7. 支配职务时，须注意互相牵制不得以一人而兼办会计及出纳事务。①

从上述案例中可知，一手包办不但在 20 世纪 30 年代的银行经营中存在，还长时间未得到改善（该员一手包办的时间至少与舞弊期相同，即至少4 年）。这种基本会计制度的改善应该是规范经营的必要条件。

案例二：提篮桥分行助员黄沛德挪用存款舞弊

舞弊方法：1. 假做付单入存户之账；2. 存户交来款项未收入账或只将一部份入账；3. 化名开户、空收账款、其后再行付出；4. 上列第一项之存户前来取款时，再为空收一笔，而空付入其他存户之账内以资搪塞。

---

① 上海市档案馆藏：《上海商业储蓄银行关于行员舞弊案的调查报告》，档号：Q275-1-979，第 81—82 页。

舞弊时间：1936 年 6 月 19 日起，至 12 月 24 日（约半年）止，共计
7872.54 元。

舞弊机会：因沪大办事处只派一人办事，故得上下其手。

改进办法：函告注意三点：1. 派去办事人员以二人曾同前往为原则，
如值人手不敷支配，仍派一人前往时，须采轮流制度常予调换。2. 带往
开立新户之空白储折须于返行后补办手续，其未经使用者仍交回出纳保
管。3. 付单须经会计人员复核后再行盖章记账。

结论：查账现行手续关于活期储蓄部份，因存户繁多，地址不甚明
晰，更恐存户中有私房积蓄，不愿为外人知悉者，故向不发对账单，仅
于查账期间将柜上交来收付款项之存折尽量核对。此次黄沛德在沪（江）
大（学）活储账内空收空付情事，因分清账之结余总数与总清符合，在
未将收付传票核对之前，不易发觉。有舞弊情形关于沪大办事处之手续
方面，认为有下列两点应予改善者：1. 提（篮桥分）行过去手续将活储
折由经理签就十个带至办事处，如有新存折之开立，经由该处填发，其
未用之空白折子当时并不带回，此种办法亦易与舞弊者之机会。关于重
要单据之管理，应由提行会计将经理预先签就之空白折子假定每次十个
交于经手人带至学校，迨返行之后，须将未用完之空白折子交还会计查
点，保管一方面将发出之存折根据收单及签字卡登记重要单据留根簿以
资查考。2. 人事支配方面应派二人同往，如事实上难以办到，可采轮流
制度，勤加调换以期减少舞弊机会。①

从该案例可知，现实中即使有会计和出纳分开的基本制度，但因为人手不
够，只能采取一人包办并轮流的制度来避免舞弊的发生。同时，在其他票据管
理上采用更严格办法，如下文上海商业储蓄银行检查科写给总经理的信件所示：

总经理钧鉴奉检字义一号

尊函敬悉，一、关于沪江大学办事处办事手续应加注意各点，谨当

---

① 上海市档案馆藏：《上海商业储蓄银行关于行员舞弊案的调查报告》，档号：Q275-1-979，
第 112、119—120 页。

切实遵办，敝处自助员黄佩德出事之后已将旧有漏弊力加改革，曾于一月十四号第一号行务会议中拟定外勤员四人，不定期轮流赴该校办事，并时加更调，以寓相互牵制之意。关于空白储折，现下亦不再带往该校随时开发。遇有新开户及续折等事则先出临时首条（此收条亦每次带回交验）交顾客收执，然后回行开立，在下次带往转交顾客并收回临时收条。照此法办理已有数星期，尚无不便之感，拟仍按此法办理。沪大教职员有以他行支票要求兑现，兹亦规定该项支票须有沪大会计处背书方可照兑，至于复核付单一节亦敬遵。①

信件表明，检查科把本来可携带的空白存折改为收条，并待到收条被核验后再发存折，来避免先前可能遇到的问题。

案例三：小东门分行沈永之舞弊案（1938 年 10 月）

舞弊金额：1800 元，沈永之事发之后交出 100 元，另交 300 元赔款，剩余 1400 元。

舞弊机会：1. 东行陈玉亭平日核对印签漫不经心，致给该员有隙可乘。2. 东行对于逐月发出结单经核对后随意安放，致给该员有抽调之机会。3. 至外埠往来户借款，本应根据请托书缮制借条，再由核对员复核，此次因陈君请假未曾另派核对员，由该员一手包办，故得乘机舞弊。……除督促各行会计严格按照已订之会计制度办理各项事务，并就随时所见及者，遂谋改良外，一时无从拟定具体方案，足以消弥一切弊窦。查我行弊案出于办理分发结单之疏忽者屡见不鲜，现对分发结单办法决加厘定，一俟草就再当寄陈。②

在该案例中，因核对者请假导致现金业务的一手包办，进而给行员以舞弊的机会。但在发现之后，银行方面还是在极力地寻找能够在多方面避免今后舞弊的制度措施。

---

① 上海市档案馆藏：《上海商业储蓄银行关于行员舞弊案的调查报告》，档号：Q275-1-979，第 127 页。
② 同上书，第 43—44 页。

三、账目管理漏洞的完善

银行中各种账目相互牵制，一处有问题，其他地方可以查核出来。但如若账目管理有漏洞，那么容易被行员利用，并发生舞弊。

案例一：沪行往来部助员张云海舞弊（1940 年 4 月）

舞弊方法：伪造印鉴卡，伪造久无进出之往来户支票。

发觉经过：同月十三日下午，该部记账主管员丁寿昌君因轧核各户结余，而发觉该户有突然支付情事，乃向该部尽力报告加以激查而发觉。

舞弊机会：1. 该部对于 Counter Cheque 在付款时并不按照廿七年账字通函第七号第三条规定【必须由会计签章证明方可付现或转账】办理。2. 付讫支票向来视作附单致记账员及核对员，对于支票号码等并不注意。3. 印鉴卡上经理公章时有漏盖，虽经账字通告规定整理办法及检字函告均未即予补办。

今后补救：1. Counter Cheque 付款时应由会计签章证明。2. 付讫支票不应另填付单。3. 印鉴卡上漏盖公章者，应即补盖。①

在该案发生之后，银行检查部门提出了一些制度上的改进办法，并要求沪行往来部执行新制度。但是从下文的信件中可知，某些制度上的改进办法对于沪行往来部来讲太繁琐，并不是特别适用。沪行往来部提出一些折中方案。具体信件见下文：

总经理驻沪办事处钧鉴接奉检字第元号，钧函开于内部管理及账务手续应予注意纠正各点敬悉。一、存户取款忘记带支票而要求以 Counter Cheque 支取者，此种事实甚少，至将他人账号之支票改为其本人账号而付款者殊为经见，此后如遇有上项情事，遵应由会计查核后签章证明方可支取以资慎重。二、付讫销票不另制单一节，查此事敝处业于四月四

---

① 上海市档案馆藏：《上海商业储蓄银行关于行员舞弊案的调查报告》，档号：Q275-1-979，第 5 页。

日先已实行。至每张支票逐笔登载并须注明支票号码问题几经研讨，窃以为敝处客户情形与他处较有不同，进出较繁之户普通均在二三十张左右，最多者尚不止此者，逐笔记载觉于时间、纸张两不经济，拟请稍予变通，对于支票较多之户，仍旧并登，第将其所有支票号码逐一注记于摘要栏内，俾便查考，此事本拟即日实施，因距半年结账为日无多，且为整齐清晰起见请自七月份开始实行，又查从前往来户领用之支票，率皆每本自一号至五十号并无另编字类号次，其后虽有发出支票留底簿之设，而于分户账页上均无记录，将来实施之后对于上项情形是否有无错误，似觉难以臆断。三、印鉴卡漏盖经理公章者，遵已查明照补其缺少之十六户，除其中有向系凭折支取各户为之另填新卡外，至久无进出各户，遵以新卡填注空白，待补字样统由经理分别加盖公章以资证明……

沪行往来部启①

从上面的案例可知，在银行具体的业务账目中，制度的改善也是在反复揣摩中前行的。

案例二：愚行员崔之礼舞弊案（1938年6月）

舞弊金额：500元

综观崔之礼舞弊方法，系利用印鉴卡可以私自填改及会计图章可以随时补盖，谨拟具补救办法数条列后。

1. 新式印鉴卡上虽印有【印鉴共○式凭○式付款】字样，而经手人每都忽视遗忘填写，或用小写容易更改，似应再通告各行，以后应按式填写并须用大写。

2. 旧式印鉴卡未印有【印鉴共○式凭○式付款】字样者，可照式制一橡皮章，即日起应将现尚使用各户印鉴卡为数加盖橡皮章，并用大写填写。

3. 会计或核对员对于各种传单应随时加盖私章，如有收付款员于事后要求补盖时，不得随意补盖。

---

① 上海市档案馆藏：《上海商业储蓄银行关于行员舞弊案的调查报告》，档号：Q275-1-979，第21—23页。

4. 收付款员于制单时，应随时在账单上摘录新结存数，会计核对时加盖计数章时应附带核对新结存数是否与存折相符，记账员于记账时应注意。①

该案例反映了银行对于业务细节作制度改进的努力，并且力图从根本上杜绝此种舞弊行为。

案例三：南京珠江路支行助员李亮甫挪用房租舞弊（1936 年 10 月）

珠行活存户 *** 于本年五月初与该行经理张信孚面洽申请委托经租房屋。张君即嘱李亮甫前往接洽及办理委托手续，该员办妥后，未将委托书及租房合同交出，即逐月经手代收房租、最初两月房租收条尚送交会计盖用行章，此后即由该员一人盖章，数月来对于租金之是否收账，该行无人查问，致被该员乘机挪用，所收房租及押租计五月二百六十二元、六月三百元、八月三百七十五元，九月九十元共计挪用壹仟零二十七元（该员共收房租及押租二千二百七十五元，其余入账）及至九月十八日，该业主因所抄接单与应收租金数不符，催珠行结算帐目，乃始发觉，该款随由该员于十八、十九两日赔出，宁行遂即将该员开除。

失察人员：该行会计朱之华有失察三点。1. 租屋合同经手加盖行章后，未知注意收回。2. 经手加盖行章之房租收据不知注意核对租金是否交来。3. 七、八、九月之房租收据该员一人经手盖章亦不知追问。（已由业务处陈请予以处分）。

改进办法：指示下列三点，1. 委托书、租房合同及租金收据应一律由会计经手后，转交出纳保管。2. 租金收据在同一时期只可填用一本，顺号填发并由经理会计正式签章后方可发出，会计仍需随时查核。3. 添设经租房屋分户记录。（已函告宁行转嘱珠行即办）②

从该案例中可知，虽然会计人员有失职的地方，但是因为被委托经租房屋本身也缺乏分户记录，因此，该业务是有账目管理的漏洞存在的。银行在

---

① 上海市档案馆藏：《上海商业储蓄银行关于行员舞弊案的调查报告》，档号：Q275-1-979，第50—51页。

② 同上书，第135—136页。

舞弊案发生后致力于从制度上堵住漏洞。

四、仓库管理制度的完善

案例：第四仓库仓库员李旭昇舞弊（1939 年 6 月）

舞弊方法：1.挪用客户交付之仓租及上下力。2.挪用客户交付之仓租及上下力再空付客户往来账转收损益账。

1939 年 1 月起陆续挪用仓租及上下力七十三笔，计国币一千八百零六元八角六分 1806.86 元。

发觉经过：仓库部发觉第四仓库之客户往来欠额逐日增加，乃抄单嘱朱吉卿君注意催讨，朱君遂至四仓检取收条以备逐户催理，当即发觉已无收条。

舞弊机会：仓库部营业科对于仓库送来之仓租通知书并不与损益账核对，又未将通知书总号排齐点查有无缺少。

改进办法：1.仓库送来之仓租通知书应按照总号顺序排齐点查有无缺少，与已送来者是否衔接，如有因误开而作废者，亦应将全套送来。2.将通知书核对损益是否均已收讫无误，如有未收情事，应予抽出查询注意催讨。3.客户往来账应随时注意催讨，并至仓库查看收条。①

从上面案例可知，仓库管理如果没有制度上的保障，也会给行员相应的舞弊机会。所以，制度的建设堵住了相关的漏洞，降低了舞弊的机会。

五、保管箱管理制度的完善

案例：信托部保管箱科陈佐岐舞弊（1938 年 6 月）

舞弊金额：1207 元

舞弊机会：陈佐岐能任意填写租费收据，假借替用而未能立时发觉

---

① 上海市档案馆藏：《上海商业储蓄银行关于行员舞弊案的调查报告》，档号：Q275-1-979，第 31 页。

者，主要结症：

1. 一手包办。无论填发收据、收取现金、制传票加盖公章、记录分户卡等均由陈佐岐一手包办，不给第二人核对，以资牵制。

2. 主管人员之疏忽。该科主管人员刘锡耕君竟以公章交付一人包办，出给收据时，既不加以覆对，仅于每晚交账时，凭陈佐岐一手缮制之现金收单核对收据存根实属疏忽。

3. 分户卡从未核对。保管科之分户记录卡有似活存往来等之分户账，且该科对于租户有否久欠租费、催缴欠费、分发催函等事，皆凭此分户卡查考。而该分户卡从未经由第二人之复核，致有空等及不等情事。

舞弊案补救办法：

1. 主管人员或指定负责人员执盖公章。本行公章关系重大，向由主管人员或会计组负责人执行加盖，早经通告规定在案，而该科竟此种重要公章交由出纳人员（收费员）一手包办，显属不符手续，亟应纠正（已面告纠正）。

2. 出给收据应即缮制收单，并加核对。该科出给租户之保证金收据或租费收据应由经手人缮制收单，随同出给收据，交主管人员或指定负责人员详细核对，加盖公章后将收单留下轧账，收据交给租户（已面告纠正）。

3. 分户记录卡应予覆核并盖小形私章证明。分户卡类似活存往来账，应请主管员或指定人员复核，而核对员应在分户卡上加盖小型私章，以资识别（已面告纠正）。

4. 付账租户应凭收据签发付款通知单。租费付活存账户，除用付账通知单通知租户外，理应合将租费收据一并送去，故该科签发付账通知单时，应根据租费收据签字以符手续。①

从上面案例可以看出，保管箱租金收取的制度在发生行员舞弊后得到完善。从收到租金后的出单、盖章、记录等流程方面进行完善，避免了今后舞

---

① 上海市档案馆藏：《上海商业储蓄银行关于行员舞弊案的调查报告》，档号：Q275-1-979，第57—59页。

弊的发生。

六、会计出纳的人事组织健全

行员舞弊的制度原因多种多样，除了之前所述情形，还有些情形，表面上看是会计人员失职导致的舞弊，实际上是组织管理本身有问题。

案例：衡阳办事处试用助员胡金龄挪用储蓄存款及现金舞弊

舞弊方法：1. 做储蓄付单不登分户账，于每届结账时抽去数目相同之账页或在决算报告上少填储蓄户之存款数目。俾决算报告上之总数与总清账之科目结余互相符合。至检察员前去查账时，又不制付单，空付账款，俾分户账上之结余总数与总清账之科目结余相符。2. 闻检查员在湘行查账消息，预料不久即将来衡，乃将库存内宕用之数向外界借款弥补。

舞弊时间：自二十五年八月二十日起至二十六年七月二十六日止，共计挪用储蓄存款三千元，又在库存内宕用一百三十元（第二次复查时发现），共计舞弊数目三千一百三十元。

舞弊机会：1. 舞弊人胡金龄担任出纳之职与会计王某某格不相入，所有储蓄账务由胡金龄一人处理，会计不予核对。2. 舞弊之付款传票上，大都经跨级加盖私章，足见平时盖章时并不根据存折上之数目办理（根据以上二点完全由于会计不明手续所致，业告人事处予以处分）。①

会计和出纳的不合，导致二者不能一起工作。这样的问题看起来类似于会计和出纳不分家导致的一手包办行为，但事实上还是组织建设的问题。在检察员沈某的亲笔信中可知：

胡某在衡处之所以能舞弊者，由于内部组织之不健全，该处主任

---

① 上海市档案馆藏：《上海商业储蓄银行关于行员舞弊案的调查报告》，档号：Q275-1-979，第61页。

＊＊＊对于银行内部情形本不熟，唯善管营业，"对当地情形熟悉"，内部事务全恃会计王某某及出纳胡金龄二人办理。王胡二人……①

主任不了解财务，导致主任无法监督财务工作，而会计和出纳又不相合，所以在整个领导班子的搭建中出现了问题。此舞弊事件的发生为今后该行的人员配置提供了教训。

上海商业储蓄银行从会计制度、账目管理制度、仓库制度、保管箱管理制度、人事组织制度等方面的制度完善的转变也不是凭空产生的，舞弊案件的一些新特征促使管理者进行深层思考：有些行员被认为是可信任的却舞弊，比如中层员工——静行出纳主任陈锡年和静行会计主任张鸿源，再如高层行员的亲戚——鲁行经理蔡墨屏的侄子蔡琴甫；有些舞弊方式反复出现：比如在一捆钞票中把中间的钞票换成更小面值的舞弊方式等等；有些舞弊多年：如青岛分行助员曹述志舞弊始于1933年2月，但直到1937年1月才被发现。② 这些都督促银行管理人员从企业内容管理上思考如何降低舞弊的可能性。

第二节　企业年金制度的完善——向公共物品转变的铺垫

年金计划是当下的说法，其实就是企业要求员工在职时的每个月都从工资里扣存一笔钱，并供离职、退休等时候取出使用。在近代多被称为职工储金制度。在该制度中，有相当一部分企业也会从企业盈利中补充一定比例的资金进入储金，并提供优厚的利息待遇。

近代的企业组织规模会在短期内迅速增大，比如上海商业储蓄银行的档案数据表明，仅在1934年当年就新进行员300名左右，这些行员分布在全国多个总分支行。行员们离开了原来的乡土社会并进入到新的企业组织团体内，这个企业团体如何提升自己的凝聚力就关系到从企业层面提供"信任"公共

① 上海市档案馆藏：《上海商业储蓄银行关于行员舞弊案的调查报告》，档号：Q275-1-979，第65页。
② 上海市档案馆藏：《上海商业储蓄银行关于行员舞弊案的调查报告》，档号 Q275-1-979。

物品的能力，而职工储金制度的完善就是增加员工认同感并为公共物品的提供做铺垫。

一、解决员工的养老和失业等意外

在笔者之前的另一本专著中曾经详细介绍过该制度，认为大部分企业设立的职工储金计划不是企业的融资行为，而是职工福利。[1] 该储蓄计划通常规定，员工在家遭大故、离职、丧病、一定工作年限（比如五年或者十年后）可以支取或者部分支取。[2] 比如邮政的养老抚恤金支给章程规定"服务满十五年以上，年龄满五十岁以上（邮差满四十五岁以上）呈准退休者"可以享受退休金，当因公致死、致残时、病休、被裁退时可以享受抚恤金。[3] 因此，总体看来职工储金制度可以部分地帮助员工应对年老和失业等意外支出。这笔钱到底有多少，当然因人而异、各个企业又有不同。在现有的原始档案中有一些零散的数据，比如 1930 年，邮政对自己退休的信差、邮差和邮务员发放的养老金显示，该员工工作年限有几年，那么退休金就按照退休时的月薪乘以工作年限。从发放记录上看，信差和邮差的养老金多在 500 元左右，而邮务员的养老金则多在 5000 元左右。[4] 从员工支取的退休抚恤金额看，确实能够改善员工的养老等问题。根据对邮政 1930 年至 1937 年的养老抚恤金发放的统计数据分析，平均退休的员工平均每人得到 2539 元，病故的员工平均每人得到 922 元，休致的员工平均每人得到 995 元，裁退的员工平均拿到 650 元，因工伤亡的员工平均拿到 698 元，辞退的员工平均得到 3080 元。[5] 邮政属于近代收入较高的行业，各个行业的收入水平和员工储金计划都不太一样，但平均看来如果员工在职十年，那么职工储金至少能维持半年以上的在职收入水平，能够一定程度上应对员工人生中的意外支出。[6]

---

[1]　李耀华：《近代中国的社会保险制度演化：强制储蓄》，上海：上海财经大学出版社 2019年版，第 65 页。

[2]　同上书，第 68—169 页。

[3]　同上书，第 146 页。

[4]　同上书，第 188—191 页。

[5]　同上书，第 192—193 页。

[6]　同上书，第 172 页。

二、降低员工流动和增加舞弊成本

企业设立这样的职工储金计划也便于企业和员工群体的合作，建立员工对企业的归属感。同时一些企业的储金计划更是增加了可提取的最低工龄以对员工流动的控制，以及对储金提款的惩罚以提高舞弊成本。

这里依然以上海商业储蓄银行为例，该行 1931 年行员储金办法规定，"一、此项储金凡在职人员自试用助员月薪卅五元以上者均须存储，已改为强迫性质。二、储金数目一律按照月薪十分之一存储，行方致送同数"，这两部分共同进入行员的个人储金账户，年息 10%。但规定支取时，"凡自行辞职人员如无经手未清事件，在行服务未满六年者得提取此项酬金之半数，在行六年以上者得提取六成，其他每多一年加提一成，余此类推"，本行辞退人员与自行辞职的人员同样办理。即如果工龄不到六年的员工只能拿到自己储蓄的那部分，不能拿到银行方面送的那部分。随着工作年限到达十年，才能达到储金账户上所有的钱。[①] 这对行员的流动是一个极好的控制。

另外，储金办法还规定开除人员提取储金办法分为两类："甲，凡由本行开除之人员，如无经手未清事件，不论在行服务年数，值得提取此项储金之半数；乙，凡由本行开除之人员，如有舞弊亏空情事，得将此项储金半数抵偿，不敷之数另行追缴"。[②] 开除的人员是有过错的，所以至少银行赠送的那一半是拿不到的，但是针对有亏空的行员，储金账户中自己存缴的那一部分也会被用来偿还欠款。上海商业储蓄银行的舞弊档案显示，行员储金曾在多起舞弊案件中补偿舞弊款，总金额通常能达到几百元。[③] 这样的规定提高了员工舞弊的成本，降低了员工舞弊的总收益，即从一定程度上降低了员工舞弊的动机。从企业的角度来看，这是一种与员工合作的管理方式，企业通过让渡一部分利润，让行员和企业合作，努力忠诚地长期为企业服务。

---

① 上海市档案馆藏：《上海商业储蓄银行关于行员特别储金说明、历年发放同人酬金办法和说明、薪津待遇及酬金、犒赏金、补助费说明》，1948 年，全宗号：Q275-1-1314。
② 同上。
③ 上海市档案馆藏：《本行行员舞弊之研究》（1935），档号：Q65-2-60-1。

三、社会震荡中的企业年金

民国时期时局还依然动荡，各种战争和通货膨胀等因素往往影响企业年金这种长期合作计划，但从上海商业储蓄银行的档案资料中可知，企业方面一直都在灵活的坚定的办理企业年金。

1937 年 7 月抗日战争全面爆发，"本行为紧缩开支，自九月份起实行'同人薪津改支办法'关于'行员特别储蓄金'规定'暂免扣存，行中致送之半数亦暂时停止'"。在储金暂停了接近一年之后，因为行中业务尚佳，在 1938 年 7 月 9 日将"自廿六年九月份起至廿七年六月份止，所有该期内因实行'薪津改支办法'减支之薪额如数补发同人，惟扣除期内每月应缴存之特别储蓄金亦予补扣，仍以每月发薪日起计息，行中应致送之部分亦予补送分别按发薪日入账"，即又重新补上了相关的职工储金。之后上海商业储蓄银行又停发，并在 1938 年 12 月补上了 7—12 月减少的薪水和相应的储金，其中行员补扣的那部分"员生如因正当用途需要现款，得由服务行处函商人事处就该项缴存之特储中预支现金"，充分考虑了员工的短期生活需要和长期安置需要。其后又经历了一次自 1939 年 1 月份至 6 月份的停发及之后的补发，并最终恢复了原来的薪津发放，同人特别储蓄金亦照章按月扣存。上海商业储蓄银行于 1941 年又重新修订了相关的行员储金章程，使之适应币种和战乱的变化[1]。

上海商业储蓄银行的行方一直都努力保持员工的福利水平，加强和员工的合作，增加行员对企业的认同感，也是为从私人物品转向公共物品方式提供担保人的"信任"功能提供可能性。

第三节　个人信用保险到团体信用保险
——公共物品提供的尝试

信用保险是对雇员的舞弊行为带来的损失进行赔偿的保险。该保险早在

---

[1]　上海市档案馆藏：《上海商业储蓄银行关于行员特别储金说明、历年发放同人酬金办法和说明、薪津待遇及酬金、犒赏金、补助费说明》，1948 年，全宗号：Q275-1-1314。

英国、美国等国产生。保险公司的信用保险是在承保对象满足承保条件时，认为剩余的风险是完全不可控，并且是一种以一定概率进行分布的现象。虽然，时人理解保险有一定的困难，但正如当时复旦大学教授并专注于保险研究的王效文所说："保险为一种科学，自有其本身的价值在。"①

在近代中国，在向西方学习的过程中，我们也引入了信用保险，也有个人信用保险和团体信用保险的尝试，也努力试图提供保人"信任"的公共产品，虽然并没有在金融行业内全面展开，但也是有益的尝试。

一、信用保险公司的成立

上海商业储蓄银行总经理陈光甫在与同业西友谈论信用保险后，甚为赞成，派人前往欧洲考察，同时也与伦敦保险公司接洽了转保办法。回国后，上海商业储蓄银行的董事长庄得之和上海商业储蓄银行的高级职员伍克家等人，就开始办理信用保险②。1930年4月在上海成立的中国第一信用保险公司，"主要业务为各公司、银行及工厂之雇员为信用上之担保"。③ "得职业而不能得保者，该公司均可代为保证，其取费极廉，而所负之责任极重，经该公司代保者，凡发生一切诈欺偷窃，侵占舞弊之行为，致雇主受有损失，该公司均负赔偿之责。"④ 中国第一信用保险公司的成立给人们提供了一个可选择的担保方式，对原有的担保人担保是一个有益的补充。

二、信用保险的认同和购买

在我们所查阅的上海商业储蓄银行的档案中，也有几位行员的担保是购买的中国第一信用保险公司的保险，但多是应保财产在一万元以下的行员。这是因为"第一信用保险公司之保险极度额系以一万元或一万两为限"。⑤ 信

---

① 王效文：《再论信用保险并答王维骃君》，载《银行周报》1937年第15期。
② 中国人民银行上海市分行金融研究所编：《上海商业储蓄银行史料》，上海：上海人民出版社1990年版，第844页。
③ 同上书，第845页。
④ 同上书，第844页。
⑤ 潘恒勤：《银行员保人问题管见》，载《银行周报》1930年第35期。

用保险的保单除了卖给个人，比如我们看到上海商业储蓄银行的行员有人购买了信用保险而不是使用担保人进行担保，也卖其他团体的保单。比如中国第一信用保险公司与华义银行所签订的契约约定，保单保证期为 1934 年 2 月 1 日到 1935 年 2 月 1 日，保费为 1200 元，最高赔偿金额为 5 万元，并且银行损失为 5000 元以上保险公司再开始赔偿。[1]

信用保险公司在承保时"须调查雇主人之道德，及其记账制度是否能防止受雇人舞弊，又须调查受雇人之品性是否佳良，有无嗜好，必了然于事实上有无作弊之隙，确为诚实可靠者，始能承保"。[2] 所以不少业内人士对其持有正面评价。但其成立三年后，"所做生意均为西人所办之公司洋行，如美孚、上海电力、慎昌、卜内门等，华人方面，除最近承做本行（上海商业储蓄银行）之保额 10 万元外，其余不过个人之少数保额"。[3] 也有学者认为信用保险这种制度，"在我国尚系初创，然因保费昂贵，故保户稀少，因保户稀少，保费乃益大，且不能运用'平均律'"[4]，并进而导致目前不能发展。

三、信用保险保费负担测算

（一）个人保单

信用保证保险征收保费以百分之一二左右为标准[5]。这个费用标准在统计上合适吗？根据上海商业储蓄银行员工数目和舞弊金额数据，我们可以进行一个粗略的测算。根据中国第一信用保险公司创立的时间 1930 年，我们根据表 9.2 测算上海商业储蓄银行的舞弊概率。在 1930 年之前，行员舞弊的概率约在 0.1% 到 0.9% 之间，但在 1930 年之后行员舞弊的概率曾一度增长到 1932 年的 1.5%，因此保费收取 1%—2% 保险公司才能略有盈利。即：在一年中如若有 100 个被保行员，其中有一个行员舞弊了，那么收 1% 的保费就可以覆盖舞弊损失（假设所有人舞弊损失的上限是相同的）。

[1]　刘平：《东方华尔街的阴影：上海银行舞弊案》，载《档案春秋》2014 年第 2 期。
[2]　李权时：《论银行有革除现行保证制之必要》，载《银行周报》1936 年第 33 期。
[3]　中国人民银行上海市分行金融研究所编：《上海商业储蓄银行史料》，上海：上海人民出版社 1990 年版，第 845 页。
[4]　章云保：《银行员保证制度之研究》，载《银行周报》1937 年第 2 期。
[5]　上海市档案馆：《中国第一保险公司信用保险说明书》，档号：Q275-1-1823。

让我们再看看这 1%—2% 的费用对职员来讲是怎样的负担。根据我们录入的 1937 年上海商业储蓄银行的工资和应保财产数据，可知应保财产 1 万元的行员平均工资约为 60 元。那么，1 万元的保险额，需要交纳的年保费为 100 元。这个数额接近两个月的收入，保费对行员来说是无力长期承担的。

表 9.2　上海商业储蓄银行历年来的行员舞弊人数、舞弊金额和总行员数

年　份	1920	1921	1922	1923	1924	1925	1926	1927	1928	1929	1930
舞弊人数 / 个	4	6	3	5	3	3	1	3	1	2	6
舞弊金额 / 银元	32169	74010	1280	17214	78246	60343	3000	19119	1620	3000	18933
行员人数 / 个	684	699	709	733	756	763	771	775	810	880	1010
舞弊概率	0.6%	0.9%	0.4%	0.7%	0.4%	0.4%	0.1%	0.4%	0.1%	0.2%	0.6%
年　份	1931	1932	1933	1934	1935	1936	1937	1938	1939	1940	
舞弊人数 / 个	2	20	9	8	1	3	4	4	2	3	
舞弊金额 / 银元	7400	295839	17804	251458	—	97866	32564	7007	2587	7050	
行员人数 / 个	1232	1326	1500	1890	1900	1725	1455	—	—	—	
舞弊概率	0.2%	1.5%	0.6%	0.4%	0.05%	0.2%	0.3%				

资料来源：上海市档案馆藏：《上海商业储蓄银行关于行员舞弊案的调查报告》，档号：Q275-1-979，以及《本行行员舞弊事件一览表》，档号：Q275-1-972。行员人数的 1933 年、1934 年、1935 年和 1936 年数据分别引自，中国银行总管理处经济研究室：《全国银行年鉴》，1934 年，第 B39 页；1935 年，第 B35 页；1936 年，第 A12 页；1937 年，第 D31 页。1937 年人数根据上海市档案馆藏：《上海商业储蓄银行全行行员履历及职员调动记录》，1937 年，档号：Q275-1-1273，Q275-1-1274，Q275-1-1275，Q275-1-1276 统计得到。1920 年至 1932 年人数根据 1933 年行员数和《上海商业储蓄银行全行行员履历及职员调动记录》所记录的每年入职人数，推算所得。

因此，表 9.2 的舞弊概率可知，信用保险收取 1%—2% 的保险费用是风险分散的基本需要，但是对行员来讲却成了沉重的负担。

（二）团体保单

"欧美盛行之团体信用险，其保费须由行员负担或捐助者，实无先例也。"因为"行员舞弊行方不无责任"，欧美的团体信用保险的保费都是行方负担的。"信用保费与火险保费同为当局维护股东利益之正当支出，火险保费未闻须由行员拟付。"[①] 因此团体保险一定是企业方面出资购买的。

---

① 潘学安：《特种现金保证办法之我见》，载《银行周报》1937 年第 12 期，第 9—12 页。

在档案资料中难以找到具体的团体保单。虽然有之前华义银行投保中国第一信用保险公司的团体保险，保费为 1200 元，最高赔偿金额为 5 万元，并且有 5000 元的免赔额。[①] 但因为我们无从知道华义银行（一家意大利全资的外国银行）的行员数有多少，所以无法测算保费比例。但可以结合另一份团体保单的相关数据进行推测。

相关的档案资料表明上海商业储蓄银行在 1934 年一定是从中国第一信用保险公司购买了团体信用保险。1934 年 10 月上海商业储蓄银行的陈民德舞弊案件的处理在档案中这样记录到：舞弊"洋十七万余元，事发后截得四万余元，余由保险公司赔出"。[②] 当年 11 月 15 日，上海商业储蓄银行函致中国第一信用保险公司，根据两家在当年 6 月 10 日签订的保险合同，陈述道"除陈民德保人方面追索赔款尚无头绪外"，已经追还款项数额为 71749.05 元，尚缺 98250.95 元。根据合同，除了由上海商业储蓄银行自己承担的损失 5000 元外，"所有亏短款项应请履行保证责任，迅予赔偿。将来如再有款项追回，当按照契约办理"。[③]

同时，中国第一信用保险公司的赔偿方案说明，中国第一信用保险公司是有分保的。当年 11 月底，中国第一信用保险公司交来洋 98250.95 元，其中两成——计洋 18650.19 元是该公司自己负责赔付的，半成——计洋 4662.55 元由转保公司大华保险赔付，七成半——计洋 69938.21 元由转保伦敦公司赔付。该分保方案在另一份档案资料中也得到了印证——中国第一信用保险公司"与伦敦商业转保公司商妥，我方保额有一定限制，如超过定限之外，即由彼担保"。[④]

那么，上海商业储蓄银行购买这样一份一年期的团体保险需要花多少钱？我们在档案资料里尚没有发现保险合同，但我们从其他资料中可以补足这一环。中国第一信用保险公司"最近（1933 年）承做本行（上海商业储蓄银行）之保额 10 万元，……，今年上半年收入保费共 21192 元，除分给伦敦

---

① 免赔额的设置是保险的一般性条款，为了避免投保人投保后的道德风险。

② 上海市档案馆藏：《本行行员舞弊之研究》（1935），档号：Q65-2-60-1，第 32 页。

③ 刘平：《东方华尔街的阴影：上海银行舞弊案》，载《档案春秋》2014 年第 2 期。

④ 中国人民银行上海市分行金融研究所编：《上海商业储蓄银行史料》，上海：上海人民出版社 1990 年版，第 845 页。

公司 12888 元之外，净收 8304 元，又收分保佣金 3489 元，两共 11793 元"[1] 的资料表明，上海商业储蓄银行在 1933 年投保了团体信用保险，保额是 10 万元，保费是 21192 元。另一份资料表明，1937 年交通银行秘书兼人事课长王维骃"闻本埠某银行向某信用保险公司投保团体信用保险额十万元，其保费达三万数千元之巨。如人数及分支行较多之银行，其保费更不止此数"[2]。因为当时华资银行应该只有上海商业储蓄银行购买了团体信用保险，保额 10 万元保费 3 万多元的保险合同应该就是上海商业储蓄银行的保单。但以上两份关于上海商业储蓄银行投保团体信用保险的资料，在保费一项上是有出入的：一份资料表示约在 2 万元，另一份表示约在 3 万元。

中国第一信用保险公司时任总经理潘学安提到该公司团体信用保险的收费标准时这样表述："保险公司所欲知者，仅全体行员或雇佣人之数，与支行办事处若干耳。一函已足了事。即年内有退职者或新招之练习生，亦无须通知保险公司或加纳保费。……盖银行团体信用保险保费是按照人数与分行处数即保额依一定公式计算之。……同一保额人数多或行处多则保费大。概多一人多一处，即多增一危险也。所以保费有年纳一千余元者，有年纳三万者。"这里一千元保费和三万元保费正好和前文档案中，华义银行的保费以及上海商业储蓄银行的保费相吻合。"小银行行员只数十人，年纳千元保费并不嫌高；范围较大之银行，行员约有一千五百人，而开支每年为三百万元，其信用保险保费当约三万元，合总开支百分之一，亦不得谓为巨大。"[3] 这一千五百人的规模也与上海商业储蓄银行相符。

1933 年上海商业储蓄银行投保团体信用保险保费不高于 2 万元和 1937 年保费 3 万元的冲突，可能是以下两个原因导致的。一种解释为，1933 年的 2 万元是上半年中国第一信用保险公司的总收入，有可能上海商业储蓄银行的保费是按照半年进行缴纳的；另外一种解释是 1934 年的陈民德舞弊案的出险额为洋 98250.95 元，并且七成半洋 69938.21 元是伦敦分保公司赔付的，因此在之后保险公司提高了保费的费率。但不管怎样上海商业储蓄银行

① 中国人民银行上海市分行金融研究所编：《上海商业储蓄银行史料》，上海：上海人民出版社 1990 年版，第 845 页。

② 王维骃：《答王效文、华同一两君对于"特种现金保证办法"之意见》，载《银行周报》1937 年第 7 期，第 9—14 页。

③ 潘学安：《特种现金保证办法之我见》，载《银行周报》1937 年第 12 期，第 9—12 页。

在 1937 年购买的团体信用保险合同的保费是 3 万元，保额是 10 万元。

保额 10 万元保费 3 万元的保险合同看起来好像费率很高。但复旦大学王效文教授解释道："据效文调查所得，某银行保费投保信用保险金额十万元者，并非总额十万元，乃系每一行员之保额十万元，是则如某银行之行员为一百人，则其总额当为一千万元。"这么算下来与欧美国家团体保险通行的费率"千分之五或千分之十相差不远也"。[①]

这个费率虽然看起来不高，但是对于行员数接近两千人，一百多家分支机构[②]，即比上海商业储蓄规模更大的交通银行来讲，其保费更不止三万元。交通银行的王维骃认为，美商银行"总分支行全体行员约三万人，每年投保信用保险年耗保费数十万元，实为巨大之开支，查信用保险在美国最为发达，而美国银行界尚觉保费昂贵有感不满"，[③] 隐含的意思是中国的团体信用保险对我们来讲就更是昂贵了。总之，每年动辄几万元的支出至少对交通银行来讲是一个很大的支出。

四、中国第一信用保险公司的盈利能力

保险公司的保单首先需要根据风险发生的概率厘定保费费率，另外还要有足够的保险单销售量才能保证保险风险分散所需的"平均律"或说大数律。否则，保险公司的基本盈利能力就有困难。

从中国近代唯一的一家经营信用保险的中国第一信用保险公司的财务状况分析，其盈利并不乐观。首先，在 1933 年 4 月 1 日前，该公司只经营信用保险，但经营十分惨淡。"第一期（1930 年）之半年，收入止 1000 两，用费9000 元。第二年（1931 年）收入 24000 余元，去年（1932 年）收入 30000余元。"1931 年的开支并不是特别清楚，但从 1932 年的损益表分析，当年收入 33892 元，分保 17997 元，另外分保佣金 4917 元，即保费收入－分保金额 + 分保佣金 = 20812 元。同期开支 7379 元，赔款 6032 元，即最后不算计

---

① 王效文：《再论信用保险并答王维骃君》，载《银行周报》1937 年第 15 期，第 9—11 页。

② 中国银行总管理处经济研究室：《全国银行年鉴》，1936 年，第 A11 页。

③ 王维骃：《答王效文、华同一两君对于"特种现金保证办法"之意见》，载《银行周报》1937 年第 7 期，第 9—14 页。

提的保费准备金，盈利为 7401 元。如果以注册资本二十万元计算，当年不计提保费准备金的情况下盈利率为 3.7%，只相当于当时银行一年期利息 6% 的一半多一点。所以盈利不佳。[①]

到"今年（1933 年）上半年收入保费共 21192 元，除分给伦敦公司 12888 元之外，净收 8304 元，又收分保佣金 3489 元，两共 11793 元。但投保者有三笔舞弊，一笔 168 两赔半数 84 两，一笔 48 两亦赔半数，一笔 1000 元赔半数 500 元，其余半数均由伦敦公司分赔"，以上的数据还没有计算保险公司的基本支出，因此低迷的保费收入导致中国第一信用保险公司又在 1933 年 4 月 1 日起创设火险部，三个月内就收入保费 3283 元。[②]

从潘学安的叙述中也可知团体信用保险的风险大："保险公司向不敢积极招徕银行生意，一则欧美银行信用保险虽然盛行，然历年计算，保险公司确多亏损；二则银行方面，虽嫌保费高贵，而在保险公司，尤恐保费收不足，概保费过高，则投保者少，少则平均律不得其所。况银行管理方面、会计方面、使用支票庄票习惯各方面，尚有改进之处。……"经营团体信用保险的盈利性在当时是差强人意。

所以，经过详细的统计数据分析，我们认为中国第一信用保险公司收取 1% 到 2% 的费用是公司提供该业务所必需的价格。但这个价格对找工作的普通职员们来说实在是太高了。同时，团体信用保险的费用比率更低，约在 5‰ 到 10‰，但对银行来讲，依然觉得每年的费用之处巨大。总体看来，造成这个局面的原因不仅仅是保险投保的人数不多，风险分散不够充分，最重要的还是当时的会计制度、核算制度以及技术水平不够完善，使得经济活动中存在过多的未能控制的风险。上海商业储蓄银行已经是管理先进的代表了，其他银行的舞弊风险概率不可能会更低。

从中国第一信用保险公司的保单分析，上海商业储蓄银行经营理念十分谨慎，行员不但有传统的行员保人，银行更是购买了团体保险（1933 年、1934 年和 1937 年都有资料佐证），同时为了避免巨额风险，与伦敦保险公司进行分保，对风险管理十分到位。

---

① 沈雷春：《中国保险年鉴》，1937 年，第 51—52 页。
② 中国人民银行上海市分行金融研究所编：《上海商业储蓄银行史料》，上海：上海人民出版社 1990 年版，第 845 页。

第四节　建立银行业互助保险——公共物品提供的尝试

在 1927 年郑维均就提出："废除行外保人，即以本行行员全体共同互相担保。一人遇有亏欠情事，其他行员一体负责。……使各行员均处于保人地位，有情弊彼此互相监督。"[①] 该思路就是相互保险的互助机制。互助保险与集体信用保单的不同，首先，表现在一个是自助团体，而另一个是公司，组织表现形式是不同的；其次，互补保险不但能覆盖一个银行的全体行员，甚至能包括整个金融业的全体雇员；最后，互助保险包含了相互监督的职能，这一点与担保人担保的思路有相似之处。从行业互助保险的范围来看，其意图是提供更广层面的具有担保人"信任"功能的社会资本，它的受众更广，更接近公共产品形式的社会资本。

一、行员相互监督的机制

在银行的日常经营中，管理者发现行员相互监督是一个可以降低风险的机制。比如：在上海商业储蓄银行 1934 年造成 17 万元损失的陈民德案件之后，总经理陈光甫认为"该员处心积虑已非一日，设使总行同人当时稍加留意，必能察出端倪，早日发觉。"[②] 因此特在 1935 年 2 月和 3 月发出两份通告。第一份拟定了《本行行员检举舞弊奖惩办法》，规定"本行行员如能检举舞弊劣员行径，已经查实，不论犯事巨细，一律奖给检举人洋一千元，但因行使职务而发觉者不在此例"。第二份通知则进一步要求行员，1. 应该互相观察平日行为以早日发现舞弊端倪，如有"豪华习惯、投机嫌疑及其支出时常超过其收入者"，一边良言规劝，一边冷眼观察，情节重大者，随时报告主管人员核办。"万一发生舞弊情事，则其主管人员与夫素与接近之同人理应有所闻悉而失察，概当斟酌情形，分别议处或予开除。" 2. 应该尽量建议改良手续以堵住舞弊漏洞。并对于改善制度防范舞弊的建议得到采取实施的，"斟酌情

---

①　郑维均：《改良银行保人制度私议》，载《银行周报》，1927 年 11 卷 25 期。
②　上海市档案馆藏：《本行行员舞弊之研究》（1935），档号：Q65-2-60-1。

形，优给奖金"。"如有其他能使手续简单、顾客便利、工作效率增高、开支
节省、业务增进之种种意见，并希随时陈述，亦当从优酬奖。"①

在上海商业储蓄银行的档案中也发现，曾有行员因为发现他人舞弊而受
到奖励的。如在1940年沪行往来部助员张云海舞弊案中，另外一名行员丁寿
昌偶尔翻到一个公款账户，因为该户通常没有进出项，他却发现账户资金的
进出，所以亦算检举劣员。视察员徐谢康向总经理提出奖励规定1000元一半
即500元的往来信件如下：

> 介眉先生……关于沪行往来部丁寿昌君，发觉张云海舞弊一案，钧
> 座以与廿四年（1935年）人字通告第四号所订奖励检举舞弊办法，尚相
> 适合，拟予援用，奖给一千元，并将此案经过由人字通函公布，藉示激
> 劝嘱为酌办等情，敬洽按二四年人字通告第四号之规定以能检举舞弊劣
> 员行径，经查属实者，始予奖金且行使职务而发掘者不在此例。张云海
> 舞弊案，丁君以重行支配记账工作，偶翻及第四九一九号特记户，以该
> 户为行中公款，向不进出，始告该部会计因而查觉。故其处事之精密机
> 警自属可嘉，至谓检举舞弊劣员行径似尚不足，惟目前各地生活费用日
> 高投机侥幸之风日益滋长，检举之事亟待鼓励经与，如堂兄洽商拟酌情
> 奖给五百元以为精细缜密者……②

晚　徐谢康　谨上

二、"特种现金保证办法"的具体方案

互助保险办法在当时落到实处的就是当时的"特种现金保证办法"。1936
年11月，《废除银行现行保证制度建议特种现金保证办法意见书》在《银行周
报》上公布于众。③具体的"特种现金保证办法"为：1.甲种保证金，行员应
按月薪三倍之数额缴纳之，行员离行时，本金全数发还，利息按年一分二厘计

---

① 上海市档案馆藏：《本行行员舞弊之研究》（1935），档号：Q65-2-60-1。
② 上海市档案馆藏：《上海商业储蓄银行关于行员舞弊案的调查报告》，档号：Q275-1-979，
　第15—16页。
③ 《废除银行现行保证制度建议"特种现金保证办法"意见书》，载《银行周报》，1936年第
　43期。

算，半数发给行员，半数充公共准备金。2.乙种保证金，按照行员月薪百分之二扣存，利息按年息一分二厘计算，每半年复利一次，拨充行员保证准备金，此项保证金为取消保人之替代物，亦即等于团体信用之保险费，本无须发还，唯为体恤行员起见，如无舞弊案件于离行时可以全数领回或除摊陪外取回其余额。3.丙种保证金，有银行当局核定若干万元或为甲种保证金利息半数及一种保证金全数之和。4.连带处分，行员舞弊案发生后，在同一行处之其他有相关责任的行员应受连带处分，其办法按照行员奖惩规则规定办理。5.奖励告发，行员舞弊经主管者，及其他行员察觉或告发，使行方不受或减少损失时，其觉察或告发者，除得免除连带处分外，行方并应予以奖励，其办法按照行员奖励规则规定办法办理，惟告发案经查明不实者，由当局酌情处分之。

但该办法具体施行时应该采取怎样的形式？在1936年11月23日上海市银行学会回复上海市银行业同业公会的函件中可知一二。在综合各方的建议后，上海市银行学会提出三项建议：1.大银行先行试办；2.各银行联合办理"联合保证机关"；3.请上海市银行同业公会转致会员银行，一致采用该项办法。[①] 即希望通过所有的上海会员银行联合成立一个保证机关。

在1936年的《银行周报》中曾经提出过组织银行业同人联合信用保险公司的设想。[②] 采用信用保险制度由各行联合组织一信用保险公司，取名"银行业同人联合信用保险公司"，暂定股本一百万元，各行以资本大小，行员多寡为比率，认缴公司股本……。成立联合信用保险公司只是设想，在1937年上半年"特种现金保证办法"还在广泛地听取意见，但下半年因为抗日战争的全面爆发，全面废除银行保人担保的提议就此暂停了。

三、"特种现金保证办法"在小银行中实施的困难

"特种现金保证办法"是由交通银行这样的大银行提出的，但是对小银行

---

① 上海市档案馆藏：《实业部抄转王维因关于废除银行员工现行保证制度，建议特种现金保证办法的意见书以及上海市银行商业同业公会向各地银行公会会员银行征求意见的来往文书》，档号：S173-2-110，第26页。

② 刘啸仙：《组织银行业同人联合信用保险公司刍议》，载《银行周报》1936年第33期，第5—7页。

来讲有很多困难。比如如果小银行不联合大银行而仅仅是自己一个银行单独办理"特种现金保证办法"。它面临的问题是由于行员人数少，发生舞弊次数的方差较大，不能够通过风险共担的原理降低和平滑舞弊风险，从而导致小银行备足风险准备金变得困难。即"范围较小之银行，如恐所保证金数额或有不足，则银行本升之环境既异，自可加以相当之斟酌。闻有某先进银行，主张在规定某种薪金限度之下，将证金额略加提高，如此可不致因行员较少，而受证金不足之感"。① 对小银行来讲，如果他们单独办理，就必须提高保证金的比率，这种方法难以执行。

另一方面，如果小银行和大银行联合办理"特种现金保证办法"，需要人事规章的一致，现实中感到十分困难。即"联络各行合租办理，……窃恐各行内部人事情形各别，遽欲合作办理，未免言之过易，似非现将各行人事规章，使其划一后，方能进一步合作办理现金保证制。环境所囿，欲行员人数较少之各银行，划一人事规章，殆非可一蹴即几。此一前提不能决，行员人数较少之各行合作办理现金保证制即无从进行"。②

最初提出"特种现金保证办法"的交行的王维驷，认为如何联络小银行进行办理，是更进一步的工作。当前看上去可以组织"联合信用保证公司"但也非易事。③

四、"特种现金保证办法"的连带责任的合理性

"特种现金保证办法"特别设置了行员之间的连带责任。但是复旦大学的保险学专家王效文教授认为，"至于连带处分问题，虽属枝节，实不合理，因行员各有专职，一人之行动，他人实无法以监督之，今不问其出事之原因何在，作弊之关系如何，凡在同一行处共同办理或直接主管者，均使之负连带

---

① 王维驷：《答王效文、华同一两君对于"特种现金保证办法"之意见》，载《银行周报》1937年第7期，第9—14页。

② 华同一：《废除银行现行保证制度建议特种现金保证办法意见书后》，载《银行周报》1937年第4期，第15—16页。

③ 王维驷：《答王效文、华同一两君对于"特种现金保证办法"之意见》，载《银行周报》1937年第7期，第9—14页。

处分，即使于情理可通，恐亦与法理不合也"。[1] 在王维骃反驳他后，他再一次论述到"民法上之连带责任，自有其先决之条件，如因合伙与雇佣契约所生之关系等皆是，决不能如王维骃君所言仅有同事关系即另人负担连带赔偿责任"。[2] 中国第一信用保险公司的总经理潘学安也认为，"上级人员舞弊之数将更较普通行员所能舞弊者为大，一味责任加诸行员，殊欠公允。……且职权有高低，低者是否能越级而监督高者，亦一问题。况依事实论，个人作弊实不易为，在同一行处，而共同舞弊则常有之事"。[3] 即认为该规定十分不合理。

五、"特种现金保证办法"的实施

由于以上种种原因，"特种现金保证办法"并没有大面积实施。就现有的资料可知，广东省银行在 1937 年 3 月开始施行该方法。其中甲种保证金定为月薪三个月之额。乙、丙两种保证金也照"特种现金保证办法"办理。在 3 月当月，对行员"先行征收甲种保证金一个半月，余俟相当时间，再收足。以便行员易于缴纳。在未搜集全以前，仍暂保留原有保证。惟在施行后，新进员工，一律收足三个月薪额之保证金，不再觅取其他保证"。[4] 另外可以在上海市档案馆中查到，川康平民商业银行也实行了"特种现金保证办法"。其在 1944 年职员甲乙两种保证金的清册中，我们发现甲种保证金是薪水的七倍，乙种保证金为行员月薪水的 2%。它的甲种保证金远远高于"特种现金保证办法"的 3 倍月薪，乙种保证金与"特种现金保证办法"规定的水平相同。[5]

"特种现金保证办法"对小银行并不友好，广东省银行也是一个地方性银行，规模并不算很大，为何它会在别人都犹豫的时候率先施行？

首先，广东省银行实行该办法的背景是新行长顾翊群的上任。由于成立于 1932 的广东省银行的前身是广东省中央银行，[6] 其成立后的主要任务还是

---

① 王效文：《信用保险与特种现金保证办法》，载《银行周报》1937 年第 7 期，第 31—33 页。

② 王效文：《再论信用保险并答王维骃君》，载《银行周报》1937 年第 15 期，第 9—11 页。

③ 潘学安：《特种现金保证办法之我见》，载《银行周报》1937 年第 12 期，第 9—12 页。

④ 《广东省银行公布"行员服务特种现金保证规则"》，载《银行周报》1937 年第 15 期。

⑤ 上海市档案馆藏：《川康平民商业银行保证金薪金表、职务名册》（1944），档号：Q69-2-32。

⑥ 《广东省政府公报》，1931 年第 164 期，第 69 页。

代理省库并暂行代理国税收支，[①] 并且行长也由政府聘用。1936 年 7 月原有行长副行长辞职，顾翊群被派为行长。[②] 顾翊群系沃海沃州立大学会计学硕士、纽约大学商业管理学硕士，曾任中孚银行副经理，在任广东省银行行长的同时任行政院参事。[③] 从他的教育背景来看，比较容易接纳外来事物，并且在他上任的这一年内行员增长迅速（自顾翊群、云照坤任正副行长后，全行同人甚众）[④]——从之前 1933 年、1934 年和 1935 年稳定的 328 人、334 人和 360 人快速增加到 1936 年的 428 人[⑤]，这也促使其有改变保人担保的动力。

其次，广东省银行的业务范围导致其舞弊概率较储蓄银行低。前文所述上海商业储蓄银行的舞弊案件，多是因为挪用储户存款，由于有些储户的账目少有出入，所以做了手脚也一时难发现，亦或者个人储户为了隐私原因，填写了假的地址，无法及时核对客户账目。但广东省银行的存款"向多属于机关公款，其他人民存款以及同业往来均属为数无多"，放款"多属政治上所借用"，"盖以积习相沿，且以官营关系与商民颇多隔阂之处"。在 1936 年的资金使用中，甚至有 10 月为庆祝蒋介石五十寿辰，由该行独立购得战斗机一架，以示拥护领袖。从 1936 年各个分支行处的具体业务分析，汕头分行"除代理金库、推行纸币及经收机关存款外，以对香港及广州之汇兑为多"每年"营业收益尚敷开支并略有盈利"，香港分行"所营业务注重总行、汕头以及各地声气消息之沟通，汇款之收解，对外业务甚少发展，每年营业收益不敷开支"。该银行的两家分行尚且如此，其他的支行和办事处就更是主要以"推行纸币代理金库为主要目的"。[⑥] 广东省银行的经营范围导致业务的简单，也降低了银行行员的舞弊机会。

最后，广东省银行的"特种现金保证办法"对连带责任作了合理的界定。

① 《广东省政府公报》，1932 年第 184 期，第 14 页。
② 中国银行总管理处经济研究室：《全国银行年鉴》，1937 年，第 C63 页。
③ 吴仲暇：《读广东省银行公布行员服务特种现金保证规则书后》，载《银行周报》1937 年第 20 期，第 3 页。
④ 《广东省银行公布"行员服务特种现金保证规则"》，载《银行周报》1937 年第 15 期，第 5—7 页。
⑤ 根据 1934 年、1935 年、1936 年和 1937 年《全国银行年鉴》统计整理。
⑥ 《广东省银行廿五年份营业报告（二）》，载《银行周报》1937 年第 24 期，第 15—29 页。

其详细的规定体现在办法的第十三条："行员舞弊案发生后，在同一行处之其他行员，有左列情形之一者，应受连带处分……。一、同一行处共同或连带经手办理该项职务者。二、同一行处之直接主管者。三、其他经正副行长核定应受连带处分者。"① 该责任的范围十分明确，其实现代会计的相互牵制的会计制度也让责任比较明确。在上海商业储蓄银行的舞弊案件处理中，也经常会看到对相关失职行员的处分惩罚，有时甚至是开除。比如，在上海商业储蓄银行最大的舞弊案陈民德案中，陈民德所在的本埠分行管辖部办事手续极为完善，陈之所以能够得手，该部主任茅弼仲负有不可推卸的责任。其作为主任本应该亲自核对分行的回单，再将其交与各经手本人，但实际上他只是将自己的图章随便放置在桌子上，任人代盖。他的失职给陈民德舞弊带来了机会。因此，在陈案被发现的次日，即令茅弼仲停职候查，几天后就将其革职，并将他的行员储金及分给的本行股票（总共 1909.48 元）充公。②

"特种现金保证办法"对一家银行来讲是一种互助保险，如果它在行业层面以联合组建保险公司的形式成立，那么就成了信用保险公司的形式。由于1937 年"特种现金保证办法"才推出，因此后半年爆发的全面抗日战争直接打断了它。但总之，如孙建国 ③ 和刘平 ④ 所观察到的，"特种现金保证办法"没有得到广泛的推行，但是也提供了一种保人保证办法的补充。

第五节　从私人物品到公共物品转变的艰难

民国时期，随着担保人社会资本表现出来的捉襟见肘和外来保险思想的缓慢渗透，人们尝试着推动担保人"信任"从私人物品向公共物品的转变。

---

① 《广东省银行公布"行员服务特种现金保证规则"》，载《银行周报》1937 年第 15 期，第5—7 页。

② 刘平：《东方华尔街的阴影：上海银行舞弊案》，载《档案春秋》2014 年第 2 期。以及刘平：《民国银行处置操作风险大案的十大警示》，载《中国银行业》2017 年第 1 期。

③ 孙建国：《论民国时期上海银行业防弊与信用保证制度变革》，载《中国经济史研究》2007年第 1 期。

④ 刘平：《上海银行业保人制度改良述略》，载《史林》2007 年第 4 期。

虽然过程艰难并且也未能在民国末年实现全面的改变，但中外在近代转变的方向上是一致的。

一、民国时期员工担保人社会资本向公共物品转变的挑战

民国时期被广泛使用的担保人社会资本是使用人的私人物品，但是该私人物品的数量有限，也制约了企业的发展。从企业甚至行业层面设立的承担担保人"信任"作用的公共物品的设立也经历了一个艰难的过程。

首先，是人们慢慢地认识到企业本身对员工的舞弊也是有责任的。企业的管理制度设计如果有缺陷，那么会有更多地给员工舞弊的诱惑和机会，这些都是企业应该改善的。银行建造坚固的库房就可以避免盗窃的损失，银行有缜密的会计制度就可以预防账目上的损失。[1] 在设想全行业组建"联合信用保证公司"来进行联合保险时，业内专家已经意识到需要把各个银行人事规章进行划一，也就初步认识到了企业自身的管理问题。[2]

其次，从企业层面看，员工给企业造成损失的可能舞弊事件也是无法完全避免的。就如我们在上海商业储蓄银行的舞弊案件中看到的那样，随着战争的爆发，让保人的物的担保也形同虚设。在 1937 年 10 月，小东门分行沈永之舞弊的案例中，舞弊金额 1800 元，案发后被追回 400 元，还余下 1400元没有着落。按程序是要通知他的保人进行赔偿的，他的保人徐少先据之前调查，约有财产三万元，但因为担保人现在居住在丹阳珥陵镇，"系在沦陷区域，故一时亦无法严催"。[3]

再次，普通的民众也慢慢接受了保险给大家提供保障的方式。人民生活中最初接触的是火险。开埠之后商业的繁荣和商铺数量的增加，导致了更多的起火损失，也让人们逐步认识到购买火险所能带来的保险财产的作用。在何炳棣描述自己家族在父亲那一代时，还在经营家族资产——规模较大的

---

① 潘学安：《特种现金保证办法之我见》，载《银行周报》1937 年第 12 期，第 9—12 页。

② 王维骃：《答王效文、华同一两君对于"特种现金保证办法"之意见》，载《银行周报》1937 年第 7 期，第 9—14 页。

③ 上海市档案馆藏：《上海商业储蓄银行关于行员舞弊案的调查报告》，档号：Q275-1-979，第 81—84、148 页。

"何茂盛"商号，因为除夕大铁锅炒米时不慎起火，店铺和附近住房全部焚毁，"在没有保险时的情况下……何家'破产'，（父亲和大伯父、二伯父以及四叔）四房就不得不分家了，这大概是辛亥革命前后的事情了"。① 人们对火险的认可，也让信用担保的风险性更能被普通民众所认知。例如潘学安在杂志上与王维骝辩论时，就提到火险，认为火险和信用保险一样是保护股东利益的正常开支。② 在另一篇1937年发表在《太安丰保险界》杂志上的描述美国信用保险的文章里，也是把火险和信用保险相提并论。③ 可见人们通过认识火险，慢慢认识到了信用保险。

最后，企业和行业内的人士也积极推动担保"信任"私人产品向公共物品的转化。近代的中国虽被迫开埠，但国内行业翘楚也和国外有密切的交流。比如上海商业储蓄银行的总经理陈光甫，主动派人出国学习国外对担保人问题的解决方案。从上文对英美等国担保人担保的演化分析中可知，其呈现出从私人物品到公共物品转化的特征。我国的行业精英们，也通过完善企业内部管理以减少舞弊漏洞、完善企业年金制度增加员工的认同感和归属感，为担保人社会资本从私人物品向公共物品的转换做铺垫。并在此基础上尝试了购买企业集体诚信保险和构建行业互助保险的公共物品方式，也呈现出了从个人物品向公共物品演化的趋势特征。

二、民国后期中国依然是担保人担保为主

在20世纪30年代中国企业有诸多的尝试，比如采用购买信用保险公司的保险，或者自行组织互助保险，并且完善企业内部的管理等等。但总体看来担保人担保的方式并没有被取代。上海市档案馆的相关企业档案表明，担保人担保无处不在，不仅银行、保险公司等金融机构采用，商业企业和政府机关也都采用该办法。

如在金融机构中，嘉翔商业银行在1945年的一份职员保证书：

---

① 何炳棣：《读史阅世六十年》，中华书局2021年版，第5页。
② 潘学安：《特种现金保证办法之我见》，载《银行周报》1937年第12期，第9—12页。
③ 汤珩：《美国信用保险之概况》，载《太安丰保险界》1937年第21期，第11—12页。

"保证人 ***，今担保 *** 字 **，籍贯 **，现在嘉翔商业银行充任 ***，将来如有违背本银行规则，亏欠款项或其他一切情弊，致本银行遭受损害时，一经本银行查明通知保证人，保证人自愿立即如数负责清偿，绝不推诿，并愿按照保证书所列规约办理，特填具此保证书为凭。"①

上海商业储蓄银行 1946 年的行员保证书：

"立保证书，*** 年 ** 岁，今保证 ***、字 ***、** 省 ** 县人，年 *** 岁，在上海商业储蓄银行服务，将来被保人如有违背行规、亏欠舞弊或因其他一切情事，不论是否故意致银行蒙受损失时，一经银行查明，通知保证人愿负责，立即如数偿还，绝不推诿。"②

以及永宁保险股份有限公司在 1947 年的代理人或经纪人保证书：

"立保证书，*** 今保证 *** 在永宁保险股份有限公司为代理人或经纪人，恪守公司各项规则、勤慎服务，如被保证人于执行职务期内有私用款项或违背公司规则或在外招摇撞骗等情事致公司金钱上或信誉上有损害时，保证人愿负赔偿责任……，抛弃先诉抗辩权及检索权，应付清偿责任之款项均愿依照公司所开数目立即履行绝不藉词有所争执。"③

又如其他商业公司——中国茶叶公司 1949 年的职员保证书：

"保证人 ***，今保证 ***、字 ***，籍贯 ***，现年 ** 岁，在贵公司充任 **（会计人员）操行廉洁、恪守规则，不致有违背公司规章及侵渔公款公物情事，倘有前项行为（保证人）愿负赔偿及追交等一切保证

---

① 上海市档案馆藏：《嘉翔银行：职员保证书》，档号：Q326-1-39。
② 上海市档案馆藏：《上海商业储蓄银行界路分行员工保证书》，档号：Q275-1-1357。
③ 上海市档案馆藏：《中国实业银行行员保证书及保证书留底》，档号：Q276-1-805，第 11 页。

人愿负之完全责任，特具保证书是实。"①

再如政府机关——上海市公务局 1945 年的职员保证书：

> "立保证书，*** 和 *** 兹担保 ***，在上海市公务局服务，被保证
> 人如有不守规律行为而致公物或公款有损失时，概由保证人负完全责任，
> 谨呈上海市公用局。"②

除此之外，我还查阅到 1939 年中央银行行员的保证书③、1944 年 1 月 19
日丰盛、太平、安平保险股份有限公司的职员保证书④、1946 年中国通商银行
行员保证书⑤、1946 年 12 月 9 日大同银行行员保证书⑥、1946 年中国银行行
员保证书⑦、1947 年宝成钱庄的职员保证书⑧、1948 年《申报》练习生的保证
书⑨、1948 年邮政储金汇业局上海分局职员保证书⑩、1949 年 3 月和祥商业银
行的职员保证书⑪，等等。

在这些担保书中，大部分保人是无限责任，就如 1941 年邮政储金汇业局
暨分局职员保证规则第四条所述："保证人对于应负责清偿之款项自愿抛弃先
诉抗辩之权，依照本局所开数目立即履行，决不藉口向被保人查询或其他任
何理由冀延时日。"⑫有限责任担保的是少数，仅仅查阅到一份，是华中水电
股份有限公司 1944 年 5 月 23 日的一份保证书："立保证书，*** 因 *** 君现

---

① 上海市档案馆藏：《大中国茶叶股份有限公司员役保证规则及职员保证书对保问题的卷》，
　档号：Q427-2-20。
② 上海市档案馆藏：《上海市公用局关于码头管理所员工保证书卷》，档号：Q5-3-584。
③ 上海市档案馆藏：《中央银行职工履历表、保证书》，档号：Q53-2-7。
④ 上海市档案馆藏：《安平产物保险公司员工保证书服务证明书及核对保证的函件等人事资
　料》，档号：Q348-1-24。
⑤ 上海市档案馆藏：《中国通商银行行员保证书》，档号：Q281-1-767。
⑥ 上海市档案馆藏：《大同银行行员保证书》，档号：Q296-1-116。
⑦ 上海市档案馆藏：《中国银行征用人员调查表、员工服务明细表、保证书、保证人调查
　表》，档号：Q54-3-439。
⑧ 上海市档案馆藏：《宝丰钱庄职员保证书》，档号：Q76-10-8。
⑨ 上海市档案馆藏：《申报馆关于职员保证书及馆方保证书》，档号：Q430-1-7。
⑩ 上海市档案馆藏：《邮政储金汇业局上海分局关于保证》，档号：Q71-2-1824。
⑪ 上海市档案馆藏：《和祥公司职员保证书》，档号：Q459-1-464。
⑫ 上海市档案馆藏：《邮政储金汇业局上海分局关于保证》，档号：Q71-2-1824。

在贵公司 **** 部分任职，鄙人自愿为其保证人，如有短少银钱、违章舞弊等一切应行赔偿情事，在五百元之范围内均由鄙人负责赔偿。"[1]

三、我国员工担保人社会资本从私人物品转向公共物品缓慢的原因

在中国 20 世纪 20 年代末开始逐渐发现个人信任对经济发展的窒碍，并出现改革的呼声。但到了 30 年代后期，日本发动了全面侵华战争，40 年代后期国民党发动了全面内战。持续的战争影响了经济的正常发展，也就阻碍了担保人提供"信任"的改变。除此原因，中国银行业等行业企业的内部管理和流程的完善尚需时日。另外，南京国民政府在 1935 年之后对金融业的逐步垄断使得制度供给有限。

（一）内部管理体系和流程的改进需要时间

从上海商业储蓄银行的档案可知，1935 年之前的舞弊调查档案，并没有记载当时的改善措施，即使是有的但是很明显没有形成制度完善的契机。而 1935 年之后的舞弊档案资料则详细记载了每一舞弊案件的原因和改进方法，有了详细的反思过程。这证明银行管理方已经开始重视改善制度建设。但就实际的舞弊原因来看，会计和出纳分开这样一个基本的防弊要求在 1935 年之后依然不能严格执行。可想而知，近代中国内部管理体系和流程的完善程度还在路上。

（二）金融控制使得公共物品转变有限

1935 年南京国民政府通过直接控制中央银行、中国银行、交通银行、农民银行等四家银行，控制全国的金融业。1936 年这四家银行在全国 164 家银行中占有绝对的控制能力：实收资本占 42%，资产总额占 59%，各项存款占 59%，发行兑换券占 78%，纯益占 44%。[2] 经过抗战，这四家国家银行控制能力更进一步地得到提升，1946 年 6 月四行二局（前面提到的四家国家银

---

① 上海市档案馆藏：《华中水电公司任职人员保证书》，档号：Q578-1-236。
② 中国银行总管理处经济研究室：《全国银行年鉴》，1937 年。

行以及国家控制的邮政储金汇业局和中央信托局）的存款占全国存款总额的92.9%，放款占全国放款总额的97.9%。[①]

在国家垄断金融机构的环境中，各种金融制度的推进多是政府强制推行的。[②] 从 1935 年提出的"特种现金保证办法"看，该办法经过多次修改，但没来得及实行。1945 年抗日战争结束之后，"特种现金保证办法"有一次被提出。1946 年 10 月，上海市参议会决定废除现行从业员保证办法，采用特种现金保证，并呈行政院。行政院接到建议后，电请四联总处核议，却遭到了代表国民党行政院意见的四联总处秘书处的否决。[③] 很显然，在南京国民政府控制了金融体系后，制度的推进受到制度供给的制约。

（三）政治不稳定

在 20 世纪上半叶，不仅日本发动了全面侵华战争，国民党也发动了全面内战。虽然战争对经济有破坏，但是人们政党立场的不同也会腐蚀员工的信任。比如，在 1947 年中央合作金库的档案中发现金库职员保证书的审查办法，规定保证人职业：公务人员、党务工作人员、各级学校人员、民意机关人员、国营事业机关人员；被保人职员职级薪俸十八级以下者，要求保证人职级为文职荐任以上或武职校官以上；被保人职员职级薪俸十七级以上者，要求保证人文职荐任以上或武职将官以上。并且出纳人员除具个人担保外并须加具殷实铺保。[④] 这样的保证人安排可以保证政治上的安全性。

在 1947 年 10 月上海市社会局的相关档案表明，当时的职员保证书很大程度上是为了保证政治安全。"查本局暨各附属机关职员达五百余人，大多系由各方介绍任用，其中是否有不良分子混入一时殊难查改，兹为郑重慎密起见，拟具连环保证书暨保证规则各一种外，并为分层负责起见，由各单位主管人员负责查核各单位工作人员行动、思想，如发现可疑立即密报，以便处理。外关于本市农工商团体情形，尤为复杂，拟请转饬各有关主管处，核签

---

① 《中央银行月报》，1947 年第 2 期。
② 杜恂诚：《中国近代两种金融制度的比较》，载《中国社会科学》2000 年第 2 期。
③ 孙建国：《论民国时期上海银行业防弊与信用保证制度变革》，载《中国经济史研究》2007 年第 1 期。
④ 上海市档案馆藏：《中央合作金库职员保证书审核办法及上海分库人员保证事宜之来往函》，档号：Q70-1-3。

办理。"①

因此政治上的不稳定，导致保证人保证方向的改变。

四、新中国成立后担保人社会资本转向公共物品的新方式

新中国成立之后，由于经济基础的薄弱以及商人的投机行为，导致了经济的动荡和社会的不稳定。为了顺利接管经济和建设新中国，我国确立了以统购统销为基础的计划经济主体。逐步实现对农业、手工业、私营工商业的产销和市场价格开始实行计划管理。如 1952 年 8 月 4 日，毛泽东在政协第一届全国委员会常委会第三十八次会议上的讲话指出："经过两年半的奋斗，现在国民经济已经恢复，而且已经开始有计划的建设了"②，我国的计划经济体制初步形成。1952 年 11 月成立了与政务院平级的国家计划委员会。在全国范围内实行重要物资统一分配制度。1954 年，一届人大一次会议通过的第一部《中华人民共和国宪法》第十五条规定："国家用经济计划指导国民经济的发展和改造，使生产力不断提高，以改进人民的物质生活和文化生活，巩固国家独立和安全。"这表明，计划经济体制已成为我国法定的经济体制。1957年发布《关于各部负责综合平衡和编制各该管生产、事业、基建和劳动计划的规定》，至此中国计划经济体制框架已定型。③

在计划经济条件下，劳动力就业采取政府在既定的地理区域范围内直接安排与调配的就业方式，工资标准也由国家统一规定，因此较少发生劳动力的流动。企业都是国有企业，单位就像之前的乡村社会，人们依附于单位，这样人和人之间的信息和信任又重新建立起来。这时对员工的信任是构建在单位层面上的公共产品。虽然没有民国时期的集体信用保单和行业互助保险，但是国有企业的国有性质已经为全体单位员工提供了公共物品性质的隐性担保。至此，计划经济下的担保人"信任"的公共物品转化以新方式得以实现。

---

① 上海市档案馆藏：《上海市社会局关于社会部电发后方共产党处理办法"修正办法"》（1947 年），档号：Q6-6-1053。

② 中共中央文献研究室：《建国以来重要文献选编》（第三册），北京：中央文献出版社 2011 年版，第 263 页。

③ 洪银兴、杨德才编：《中国共产党百年经济思想史论》，天津：天津人民出版社 2021 年版，第 349—350 页。

附录一：上海商业储蓄银行行员工资数据

表格说明：

1. 档号：总共有四位，比如 3001。第一位数字代表上海市档案馆相关档案的号码。比如，上海市档案馆中关于上海商业储蓄银行在 1937 年的行员调查总共有四个卷宗：Q275-1-1273、Q275-1-1274、Q275-1-1275 和 Q275-1-1276，那么 3001 中的 3 就代表 Q275-1-1273 这一卷宗。3001 的后三位，001 代表在这一卷宗中的具体位置，即第一份行员档案。

2. 姓名：多数行员录入了姓和名。但鉴于近代人们亦常用姓和字的组合，我们对于比较重要的一些行员也录入了姓和字代表的名字，因此有些行员的姓名栏中有两个名字。另外，在这一栏中也把较少的几位女性行员标识出来。

3. 调动记录：调动记录是从行员进入银行开始记录的，因此，最少的行员调动次数为 1 次。

4. 练习生：为 1 表示最初以练习生身份进入银行。

5. 保人应具身家和保人财产状况的单位都是万银元。

最后，缺失的数据都是以空格的形式进行录入的。

	档号	姓名	年龄	籍贯	学历	工作经验（有为1）	进行年份（民国）	进行薪水（银元）	1937年薪水（银元）	练习生（是为1）	职务调动记录（次）	1937年所在行处	保人应具身家	保人财产状况（万银元）	介绍人	介绍人数（个）	介绍人职业
1	3001	李同春/李桐村	42	江苏江宁	上海金业私立商业学校毕业	1	5		600	0	5	总行			唐寿民	3	前本行
2	3002	杨静祺/杨介眉	54	江苏南京	武昌文华书院	1	11		800	0	1	总行					
3	3003	朱如堂		浙江吴兴			25		500	0	1	总行					
4	3004	邹秉文	45	江苏吴县	美国康奈尔大学农科毕业	1	21		500	0	1	总行			陈光甫	15	本行
5	3005	陈辉德/陈光甫	57	江苏丹徒	美国宾夕法尼亚大学商学士	1	4		1200	0	1	总行					
6	3007	潘思黎	32	浙江杭县	沪江大学研究院	1	23	160	260	0	5	总行	4	1			
7	3008	朱孝祖/朱汝骙	32	浙江嘉兴	嘉兴二中	1	19		300	0	1	总行	2	20	李毅齐	1	汉口义瑞公司
8	3009	倪文硕	41	安徽石埭	法政专校	1	24		240	0	1	总行	2		李桐村	15	本行
9	3010	孔庆宣/孔士声	29	江苏吴县	江苏二中毕业	0	13		150	0	4	总行业务处	5	5			
10	3011	张骧麟	28	浙江嘉兴	复旦大学会计系毕业	0	20	30	120	0	3	总行业务处	1	合格	夏玉书	16	会计师
11	3012	钮师愈	35	浙江吴兴	东吴一中毕业	1	22	70	110	0	4	总行业务处	2	合格	钱新之	1	交通银行
12	3013	罗永基		江苏常熟	复旦大学商科半年	1	18		100	0	1	总行业务处	2	20	徐潮康	8	本行

续表

	档号	姓名	年龄	籍贯	学历	工作经验（有为1）	进行年份（民国）	进行薪水（银元）	1937年薪水（银元）	练习生（是为1）	职务调动记录（次）	1937年所在行处	保人应具身家	保人财产状况（万银元）	介绍人	介绍人数（个）	介绍人职业
13	3014	夏有声/夏振九	35	湖北蕲春	暨南大学商学士	1	22	60	100	0	3	总行调查处	0.5	2—3	曹世勋	1	
14	3015	崔年成/崔钧仲	25	江苏吴县	敬业中学肄业	0	20	20	70	1	6	总行业务处	1	2	吴维贤	1	福州中央银行
15	3016	郎念祖	25	浙江余姚	桃坞中学肄业	0	20	20	65	1	3	总行业务处	1	10	徐谢康	8	本行
16	3017	魏国钧	25	浙江慈溪	南洋中学	0	20	20	65	1	4	总行业务处	1	合格	张民良	1	本行
17	3018	凌统	25	江苏江都	扬州中学毕业	1	23	55	55	0	1	总行业务处	2	2.5			
18	3019	王俊豪	22	江苏青浦	上海中学商科毕业	0	22	20	55	1	4	总行调查处	1	2—3			
19	3020	彭根生	23	江苏上海	上海中学商科一年	0	23	40	50	0	2	总行业务处	0.5	1	王祺祥	1	
20	3021	黄家乾	25	广东香山	华童公学三年级	0	22		50	0	1	总行业务处	2	合格			
21	3022	顾维贞/顾启山	23	江苏宝山	上海民立中学毕业	0	23	20	40	1	2	总行调查处	2	2			
22	3024	华卫中		江苏无锡			22		360	0	1	专员					
23	3025	杨云表	51	江苏无锡			12		380	0	1	总行					

续表

0.25毫米	档号	姓名	年龄	籍贯	学历	工作经验（有为1）	进行年份（民国）	进行薪水（银元）	1937年薪水（银元）	练习生（是为1）	职务调动记录（次）	1937年所在行处	保人应具身家	保人财产状况（万银元）	介绍人	介绍人数（个）	介绍人职业
24	3026	陈始祥	30	江西鄱阳	东吴法学院毕业	1	21		220	0	1	总行			马少卿	4	本行
25	3027	任启元/任会轩	31	广东花县	东吴法学院毕业	1	23		130	0	1	总行			陈始祥	2	本行
26	3028	宋光第/宋玉孙	42	江苏上海	私塾及青年会夜校	1	9		200	0	1	总行业务处					
27	3029	郁福祥/郁正齐	36	江苏吴县	南通甲种商业学校肄业	1	10		150	0	1	总行业务处	2	3—4			
28	3030	胡学书/胡叔祥	31	安徽当涂	私塾南京钟英中学肄业	1	17		130	0	1	总行业务处	3	1—2	赵汉生	14	本行
29	3031	沈家齐	27	江苏吴县	东吴二中	1	17		120	0	1	总行业务处	1	5	程继高	1	苏州交通银行
30	3032	孙家共/孙午廉	33	江苏奉贤	光华大学毕业	1	19	30	95	0	3	总行业务处	2	5—6	余日宣	1	沪江大学教授
31	3033	陆镇民	27	江苏川沙	中央商学院肄业半年	0	19	30	90	0	5	总行业务处	3	2—3	奚季耕	5	本行
32	3034	陈杨清/陈松溪	32	江苏吴县	省立二中肄业	0	18	45	90	0	5	总行业务处	1	2	张景吕	2	国华银行
33	3035	陈洪年/陈绍南	30	浙江杭县	之江大学肄业	1	19	30	85	0	5	总行业务处	1	10	程德金	1	
34	3036	马俊培	36	江苏镇江		0	6		150	0	1	总行业务处	4	合格	陈光甫	15	本行

续表

0.25毫米	档号	姓名	年龄	籍贯	学历	工作经验（有为1）	进行年份（民国）	进行薪水（银元）	1937年薪水（银元）	练习生（是为1）	职务调动记录（次）	1937年所在行处	保人应具身家	保人财产状况（万银元）	介绍人	介绍人数（个）	介绍人职业
35	3037	庄年毅／庄季丰	33	江苏武进	中国公学毕业	1	26	150	150	0	1	总行业务处	1	1	庄得之	13	本行
36	3038	陈世麓	29	浙江诸暨	南洋高商毕业	1	19	60	110	0	3	总行业务处	2	合格	华承颍	2	本行
37	3039	严悦庆	28	江苏丹徒	南通甲种商业学校	1	20	50	95	0	3	总行业务处	3	3	吕苍岩	9	本行
38	3040	郑栓梁	40	江苏吴县	守真学堂	1	22		90	0	1	总行业务处	1	3—4	唐和羹	7	本行
39	3041	华瑞熙／华浦荪	32	江苏无锡	青年会中学肄业	0	24	80	80	0	2	总行业务处	2	5	华栋臣	10	汉口福新纱厂经理
40	3042	郭惠任	28	江苏吴县	东吴大学毕业	0	22		60	0	1	总行业务处	2	1—2	徐谢康	8	本行
41	3043	包家瑞	25	江苏吴县	民立中学毕业	0	20	20	60	1	5	总行业务处	1	2	庄得之	13	本行
42	3044	冯遇春／冯建民	26	江苏宝山	中华职业补习学校	1	23		50	0	1	总行业务处	0.5	0.7			
43	3045	徐信德	22	浙江鄞县	上海中学肄业	0	23	20	50	1	3	总行业务处	1	1—2	张镜寰	2	本行
44	3046	任星联	26	广东花县	朝阳学校毕业	0	26	30	40	0	2	总行业务处	2	2	陈始祥	2	本行
45	3048	赵汉生／赵汉声	44	江苏丹徒	南京江南商校	1	9		500	0	1	总行业务处	2				

续表

0.25毫米	档号	姓名	年龄	籍贯	学历	工作经验（有为1）	进行年份（民国）	进行薪水（银元）	1937年薪水（银元）	练习生（是为1）	职务调动记录（次）	1937年所在行处	保人应具身家	保人财产状况（万银元）	介绍人	介绍人数（个）	介绍人职业
46	3049	李声和	37	江苏江宁	美汉中学	0	10		130	0	1	总行业务处	2	合格	李桐村	15	本行
47	3050	黄玉珂	33	安徽桐城	复旦大学商科毕业	1	23	80	100	0	2	总行调查处	0.5	5—6	章午云	1	本行
48	3051	闵之容	29	江苏南通	复旦大学毕业	0	20		100	0	1	总行业务处	1	10	奚玉书	16	会计师
49	3052	李斌耀／李正文	28	江苏无锡	无锡中学毕业	0	19		70	0	1	总行业务处	1	3	颜籛之	2	
50	3054	徐调康／徐希玄	38	江苏吴县	南洋大学毕业	1	10	50	480	0	7	总行人事处		合格	林康侯	5	上海银行公会
51	3055	盛载昌／盛宗才	35	江苏吴县	江苏省立三中肄业	1	11	2	150	1	3	总行人事处	4	4	贝诒安	9	本行
52	3056	史宝楚	28	江苏常熟	复旦大学经济学毕业	0	22	80	130	0	2	总行人事处	1	合格	张赓麟	3	本行
53	3057	陈衣诗	28	浙江吴兴	之江高中	1	19	30	110	0	2	总行人事处	1	合格	陈际唐	1	本行
54	3058	杜元亮／杜秉道	27	江苏松江	格致公学肄业	0	19	30	95	0	3	总行人事处	2	合格	唐和羹	7	本行
55	3059	华汉额／华汉霖	34	江苏无锡	复旦大学毕业	1	20	60	90	0	2	总行人事处	2	3—4	汪新民	1	大学教授
56	3060	龚积云／龚宜珍	29	江苏吴江	中央大学商学院	0	19		90	0	1	总行业务处	1	1—2			

续表

0.25毫米	档号	姓名	年龄	籍贯	学历	工作经验（有为1）	进行年份（民国）	进行薪水（银元）	1937年薪水（银元）	练习生（是为1）	职务调动记录（次）	1937年所在行处	保人应具身家	保人财产状况（万银元）	介绍人	介绍人数（个）	介绍人职业
57	3061	金原/金丽录	23	浙江鄞县	浙江省立四中	0	22	20	65	1	2	总行人事处	1	20			
58	3062	方廷钧	45	江苏无锡	英华中学	1	20	30	65	0	4	总行人事处	0.5	1	王元禄	3	本行
59	3063	李培德	23	江苏武进	常州中学毕业	0	23	20	40	1	2	总行人事处	1	融通合格			
60	3064	王焕森	34	江苏武进	常州育志小学私塾	1	25	40	40	0	1	总行人事处	2	3—5	瞿梅僧	1	
61	3065	王季昌	23	江苏常熟	桃坞中学肄业	1	26	45	45	0	1	总行人事处	0.5	0.5—0.6	潘序伦	1	会计师
62	3066	唐和羹	43	江苏无锡	圣芳济学校	1	10		340	0	1	总行	0.5	2—3	金崇城	15	本行
63	3067	郑荣保/郑健峰	45	福建闽侯	美国哥伦比亚大学商硕士	0	12		300	0	1	总行			林则蒸	1	两路管理局
64	3068	李植模	45	浙江鄞县	金业学校	1	4		280	0	2	总行					
65	3069	丁清华/丁安治	40	浙江湖州	吴兴中学毕业	0	5		280	0	2	总行			陆庆业	1	
66	3070	叶元富	27	湖北汉口	之江大学毕业	0	26	40	40	0	1	总行人事处	0.5	1	实业部	2	
67	3071	蒋宗清/蒋惠光	56	浙江慈溪		0	7		340	0	1	总行					

续表

0.25毫米	档号	姓名	年龄	籍贯	学历	工作经验（有为1）	进行年份（民国）	进行薪水（银元）	1937年薪水（银元）	练习生（是为1）	职务调动记录（次）	1937年所在行处	保人应具身家	保人财产状况（万银元）	介绍人	介绍人数（个）	介绍人职业
68	3072	葛昌熙/葛士焘	43	江苏吴县	敬业书院	1	6		340	0	1	总行		20			
69	3073	华翼孙/华贻模	31	江苏无锡	无锡工商中学肄业	0	13		95	0	1	总行业务处	3	5—6	华艺珊	5	本行
70	3074	田宜福	28	湖北武昌	武昌中学大学肄业	0	19		65	0	1	总行业务处	2	10	杨介眉	19	本行
71	3075	华英藏（女）	33	江苏吴江	湖南湖启女学	0	21		70	0	1	总行	0.3	50	朱如堂	1	本行
72	3076	钮心沂	21	浙江吴兴	湖州省立中学初中肄业	0	23	20	40	1	3	总行人事处	1	符合	钮永建	1	政治家
73	3077	徐珊	22	江苏宜兴	青年会中学毕业	0	22	20	60	1	3	总行业务处	1	合格	任定兹	1	交通银行
74	3078	鲍正润/鲍广福	36	江苏上海	纽约大学	0	17	35	180	0	1				薛敏老	1	小吕宋中兴银行
75	3079	张国权	27	江苏上海	招商公学毕业	0	20	30	75	0	4	总行业务处	0.5		张君翼	1	中国旅行社
76	3080	陆增德/陆润之	27	江苏上海	江苏中学	0	19	30	75	0	4	总行业务处	3	30—40			
77	3081	陈佼/陈湘涛	43	江苏松江	清华大学毕业	1	20		350	0	1	总行			徐逸民	1	
78	3082	潘戉欧	29	湖北黄陂	法政学院毕业	0	22	30	50	0	3	总行调查处	1	5	杨介眉	19	本行

续表

0.25毫米	档号	姓名	年龄	籍贯	学历	工作经验（有为1）	进行年份（民国）	进行薪水（银元）	1937年薪水（银元）	练习生（是为1）	职务调动记录（次）	1937年所在行处	保人应具身家	保人财产状况（万银元）	介绍人	介绍人数（个）	介绍人职业
79	3083	章植/章午云	31	江苏无锡	复旦大学经济学硕士	1	20	120	300	0	3	总行调查处	1	5	资耀华	1	本行
80	3084	盛德生	24	江苏吴县	上海中学毕业	0	22	20	45	1	3	总行调查处	1	10			
81	3085	杜元运/杜诚一	23	江苏松江	南洋商科高中	1	26	30	30	0	1	总行调查处	2	相符	杜元亮	2	本行
82	3086	柴云峰	28	河南新县	国立北平大学毕业	1	26	40	40	0	1	总行调查处	3	3	实业部	2	
83	3087	程凤鸣	31	江苏南京	第二师范中学肄业	1	23	28	40	0	2	总行调查处	0.1	保险公司保险	董鲸波	1	本行
84	3088	周曾棫	25	江西吉安	复旦大学毕业	0	25	30	55	0	2	总行调查处	1	合格	李荟侯	21	本行
85	3089	周庚/周伯长	39	江苏吴县	交通大学二年	1	17	60	140	0	4	总行调查处	2	14	徐谢康	8	本行
86	3090	周李生	22	江苏上海	上海民生中学毕业	0	23	20	40	1	2	总行调查处	1	1			
87	3091	张祖望/张克家	30	江苏大仓	江苏省立四中毕业	1	23	50	60	0	3	总行调查处	2	2~3	鲍臧铸	3	本行
88	3092	姚秉钧	22	浙江嘉兴	嘉兴中学毕业	0	22	20	50	1	4	总行调查处	1	尚可合格	朱汝谦	6	本行
89	3093	陈纶裘/陈隔美	30	浙江鄞县	金业商业学校毕业	1	21	50	65	0	2	总行调查处	3	合格	林联琛	8	江西裕民银行经理

续表

0.25毫米	档号	姓名	年龄	籍贯	学历	工作经验（有为1）	进行年份（民国）	进行薪水（银元）	1937年薪水（银元）	练习生（是为1）	职务调动记录（次）	1937年所在行处	保人应具身家	保人财产状况（万银元）	介绍人	介绍人数（个）	介绍人职业
90	3094	沈麓珍（女）	26	江苏上海	清心中学初中二年	1	20	40	55	0	2	总行总务科	0.2	勉可合格	顾飞华	2	
91	3095	唐洪泰/唐干贞	30	广东中山	东南附中肄业	1	23	50	55	0	2	总行总务科	0.5	2—3	朱文瑞	1	文瑞印书馆
92	3096	许玉轩	39	浙江绍兴	绍兴省立学校	1	13	8	80	0	4	总行总务科	0.5	0.5—0.6	陈振甫	1	上海警察局
93	3097	席广森	57	江苏扬州	私塾	1	11	16	75	0	3	总行总务科	0.5	0.6—0.7	陈光甫	15	本行
94	3098	唐慕贤（女）	28	江苏上海	进德女子中学毕业	0	19	30	70	0	3	总行总务科	1	4—5	蒋惠先	6	本行
95	3099	顾正梦（女）	29	浙江海宁	杭州省立师范毕业	0	19	30	60	0	3	总行总务科	0.3	合格	林康侯	5	上海银行公会
96	3100	王永庆	35	浙江鄞县	杭州辅仁小学	1	19	30	50	0	4	总行总务科	1	1	黄松鹤	1	
97	3101	王少康	55	广东中山		1	9	25	100	0	3	总行总务处	0.3	合格	杨华燕	1	湖北大冶矿厂矿长
98	3102	王万春	22	江苏无锡	无锡正益中学肄业	0	23	20	40	1	3	总行总务处	2	10			
99	3103	王余龙	21	浙江余姚	上海沪滨英专毕业	0	23	20	40	1	4	总行总务处	2	3—4			
100	3104	区鸿翔	35	广东中山	圣芳济学校肄业	1	20	70	150	0	2	总行总务处	2	30—40	赵仲光	2	本行

续表

0.25毫米	档号	姓名	年龄	籍贯	学历	工作经验（有为1）	进行年份（民国）	进行薪水（银元）	1937年薪水（银元）	练习生（是为1）	职务调动记录（次）	1937年所在行处	保人应具身家	保人财产状况（万银元）	介绍人	介绍人数（个）	介绍人职业
101	3105	李罗大（女）	24	浙江鄞县	柏美兰女校肄业	0	22	35	50	0	2	总行总务处	0.2	合格	夏鹏	2	商务印书馆/本行杂志
102	3106	李孟德	26	浙江慈溪	苏州晏成中学肄业	1	25	40	40	0	3	总行总务处	4	5	李桐村	15	本行
103	3107	夏叔铮	37	江西新建	江西省立第一中学	1	23	70	70	0	3	总行总务处	2	2—3	李阏菲	3	本行
104	3108	吴永龄/吴松根	45	浙江鄞县	鄞县小学毕业	1	22	65	75	0	2	总行总务处	2	1—2	鲍咸销	3	本行
105	3109	时秉祥/时木天	38	浙江平湖	南泽中学毕业	1	16	30	65	0	6	总行总务处	1	10	金宗城	15	本行
106	3110	罗彭年	27	浙江鄞县	崇正小学毕业	1	23	40	50	0	2	总行总务处	0.2	1	区鸿翔	3	本行
107	3111	邹杏生/邹元良	57	江苏无锡	私塾	1	12	10	90	0	4	总行总务处	1	1	陈光甫	15	本行
108	3112	刘奇	24	江西安义	江西匡庐中学毕业	0	24	20	60	1	4	总行总务处	1		程顺元	7	本行
109	3113	刘祥徽/刘瑞伯	37		圣约翰大学毕业	0	13	10	160	0	5	总行总务处	1	合格	庄得之	13	本行
110	3114	张德匡	29	江苏吴县	澄衷中学肄业	1	19	30	90	0	3	总行总务处	2	合格	陈衣诗	2	本行

续表

0.25毫米	档号	姓名	年龄	籍贯	学历	工作经验(有为1)	进行年份(民国)	进行薪水(银元)	1937年薪水(银元)	练习生(是为1)	职务调动记录(次)	1937年所在行业	保人应具身家	保人财产状况(万银元)	介绍人	介绍人数(个)	介绍人职业
111	3115	韦玉荷(女)	28	广东中山	柏美兰中学初中毕业	1	23	40	45	0	2	总行总务处	0.3	合格	章常五	1	
112	3117	宋雪薇(女)	26	江苏吴县	南洋女中初中二年级	0	23	30	50	0	3	总行会计部	1	合格	宋春舫	2	本行
113	3118	潘绍城	26	浙江鄞县	省立上海中学肄业	0	20	20	75	1	6	总行会计处	2	1	孙继仁	1	本行
114	3119	沈光孙/沈益鸣	32	江苏吴县	苏州四高小学毕业	1	12	2	95	1	4	总行会计处	2	1	贝叡安	9	本行
115	3120	沈维经	29	江苏吴江	美国西北大学毕业	0	20	120	280	0	3	总行会计处	1	合格	沈体兰	1	上海麦伦中学
116	3121	谢超/谢作周	24	福建闽侯	英美书院毕业	0	20	20	70	1	4	总行会计处	1	1—2	王选	1	本行
117	3122	郑九鼎	43	福建闽侯	福州开智中学	1	19	140	220	0	3	总行会计处	0.5	合格	金宗城	15	本行
118	3123	郎君伟	36	江苏镇江	美国美希干大学	1	19	60	130	0	3	总行会计处	2	合格	陈光甫	15	本行
119	3124	王宗鳌	25	江苏吴县	苏州晏成中学肄业	0	20	20	75	1	4	总行会计处	1	10	葛士荞	12	本行
120	3125	王昌明/王谦益	26	江苏吴江	大同大学预科毕业	1	19	30	70	0	2	总行会计处	4	12			
121	3126	秦毓铭	25	江苏无锡	澄衷中学	0	20	20	65	1	3	总行检查部	1	小康符合	丁葆端	2	本行

续表

	档号	姓名	年龄	籍贯	学历	工作经验（有为1）	进行年份（民国）	进行薪水（银元）	1937年薪水（银元）	练习生（是为1）	职务调动记录（次）	1937年所在行处	保人应具身家	保人财产状况（万银元）	介绍人	介绍人数（个）	介绍人职业
0.25毫米																	
122	3127	吉乃森	48	江苏江都	金陵大学	1	7	40	180	0	8	总行会计处		合格	李桐村	15	本行
123	3128	马梅生/马家让	29	浙江鄞县	明强中学肄业	0	15	4	75	1	3	总行会计处	1	合格	虞洽卿	1	上海总商会会长
124	3129	万耀南/万衡山	35	江苏丹徒	通才商业学校肄业	0	12	2	100	1	6	总行会计处	2	2	黄静泉	2	糖商本行董事
125	3130	吴文光/吴乾鸿	20	浙江鄞县	青年会中学	0	25	20	20	1	2	总行会计处	1	1	区鸿翔	3	本行
126	3131	吴瑞元	28	江苏吴县	江苏省立二中肄业	1	18	30	70	0	5	总行会计处	1	合格	贝哉安	9	本行
127	3132	何嘉佑/何守仁	35	江苏上海	上海民立中学毕业	0	9	10	170	0	5	总行会计处	2	2	张公权	1	中国银行总经理
128	3133	张锡琬	25	浙江镇海	天津私立商业学校	0	20	20	60	1	7	总行会计处	1	5			
129	3134	孙裕顺	30	江苏丹阳	丹阳商务学校肄业	0	11	2	80	1	8	总行会计处	2	2	袁海珊	1	
130	3136	沈芸佩（女）	28	浙江吴兴	香港圣保罗女校	0	19	30	65	0	3	总行营业部	0.3	合格	潘仰光	1	中华职业学校校长
131	3137	祝瑞麟/祝叔彰	35	江苏丹徒	省立甲种商业学校	1	20	60	100	0	3	总行营业部	3	3	刘少平	2	本行

续表

0.25毫米	档号	姓名	年龄	籍贯	学历	工作经验（有为1）	进行年份（民国）	进行薪水（银元）	1937年薪水（银元）	练习生（是为1）	职务调动记录（次）	1937年所在行处	保人应具身家	保人财产状况（万银元）	介绍人	介绍人数（个）	介绍人职业
132	3138	赵秉濬/赵仲光	46	江苏无锡	无锡师范	1	19	70	110	0	6	总行营业部	4	5	华卫中	5	本行
133	3139	黄绍荃	30	广东番禺	圣约翰大学研究院毕业	0	21	60	90	0	3	总行营业部	2	尚能符合	杨介眉	19	本行
134	3140	董宝瑜/董玉栽	36	江苏丹徒	青年会中学	1	17	64	130	0	3	总行营业部		5—6	朱动甫	1	
135	3141	黄卓山	54	广东中山	中西书馆	1	19	260	360	0	3	总行营业部			马聘三	3	
136	3142	金元豪/金宗城	43	浙江镇海	金业学校	1	8	40	540	0	12	总行营业部					
137	3143	周学梯/周益三	40	浙江吴兴	浙江三中肄业	1	17	44	80	0	3	总行营业部	1	合格	陈蒲生	1	
138	3144	张仁彦/张燮钧	48	江苏青浦	震旦学院毕业	1	10	10	200	0	4	总行营业部	1	融通合格			
139	3145	孙世滋/孙柏青	42	浙江鄞县	前清学幕	1	26	120	120	0	1	总行营业部	4	合格	楼霞来	1	
140	3147	沈铁枚/沈育青	42	江苏上海	民立中学毕业	1	23	80	90	0	2	总行放款部	3	3—4	董承道	4	本行
141	3148	谢廷尧/谢法之	23	江苏吴县	安定中学毕业	0	23	20	40	1	2	总行放款部	2	2			
142	3149	李昌鼎/李秉彝	24	浙江嘉定	上海中学初中毕业	0	20	20	60	1	6	总行放款部	2	4	赵仲光	2	本行

续表

	档号	姓名	年龄	籍贯	学历	工作经验（有为1）	进行年份（民国）	进行薪水（银元）	1937年薪水（银元）	练习生（是为1）	职务调动记录（次）	1937年所在行处	保人应具身家	保人财产状况（万银元）	介绍人	介绍人数（个）	介绍人职业
143	3150	裘启华	34	浙江绍兴	浙江五中毕业	1	19	40	85	0	6	总行放款部	3	20	娄青	1	天津开滦矿务局
144	3151	周武陵/周再源	33	浙江奉化	上海格致公学肄业	0	14	12	120	0	4	总行放款部	4	5—6	金宗城	15	本行
145	3153	浦潞/浦仰文	25	浙江嘉定	民立中学肄业	1	23	35	55	0	2	总行活存部	3	2—3	奚玉书	16	会计师
146	3154	沈善钧/沈衡甫	39	江苏吴县	大同大学毕业	0	10	10	140	0	5	总行活存部	3	合格	陈文凤	1	法租界公董局
147	3155	高纂同/高仲郁	32	福建长乐	法国里昂高商专门学校	1	22	60	70	0	3	总行活存部	2	10	高鲁	1	南京监察委员
148	3156	席裕寿	35	江苏吴县	苏州东吴中学毕业	0	20	30	85	0	2	总行活存部	2	20	叶承谨	1	
149	3157	郑庄昌/郑颐卿	25	江苏吴县	上海三育初中毕业	1	18	30	80	0	3	总行活存部	2	5	江如松	11	本行
150	3158	王礼昭	29	浙江鄞县	江苏公立商业学校肄业	0	18	30	75	0	2	总行活存部	1	1	李植模	3	本行
151	3159	杨宝勤	18	江苏无锡	上海民立中学肄业	0	26	20	20	1	1	总行活存部	2	符合	金绥章	2	本行
152	3160	赵镇楔/赵叔豪	30	江苏太仓	江苏四中毕业	1	22	55	65	0	2	总行活存部	2	1—2	金宗城	15	本行
153	3161	林永润	29	浙江鄞县	沪江大学肄业	1	23	70	85	0	2	总行活存部	4	20			

续表

0.25毫米	档号	姓名	年龄	籍贯	学历	工作经验（有为1）	进行年份（民国）	进行薪水（银元）	1937年薪水（银元）	练习生（是为1）	职务调动记录（次）	1937年所在行处	保人应具身家	保人财产状况（万银元）	介绍人	介绍人数（个）	介绍人职业
154	3162	万本瑞/万洞泝	31	江苏吴县	沪江大学毕业	0	18	30	100	0	3	总行活存部	2	1—2	贝哉安	9	本行
155	3163	范稚圭	39	江苏吴县	东吴二中肄业	1	11	60	360	0	6	总行活存部		合格			
156	3164	吴炳麟/吴丙林	30	安徽休宁	光华大学毕业	0	20	30	80	0	6	总行活存部	2	7—8	吴敬臣	2	
157	3165	钱天/钱贵云	31	江苏上海	上海华童公学	1	22	60	80	0	2	总行活存部	2	5	奚玉书	16	会计师
158	3166	金绶章/金纽华	30	江苏吴县	民立中学	0	13	2	140	1	2	总行存款部	2	合格	朱幼岑	3	信丰面粉厂
159	3167	毛逸	32	江苏江宁	光华大学经济系毕业	0	20	30	90	0	2	总行存款部	3	2—3	杨敦甫	13	本行
160	3168	单尧章	33	江苏南通	南通商业专门学校	0	13	2	90	1	3	总行活存部	2	符合			
161	3169	何怀德	32	浙江会稽	上海华之中学肄业	1	19	50	85	0	2	总行存款部	1	5	朱成章	3	本行
162	3170	徐汉声	27	江苏宝山	上海南洋商业高中毕业	1	23	50	65	0	2	总行活存部	4	合格	奚玉书	16	会计师
163	3171	周渭通	30	江苏吴县	震旦大学肄业	1	20	30	85	0	2	总行活存部	2	合格	杨敦甫	13	本行
164	3172	刘乐和	21	浙江杭县	沪江大学理科毕业	0	26	30	40	0	2	总行活存部	2	2	潘思霖	1	本行

续表

0.25毫米	档号	姓名	年龄	籍贯	学历	工作经验（有为1）	进行年份（民国）	进行薪水（银元）	1937年薪水（银元）	练习生（是为1）	职务调动记录（次）	1937年所在行处	保人应具身家	保人财产状况（万银元）	介绍人	介绍人数（个）	介绍人职业
165	3173	张镜先	23	江苏宜兴	省立常州中学肄业	0	21	20	45	1	2	总行活存部	4	20	伍渭英	1	本行
166	3174	姚永炳	31	江苏上海	复旦大学商科毕业	0	20	30	85	0	2	总行活存部	2	合格	李登辉	1	
167	3175	陆黑／陆永吉	26	江苏无锡	附中肄业	0	18	30	85	0	3	总行活存部	2	2	唐和羹	7	本行
168	3176	孙慎和	27	江苏江宁	民立中学毕业	0	20	30	80	0	2	总行存款部	3	2—3	杨敦甫	13	本行
169	3177	陶学瑧	27	江苏吴县	苏州晏成中学毕业	0	20	30	80	0	2	总行活存部	2	5	贝少伯	4	本行
170	3179	沈能文	33	江苏南通	江东中学初中肄业	1	24	40	45	0	6	总行往来部	1	合格	张永淇	3	本行
171	3180	汪鎏／汪君藩	28	安徽休宁	上海远东高中	1	19	30	100	0	2	总行往来部	4	4	李芸侯	21	本行
172	3181	计颂恩	25	江苏南通	清心中学毕业	0	22	20	45	1	4	总行往来部	0.5	0.5			
173	3182	郑仲清	26	江苏武进	苏州翠英中学毕业	0	20	20	65	1	2	总行往来部	2	7—8	沈同铨	2	商
174	3183	李守仁	21	江苏镇江	正谊中学初中	1	26	25	25	0	1	总行往来部	2	8	刘少平	2	本行
175	3184	赵鸿桭／赵鹏九	30	江苏镇江	镇江崇德中学	1	18	45	90	0	7	总行往来部			陶竹勋	10	本行

续表

0.25毫米	档号	姓名	年龄	籍贯	学历	工作经验（有为1）	进行年份（民国）	进行薪水（银元）	1937年薪水（银元）	练习生（是为1）	职务调动记录（次）	1937年所在行处	保人应具身家	保人财产状况（万银元）	介绍人	介绍人数（个）	介绍人职业
176	3185	韩家珍/韩友益	36	浙江慈溪		1	15	30	140	0	2	总行/任末部	3	合格	宋云生	1	
177	3186	丁寿昌/丁还仁	21	浙江吴兴	省立苏州中学肄业	0	22	20	55	1	2	总行/任末部	1	4	顾箴之	1	本行
178	3187	杨思贤	31	浙江吴兴	湖州旅沪公学初中二年级	1	20	30	65	0	2	总行/任末部	2	4	林联琛	8	江西裕民银行经理
179	3188	叶庆镕	50	浙江吴兴	家塾	1	20	50	70	0	2	总行/任末部	3	3	庄得之	13	本行
180	3189	叶以文	26	江苏丹徒	南京高中毕业	1	25	45	45	0	2	总行/任末部	4	300	黄石屏	2	
181	3190	黄天钺	28	江苏江宁	南京青年会中学	1	23	35	50	0	2	总行/任末部	3	7—8	葛士彝	12	本行
182	3191	严嘉寿	32	江苏上海	澄衷中学初中	1	24	40	50	0	2	总行/任末部	4	合格	潘纪言	12	本行
183	3192	严英/严仲杰	39	江苏镇江	私塾	1	23	45	55	0	2	总行/任末部	4	3—4	祝叔彰	1	本行
184	3193	严履庄	27	浙江余姚	育才公学	1	19	30	95	0	3	总行/任末部	2	合格	史文鳌	2	中国银行
185	3194	金佩玉（女）	24	浙江杭县	中西女中初中	1	23	30	45	0	2	总行/任末部	2	合格	吕苍岩	9	本行
186	3195	朱琬毅	34	浙江上虞	上虞县立第二高小毕业	1	19	30	60	0	4	总行/任末部	4	4—5	应俭甫	5	本行

续表

0.25毫米	档号	姓名	年龄	籍贯	学历	工作经验（有为1）	进行年份（民国）	进行薪水（银元）	1937年薪水（银元）	练习生（是为1）	职务调动记录（次）	1937年所在行处	保人应具身家	保人财产状况（万银元）	介绍人	介绍人数（个）	介绍人职业
187	3196	程文灿/程兆荣	27	浙江嘉善	清心中学初中肄业	1	22	40	55	0	2	总行往来部	3	3	潘纪言	12	本行
188	3197	储筱湘	27	江西南丰	圣芳济学院毕业	0	20	30	55	0	3	总行往来部	2	2—3	杨云表	8	本行
189	3198	刘孚祥/刘少平	42	江苏丹徒	私塾	1	7	20	300	0	7	总行往来部		10	陈诰祖	1	
190	3199	詹邦泰/詹鲁东	47	江苏吴县	私塾	1	9	10	110	0	8	总行往来部	5	6—7	贝哉安	9	本行
191	3200	周学椿/周子锋	25	浙江嘉兴	浙江二中初中部	1	26	30	30	0	1	总行往来部	4	4—5	沈希平	2	本行
192	3201	张云海	31	浙江杭州	南昌县心远中学毕业	1	21	30	55	0	2	总行往来部	2	融通合格	陈湘涛	2	本行
193	3202	张学贤	24	江苏青浦	青浦县立远中毕业	1	25	20	30	1	2	总行往来部	1	1	金仲蕃	5	本行
194	3203	陈昌庭	27	浙江鄞县	宁波鄞溪初中毕业	1	20	30	70	0	2	总行往来部	2	符合	林联琛	8	江西裕民银行经理
195	3204	陈杰/陈卓为	46	江苏南通	南通中学银行专科毕业	1	7	1	110	1	11	总行往来部	5	22	张謇	1	大生纱厂
196	3206	沙崇德	35	江苏镇江	镇江润州中学毕业	1	20	120	140	0	4	总行定存部	1.5	1.1	黄元吉	5	本行
197	3207	颜药隆	28	江苏松江	南洋中学商科毕业	1	22	40	50	0	3	总行定存部	3	合格	陆品琴	1	南京中正书局

续表

0.25毫米	档号	姓名	年龄	籍贯	学历	工作经验（有为1）	进行年份（民国）	进行薪水（银元）	1937年薪水（银元）	练习生（是为1）	职务调动记录（次）	1937年所在行处	保人应具身家	保人财产状况（万银元）	介绍人	介绍人数（个）	介绍人职业
198	3208	张德松	31	江苏丹徒	镇江崇实初中毕业	1	19	30	70	0	6	总行定存部	3	2—3	李清民	1	裕民银行
199	3209	陈鹏／陈云飞	27	江苏松江	肇基中学毕业	0	19	30	65	0	5	总行定存部	2	合格	银行传习所出身		
200	3211	涂浪光	26	江苏上海	上海民立中学毕业	0	22	45	65	0	2	总行内汇部	1	合格	杨敦甫	13	本行
201	3212	宋联棣	28	河北北平	北平人右中学	1	24	801	70	0	3	总行内汇部	4	房地产	奚玉书	16	会计师
202	3213	汪葆熙	27	江苏吴县	苏州东吴大学毕业	1	23	50	60	0	2	总行内汇部	2	合格	沈联菁	2	
203	3214	郭寿椿	26	江苏镇江	上海民立中学毕业	0	19	30	75	0	3	总行内汇部	1	100	杨韵秋	1	
204	3215	谢关洪	21	浙江慈溪	上海民立中学毕业	0	23	20	40	1	4	总行内汇部	2	勉强合格			
205	3216	顾高堪／顾越庄	27	江苏无锡	北平四存中学毕业	0	18	30	75	0	4	总行内汇部	0.5	10	华栋臣	10	汉口福新纱厂经理
206	3217	李轼荣	24	江苏上海	上海格致公学毕业	1	23	30	55	0	2	总行内汇部	3	10	毛志祥	3	本行
207	3218	曹有成	25	江苏镇江	私塾	1	20	30	55	0	4	总行内汇部	3	3—4	马俊培	1	本行
208	3219	李明心	22	江苏吴县	无锡中学毕业	0	23	20	40	1	2	总行内汇部	1	合格			

续表

	档号	姓名	年龄	籍贯	学历	工作经验（有为1）	进行年份（民国）	进行薪水（银元）	1937年薪水（银元）	练习生（是为1）	职务调动记录（次）	1937年所在行处	保人应具身家	保人财产状况（万银元）	介绍人	介绍人数（个）	介绍人职业
209	3220	李钟华/李芸侯	47	江苏丹徒			9	60	540	0	8	总行内汇部		合格			
210	3221	李掦杰	23	浙江宁波	中法大学肄业	0	23	30	60	0	2	总行内汇部	3	4—5	毛志祥	3	本行
211	3222	胡福章	22	浙江昆山	上海中学学校高三肄业	0	22	30	55	1	2	总行内汇部	1	2			
212	3223	尤敦孝	35	江苏吴县	东吴大学预科一年	0	12	2	110	0	4	总行收介部	2	1（合格）	尤敦信	1	
213	3224	杨崇清	25	江苏镇江	镇江中学肄业	1	23	40	50	0	3	总行内汇部	0.5	0.5	中华职业教育社	1	
214	3225	马维元	25	江苏南京	上海华东中学肄业	1	21	40	65	0	4	总行内汇部	2	3	杨伯庚	2	本行
215	3226	庄孟方	23	浙江嘉定	南洋高中肄业	0	20	20	65	1	8	总行内汇部	2	3—4	郑雨苍	1	
216	3227	蔡振声	25	江苏吴县	东吴附中高中毕业	0	23	20	35	0	3	总行内汇部	2	2	葛士彝	12	本行
217	3228	葛焕	28	江苏江宁	汉口传习学院肄业	0	13	40	90	0	8	总行内汇部	1.5	合格	郑健峰	1	本行
218	3229	蔡以馨	32	江苏吴县	湖州公学肄业	1	22	40	55	0	2	总行内汇部	3	3—4	葛士彝	12	本行
219	3230	蔡芸藩	23	江苏上海	上海民立中学毕业	0	22	20	65	1	3	总行内汇部	1	1—2			

0.25毫米

续表

0.25毫米	档号	姓名	年龄	籍贯	学历	工作经验（有为1）	进行年份（民国）	进行薪水（银元）	1937年薪水（银元）	练习生（是为1）	职务调动记录（次）	1937年所在行处	保人应具身家	保人财产状况（万银元）	介绍人	介绍人数（个）	介绍人职业
220	3231	薛卓钧	29	安徽寿县	天津新学书院高中毕业	1	19	30	75	0	2	总行收介部	2	第一信用 0.5	李亚豪	1	
221	3232	吴穆南	36	江苏吴县	苏州桃坞中学肄业	1	25	55	55	0	2	总行内汇部	2	合格	裘玉书	16	
222	3233	田鸣韶	27	浙江上虞	上海复旦大学毕业	0	23	30	60	0	2	总行内汇部	2	1—2	奕连卿	1	
223	3234	吴传谦/吴孚若	35	江苏吴县	东吴大学毕业	1	20	60	110	0	3	总行内汇部	1	合格	叶承析	1	
224	3235	严忠格	34	江苏丹徒		1	17	44	85	0	2	总行收介部	2	2	李芸侯	21	本行
225	3236	吴维扬	27	江苏武进	中央大学商学院肄业	0	21	30	75	0	2	总行内汇部	2	2—3	薛椿荫	1	
226	3237	裘燮之	26	江苏上海	中华职业学校毕业	0	19	30	70	0	4	总行内汇部	1	合格	介世德	1	
227	3238	饶龙祺	34	江西九江	上海复旦大学毕业	1	19	30	85	0	3	总行收介部	2	5	黄席珍	5	本行
228	3239	俞竞明	36	浙江嘉善	嘉兴秀州中学毕业	0	21	40	70	0	2	总行内汇部	2	融通合格	毛志祥	3	本行
229	3240	毛志祥	38	浙江奉化	嘉兴秀州中学毕业	1	10	10	240	0	5	总行内汇部	2	融通合格			
230	3241	朱耐彤	27	江苏吴县	沪江商学院肄业	0	20	30	70	0	5	总行内汇部	2	10	钱成新	1	江西裕民银行

续表

0.25毫米	档号	姓名	年龄	籍贯	学历	工作经验（有为1）	进行年份（民国）	进行薪水（银元）	1937年薪水（银元）	练习生（是为1）	职务调动记录（次）	1937年所在行处	保人应具身家	保人财产状况（万银元）	介绍人	介绍人数（个）	介绍人职业
231	3242	何育谕	25	浙江慈溪	浙江四中毕业	1	23	60	70	0	4	总行内汇部	4	4—5	潘纪言	12	本行
232	3243	邬良董	30	江苏无锡	无锡中学肄业	1	19	30	55	0	3	总行内汇部	2	10	唐鉴镇	1	江苏无锡九丰面粉厂
233	3244	邬润夫	30	江苏吴县		1	20	40	70	0	6	总行内汇部	1	1	华承颖	2	本行
234	3245	周克雄	28	浙江鄞县	沪江大学肄业	1	20	30	75	0	6	总行内汇部	2	3—4	杨伯庚	2	本行
235	3246	刘仁焕	26	江苏仪征	扬州中学高中毕业	0	19	30	90	0	3	总行收介部	2	2—3	胡孟嘉	1	
236	3247	刘锡九		浙江慈溪	杭州蕙兰中学毕业	0	17	24	80	0	5	总行收介部	3	富裕			
237	3248	周镇邦	30	江苏上海	南洋高级商业学校毕业	1	23	45	55	0	2	总行内汇部	4	5—6	张赓麟	3	本行
238	3249	张汝堃/张宁一	23	江苏上海	大同大学附中毕业	0	22	20	50	1	5	总行内汇部	1	3—4			
239	3250	张镜文	23	江苏上海	上海南洋中学毕业	1	26	30	30	0	1	总行内汇部	4	4—5	张赓麟	3	本行
240	3251	姚肇星	27	江苏吴县	苏州实用商科职业	1	23	30	45	0	3	总行内汇部	2	2	盛宗才	8	本行
241	3252	陈祉康	21	江苏无锡	无锡辅仁中学初中毕业	0	24	24	35	0	2	总行内汇部	5	合格	华卫中	5	本行

续表

0.25毫米	档号	姓名	年龄	籍贯	学历	工作经验（有为1）	进行年份（民国）	进行薪水（银元）	1937年薪水（银元）	练习生（是为1）	职务调动记录（次）	1937年所在行处	保人应具身家	保人财产状况（万银元）	介绍人	介绍人数（个）	介绍人职业
242	3253	孙焕堂	32	浙江余姚	杭州省立甲种商业学院毕业	1	20	45	75	0	3	总行内汇部	2	2	黄趣川	1	
243	3254	陈文庆	26	浙江吴兴	上海华童公学肄业	1	23	40	45	0	3	总行内汇部	4	合格	沈联菁	2	
244	3255	陈恩泰	24	浙江海盐	上海民立中学毕业	0	23	30	45	0	7	总行内汇部	1	3	陆君毅	6	本行
245	3256	陈北康	35	江苏吴县	吴县高小毕业	1	19	40	75	0	3	总行内汇部	4	15	盛宗才	8	本行
246	3258	董禄民	25	浙江绍兴	美国纽约大学商学硕士	0	25	150	150	0	2	总行证券部	2	合格			
247	3259	姚森	29	江苏吴县	圣约翰大学毕业	1	21	30	90	0	3	总行证券部	2	合格	徐谢康	8	本行
248	3261	沈昌毅	29	江苏吴县	初小毕业	1	18	30	75	0	2	总行出纳部	3	7—8	周小繁	3	福泰庄经理
249	3262	汪家栋/汪如松	45	江苏吴县		1	10	40	360	0	5	总行出纳部		薄有财产			
250	3263	章贤散	27	浙江上虞	小学肄业	1	20	30	60	0	2	总行出纳部	2	2	章贤韶	1	本行
251	3264	章贤韶	35	浙江上虞		1	13	10	110	0	2	总行出纳部	2	合格	章馥斋	1	大宝银行
252	3265	应德星	38	浙江永康	浙江永康中学肄业	1	13	10	100	0	2	总行出纳部	2	合格	应俭甫	5	本行

续表

0.25毫米	档号	姓名	年龄	籍贯	学历	工作经验（有为1）	进行年份（民国）	进行薪水（银元）	1937年薪水（银元）	练习生（是为1）	职务调动记录（次）	1937年所在行处	保人应具身家	保人财产状况（万银元）	介绍人	介绍人数（个）	介绍人职业
253	3266	高凤鸣／高和声	27	江苏吴县	高小肄业	1	21	30	50	0	2	总行出纳部	2	2	江如松	11	本行
254	3267	亢士桢	30	江苏吴县	小学肄业	1	17	30	60	0	2	总行出纳部	2	10	江如松	11	本行
255	3268	王耀暄	45	江苏镇江		1	6	10	180	0	2	总行出纳部	2	合格	钱玉农	1	
256	3269	王昌／王梦熊	26	江苏吴县	苏州纯一初中毕业	1	20	30	60	0	2	总行出纳部	2	2	王广南	1	
257	3270	王欣三	24	浙江慈溪	慈湖高小毕业	1	21	30	55	0	2	总行出纳部	2	3—4	林联琛	8	江西裕民银行经理
258	3271	王寿康／王君复	62	浙江吴兴		1	11	80	160	0	2	总行出纳部	2	合格	裴云乡	1	同润钱庄
259	3272	林恩孚	38	浙江鄞县	宁波四中肄业	1	13	40	150	0	2	总行出纳部	2	合格	葛士彝	12	本行
260	3273	李华伊	23	浙江吴兴	南浔中学肄业	1	23	30	40	0	2	总行出纳部	4	3—4	江如松	11	本行
261	3274	苏守恒	23	江苏常熟	上海华童公学肄业	0	20	20	50	0	3	总行出纳部	0.5	合格	杜月笙	1	
262	3275	华砡祺	30	江苏镇江	镇江润州中学	1	18	30	65	0	2	总行出纳部	3	6—7	李崇侯	21	本行
263	3276	吴文富／吴琴鹤	33	浙江崇德	浙江崇德学校毕业	1	23	55	60	0	4	总行出纳部	3	合格	张永淇	3	本行

续表

档号	姓名	年龄	籍贯	学历	工作经验(有为1)	进行年份(民国)	进行薪水(银元)	1937年薪水(银元)	练习生(是为1)	职务调动记录(次)	1937年所在行处	保人应具身家	保人财产状况(万银元)	介绍人	介绍人数(个)	介绍人职业
264	3277	吴翼廷/吴平甫	31	江苏吴县	苏州省立二中肄业	1	19	30	65	0	2	总行出纳部	3	10	徐谢康	8	本行
265	3278	金厚麟/金成肇	28	江苏吴县	私塾	1	22	30	55	0	2	总行出纳部	3	7—8	江如松	11	本行
266	3279	徐誉洽	22	浙江海宁	初中肄业	1	23	30	35	0	2	总行出纳部	1	1	徐颂骈	1	
267	3280	周蔚章	28	江苏吴县	洞庭东山文昌学校肄业	1	22	50	60	0	2	总行出纳部	3	7—8	周介繁	3	
268	3281	习齐煊	25	江苏南通	南通中学毕业	0	22	20	50	0	3	总行出纳部	1	2—3	孙德三	1	
269	3282	陈广生/陈豫卿	48	江苏江都		1	8	12	100	0	2	总行出纳部	2	2	唐海珊	2	前大达银行经理
270	3283	陈德/陈岭梅	29	江苏吴县	苏州乐群学校毕业	1	19	40	75	0	2	总行出纳部	2	薄有财产	江如松	11	本行
271	3285	涂惠玟(女)	27	江苏江宁	上海务本女中毕业	0	19	30	70	0	2	总行储蓄部	1	合格	涂筱巢	2	
272	3286	诸费润	21	江苏上海	上海清心中学毕业	0	23	20	40	1	3	总行储蓄部	换保				
273	3287	冯圣章	33	浙江上虞	上虞县立高小毕业	1	21	40	60	0	3	总行储蓄部	2	合格	严久诚	1	本行
274	3288	王元芳	27	浙江慈溪	复旦大学毕业	0	23	55	65	0	2	总行储蓄部	2	2			

0.25毫米

续表

0.25毫米	档号	姓名	年龄	籍贯	学历	工作经验（有为1）	进行年份（民国）	进行薪水（银元）	1937年薪水（银元）	练习生（是为1）	职务调动记录（次）	1937年所在行处	保人应具身家	保人财产状况（万银元）	介绍人	介绍人数（个）	介绍人职业
275	3289	杨守文/杨硃冰	28	江苏如皋	复旦大学毕业	1	23	50	60	0	2	总行储蓄部	2	2			
276	3290	胡善一/胡诩康	23	江苏吴县	钱业中学毕业初中	1	25	30	30	0	1	总行储蓄部	2	3	葛士彝	12	本行
277	3291	李何远（女）	39	湖南彬县	浙江省立女子师范肄业	1	24	60	70	0	3	总行储蓄部	2	合格			
278	3292	卓镛深	26	广东中山	中国公学肄业	1	23	50	60	0	3	总行储蓄部	2	合格			
279	3293	叶荣庭	23	江苏南汇	上海民立中学毕业	0	23	20	40	1	2	总行储蓄部	2	2			
280	3294	吴焕沅	27	江苏上海	上海民立中学肄业	0	19	30	60	0	3	总行储蓄部	2	2—3	蒋惠先	6	本行
281	3295	吴在兹	32	江苏镇江	镇江商业专门学校	1	22	60	70	0	3	总行储蓄部	2	2	刘永清	1	安徽地方银行
282	3296	钱梦泽/钱季熊	30	浙江诸暨	复旦大学毕业	0	20	30	85	0	4	总行储蓄部	1	甚充实	鲍思信	1	
283	3297	周郁生	24	江西九江	文生氏学校高中三	0	20	20	60	1	6	总行储蓄部	1	2	黄席珍	5	本行
284	3298	张承湘/张泽南（女）	24	江苏江宁	上海爱国女学毕业	0	24	30	40	0	4	总行储蓄部	1	1			
285	3299	郤启楣	28	浙江鄞县	苏州桃坞中学毕业	1	22	30	60	0	2	总行储蓄部	1	尚殷实	何泽民	1	

续表

0.25毫米	档号	姓名	年龄	籍贯	学历	工作经验（有为1）	进行年份（民国）	进行薪水（银元）	1937年薪水（银元）	练习生（是为1）	职务调动记录（次）	1937年所在行处	保人应具身家	保人财产状况（万银元）	介绍人	介绍人数（个）	介绍人职业
286	3300	陈长龄/陈东荪	28	浙江杭县	苏州维多书院毕业	1	20	30	70	0	2	总行储蓄部	2	2	陈洪年	1	本行
287	3301	陈人彪/陈炳章	26	江苏吴县	东吴大学附属中学毕业	0	22	20	60	1	4	总行储蓄部	1	颇殷实	朱杏卿	4	本行
288	3303	沈伯荃	38	浙江杭县	复旦大学毕业	1	26	40	40	0	1	总行信托部	2	2	庄得之	13	本行
289	3304	游鹤/游伯群	37	江苏江宁	南洋中学肄业	1	12	10	220	0	3	总行	2		宣艾筱	4	本行
290	3305	沈维宁/沈汉秋	26	江苏吴江	东吴大学毕业	0	22	30	75	0	3	总行信托部	0.5	10	沈维经	3	本行
291	3306	章聚宝（女）	33	江苏江宁	启明女校毕业	1	20	30	60	0	2	总行信托部	1	合格	杨介眉	19	本行
292	3307	谢绍芳	23	江苏武进	私立无锡中学毕业	0	22	20	50	1	2	总行信托部	1	50			
293	3308	王道明/王道平	28	浙江嘉兴	复旦大学二年	1	23	45	60	0	3	总行信托部	3	合格	姚震钧	1	本行
294	3309	王世勋/王敏文	27	江苏无锡	光华大学毕业	0	23	30	60	0	4	总行信托部	2	10	华卫中	5	本行
295	3310	邢世光/邢岂僧	33	湖北黄梅	上海大夏大学肄业三年	1	19	30	95	0	3	总行信托部	1	1	王毓祥	1	大夏大学教授
296	3311	王俊钰/王品之	32	江苏吴县	英华书馆肄业	1	20	40	65	0	2	总行信托部	4	3—4	游伯群	2	本行

续表

0.25毫米	档号	姓名	年龄	籍贯	学历	工作经验（有为1）	进行年份（民国）	进行薪水（银元）	1937年薪水（银元）	练习生（是为1）	职务调动记录（次）	1937年所在行处	保人应具身家	保人财产状况（万银元）	介绍人	介绍人数（个）	介绍人职业
297	3312	邢维德	25	江苏上海	中华职业学校毕业	0	19	30	70	0	3	总行信托部	2	2~3	杨敦甫	13	本行
298	3313	李鹏圆	33	江苏青浦	大同大学肄业	1	19	30	75	0	8	总行信托部	1	1	银行传习所		
299	3314	丁葆诚/丁丕承	46	江苏上海	上海民立中学	1	20	45	65	0	2	总行信托部	2	2	游伯群	2	本行
300	3315	马信忠	35	广东南海	英华书馆毕业	1	24	70	75	0	2	总行信托部	2	2	区鸿翔	3	本行
301	3316	董悦霭（女）	34	浙江杭县	杭州弘道中学毕业	1	20	30	60	0	4	总行信托部	0.3		董承道	4	本行
302	3317	庄孟文	34	江苏武进	吴淞中国公学肄业二年	1	14	30	160	0	4	总行信托部	1	合格			
303	3318	万少诚	35	湖北黄陂	湖北法文高等学堂毕业	1	20	60	80	0	4	总行信托部	2	合格	马少卿	4	本行
304	3319	严锡祺	23	江苏南通	上海中华职业学校肄业	1	26	35	35	0	1	总行信托部	1	合格	职指所	1	
305	3320	吴似毅	29	江苏吴县	树德中学肄业苏州	1	20	30	65	0	2	总行信托部	2	4	陈楠清	1	
306	3321	朱颖/朱润云（女）	42	江苏吴县	中西女中毕业	1	13	45	110	0	3	总行信托部	1	合格			
307	3322	朱文斛	28	安徽凤阳	复旦商科肄业	0	20	30	55	0	4	总行信托部	1	合格	朱再岑	1	本行

续表

0.25毫米	档号	姓名	年龄	籍贯	学历	工作经验（有为1）	进行年份（民国）	进行薪水（银元）	1937年薪水（银元）	练习生（是为1）	职务调动记录（次）	1937年所在行处	保人应具身家	保人财产状况（万银元）	介绍人	介绍人数（个）	介绍人职业
308	3323	朱礼明/朱再岑	38	安徽凤阳	英华书馆肄业	0	11	10	110	0	8	总行信托部	2	3	朱幼岑	3	面粉厂
309	3324	毛均（女）	31	江苏上海	中华职业教育社及慕尔堂夜校肄业	1	25	30	40	0	2	总行信托部	2	20	严军霞	1	江苏镇江法院
310	3325	朱懋余	29	江苏吴县	上海民立中学肄业	0	16	4	110	1	5	总行信托部	4	5	葛士彝	12	本行
311	3326	任友鹗	25	江苏吴江	苏州东吴附属高中肄业	0	22	20	50	1	2	总行信托部	1	5	沈维经	3	本行
312	3327	乐秀锐	32	浙江镇海	浙江第四小学毕业	1	26	40	40	0	1	总行信托部	1.5	2	刘张桦	1	
313	3328	徐乃斌	24	江苏吴县	苏州桃坞中学肄业	0	20	20	75	1	4	总行信托部	1	5	罗永基	2	本行
314	3329	周宸明	27	广东中山	光华大学毕业	1	25	60	60	0	2	总行信托部	2	2—3	裴复诚	1	中央银行
315	3330	刘培康/刘绪柔	27	浙江镇海	上海法政学院毕业	1	23	70	100	0	2	总行信托部	2	合格	奚季耕	5	本行
316	3331	周志鑫/周筱泉	27	河北天津	天津扶轮中学肄业	0	23	20	45	0	6	总行信托部	0.5	10	宁立人	5	本行
317	3332	鲍忠祥	26	浙江鄞县	上海敬业中学及环球夜校肄业	1	21	30	60	0	2	总行信托部	2	5	周再源	2	本行

续表

0.25毫米	档号	姓名	年龄	籍贯	学历	工作经验（有为1）	进行年份（民国）	进行薪水（银元）	1937年薪水（银元）	练习生（是为1）	职务调动记录（次）	1937年所在行处	保人应具身家	保人财产状况（万银元）	介绍人	介绍人数（个）	介绍人职业
318	3333	张润身	32	江苏上海	上海圣约翰大学肄业	1	18	30	100	0	2	总行信托部	1	5	庄得之	13	本行
319	3334	张承英（女）	24	江苏江宁	上海启明中学毕业	0	23	30	50	0	3	总行信托部	1	合格	夏鹏	2	商务印刷馆
320	3335	陈宝德	34	江苏无锡	无锡省立第三师范肄业	1	20	50	70	0	5	总行信托部	1	1	张诫泉	4	申新五厂
321	3336	陈佐岐	37	浙江鄞县	上海文生代肄业四年	1	20	30	65	0	2	总行信托部	2	合格	董承道	4	本行
322	3337	沈潜/沈会卿	21	浙江慈溪	上海量才学校肄业	1	26	30	30	0	1	总行信托部	2	2	华卫中	5	本行
323	3339	汪熙	23	江苏上海	上海清心中学毕业	0	22	20	50	1	2	总行国外部	4	5			
324	3340	潘李云	39	江苏上海	上海文生专英专四年	1	12	20	95	0	4	总行国外部	2	2	华卫中	5	本行
325	3341	席裕熙/席焕章	47	江苏吴县		1	8	30	170	0	2	总行国外部	2	3—4	周介繁	3	本行
326	3342	凌瞻曾/凌志前	37	江苏宝山	上海民立中学毕业	1	12	25	110	0	2	总行国外部	4	10	蒋惠先	6	本行
327	3343	王楷/王孟材	24	江苏吴县	苏州中学毕业	0	20	20	70	1	5	总行国外部	1	稍有财产	萦稚平	1	
328	3344	王元禄/王纪龙	34	江苏吴县	东吴大学毕业	1	19	50	100	0	2	总行国外部	3	4	徐谢康	8	本行

续表

序号	档号	姓名	年龄	籍贯	学历	工作经验（有为1）	进行年份（民国）	进行薪水（银元）	1937年薪水（银元）	练习生（是为1）	职务调动记录（次）	1937年所在行处	保人应具身家	保人财产状况（万银元）	介绍人	介绍人数（个）	介绍人职业
329	3345	李祖昌	34	广东中山	上海圣约翰大学毕业	1	18	30	70	0	6	总行国外部	2	融通合格	黄雨南	1	
330	3346	黄鹤龄	27	浙江平湖	上海民立中学毕业	0	19	30	75	0	4	总行国外部	2	稍有资产	银行业练习所	2	
331	3347	聂崇猷/聂怡卿	38	安徽六安	上海震旦大学肄业	1	25	30	40	0	3	总行国外部	2	200—300	陈公孟	1	江西裕民银行
332	3348	杨镜南	30	江苏奉贤	北平汇文学校毕业	1	23	65	85	0	2	总行国外部	2	5—6	江万平	1	
333	3349	胡荀荣/胡子向	35	浙江慈溪	宁波甲种商业学校毕业	1	13	10	100	0	2	总行国外部	3	颇殷实	叶起凤	2	上海企业银行
334	3350	韩保全	30	河北北平	上海承天高级中学肄业	1	20	40	60	0	7	总行国外部	3	合格	杨光芬	1	铁道部联运处处长
335	3351	胡继登/胡步云	24	浙江杭县	上海清心中学高三肄业	0	22	20	60	1	3	总行国外部	1	合格	蒋惠先	6	本行
336	3352	范珍/范蕴怀	33	江苏吴县	东吴大学毕业	0	17	60	300	0	3	总行国外部	换保		范稚圭	1	本行
337	3353	黄维今	36	广东中山	苏州东吴大学	1	19	200	320	0	2	总行国外部	2	合格			
338	3354	吴志清	31	江苏铜山	上海青年会中学	0	14	4	110	0	5	总行国外部	1	合格	林康侯	5	上海银行公会
339	3355	吴玉联（女）	27	广东中山	上海启秀女校毕业	0	18	30	75	0	4	总行国外部	1	0.4	王少康	1	本行

续表

0.25毫米	档号	姓名	年龄	籍贯	学历	工作经验（有为1）	进行年份（民国）	进行薪水（银元）	1937年薪水（银元）	练习生（是为1）	职务调动记录（次）	1937年所在行处	保人应具身家	保人财产状况（万银元）	介绍人	介绍人数（个）	介绍人职业
340	3356	吴葆桢	23	浙江鄞县	上海南洋高商商毕业	0	22	20	50	0	2	总行国外部	1	3—4	缪信康	2	
341	3357	吕锡麟	24	浙江嘉定	上海南洋高中二年级肄业	0	20	20	90	1	4	总行国外部	5	40—50	王培荪	1	上海南洋中学校长
342	3358	翟民初	26	江苏上海	上海市商会华文打字班毕业	1	23	40	50	0	2	总行国外部	1	2	钮师愈	1	本行
343	3359	朱撷方	27	江苏上海	上海禅文女中毕业	0	19	30	65	0	2	总行国外部	1	合格	张杏村	1	
344	3360	张诗启	28	江苏常熟	上海中华职业学校毕业	0	20	20	55	1	7	总行国外部	2	3	罗永基	2	本行
345	3361	邵友棠	22	江苏吴县	上海民强中学毕业	1	26	40	40	0	2	总行国外部	4	30	邵宗翰	1	
346	3362	孙宏动	24	江苏吴江	上海青年会中学肄业	0	20	20	65	1	3	总行国外部	3	资财尚富	王佳萱	1	之前在本行服务
347	3363	孙桂林	21	江苏吴县	上海东吴二中肄业	0	22	20	55	1	2	总行国外部	1	1			
348	3364	陆学书/陆稼轩	25	江苏上海	上海圣约翰大学毕业	0	23	50	70	0	2	总行国外部	4	4—5	章祜	1	
349	3366	潘武/潘笑墨	40	浙江绍兴	杭州浙江私立法政毕业	1	23	120	150	0	2	总行盐业部	4	合格	李冈菲	3	本行

续表

0.25毫米	档号	姓名	年龄	籍贯	学历	工作经验（有为1）	进行年份（民国）	进行薪水（银元）	1937年薪水（银元）	练习生（是为1）	职务调动记录（次）	1937年所在行处	保人应具身家	保人财产状况（万银元）	介绍人	介绍人数（个）	介绍人职业
350	3367	许惟辰/徐良怀	30	湖南长沙	扬州八中肄业	0	11	2	180	0	2	总行盐业部	5	10	张鹤隐	1	中央银行秘书长
351	3368	李阆菲		江苏镇江			23	400	480	1	8	总行盐业部					
352	3369	居益奎/居耐安	37	浙江海宁	嘉兴浙江省立第二中学毕业	0	9	1	130	0	2	总行盐业部		中国第一信用保险	居益铨	1	中国银行
353	3371	陆耀宗	36	江苏上海	上海泉漳公学毕业	1	20	50	80	1	5	总行盐业部	2	3—4	葛士荦	12	本行
354	4001	江庆山	20	湖北汉口	武昌博文中学毕业	0	26	30	30	0	1	汉行	1	15	董明藏	8	本行
355	4002	沈仙格	40	河南新野	商业学校	1	18	100	120	0	5	汉辖行	1.5	1	崔幼南	12	本行
356	4003	洪传志/洪继高	32	江苏吴县	南洋公学中学一年级	1	18	70	160	0	5	汉行	1.5	3	杨云表	8	本行
357	4004	谢家珍/谢君树	29	湖北武昌	汉口中学初中毕业	0	22	30	50	0	3	汉行	1	4	董明藏	8	本行
358	4005	章光英/章本陈	26	福建闽侯	福州鹤龄英华书院毕业	0	20	30	60	0	5	汉行	1	4	朱汝谦	6	本行
359	4006	方伦炎	27	安徽太平	博学初中肄业	1	23	35	45	0	3	汉辖行	1	1.5	马公遭	2	本行
360	4007	荣瑞椿/荣建钟	40	江苏无锡	公益小学	1	18	59	120	0	7	汉辖行	1	10	华栋臣	10	

续表

序号	档号	姓名	年龄	籍贯	学历	工作经验（有为1）	进行年份（民国）	进行薪水（银元）	1937年薪水（银元）	练习生（是为1）	职务调动记录（次）	1937年所在行处	保人应具身家	保人财产状况（万银元）	介绍人	介绍人数（个）	介绍人职业
361	4008	郑骏人	26	江苏江宁	复旦大学毕业	0	22	30	70	0	2	汉行	1	5	程顺元	7	本行
362	4009	郑陵孙	51	湖北汉阳	前清湖北法政学堂	1	21	100	130	0	3	汉辖行	1	合格	萧安丞	2	本行
363	4010	王新三	29	江苏江宁	北平京师公立职业学校毕业	0	23	40	50	0	2	汉辖行仓库科	0.5	0.5	洪传志	2	本行
364	4011	王耘	31	湖北咸宁	私塾	1	23	65	80	0	2	汉辖行	0.1	1	卢琴舫	2	棉花
365	4012	王菀雄（女）	30	浙江鄞县	宁波湖西竹浦女子师范肄业	0	18	40	80	0	2	汉行储蓄保管科	1	1	程顺元	7	本行
366	4013	王振涛/王友伯	41	浙江秀水	私塾	1	17	64	100	0	2	汉行	1	5	胡芹生	1	汉口中一信托公司经理
367	4014	李杓/李其猷	38	四川巴县	重庆联合县立中学肄业	0	19	240	360	0	6	汉辖行	4	5	周苍柏	24	本行
368	4015	李乾勋	23	湖北武昌	湖北省立第一中学肄业	0	23	20	30	0	2	汉辖行	0.5	1	陈雪涛	2	本行
369	4016	李寿椿	27	湖北汉川	上海复旦高中高三肄业	1	21	30	50	0	2	汉行	0.5	2	杨云表	8	本行
370	4017	彭正柏	30	湖北武昌	武昌文华附属中学毕业	0	14	4	120	1	12	汉行储蓄科	1.5	5	周苍柏	24	本行

0.25毫米

续表

0.25毫米	档号	姓名	年龄	籍贯	学历	工作经验（有为1）	进行年份（民国）	进行薪水（银元）	1937年薪水（银元）	练习生（是为1）	职务调动记录（次）	1937年所在行处	保人应具身家	保人财产状况（万银元）	介绍人	介绍人数（个）	介绍人职业
371	4018	彭正春	24	湖北武昌	武昌文华中学高中二年级	0	21	30	60	0	9	汉行	0.5	10	周苍柏	24	本行
372	4019	杨云卿	50	湖北武昌	私塾	1	23	35	45	0	2	汉行仓库科		0.5	崔幼南	12	本行
373	4020	李树德	31	江西南昌	光华大学毕业	0	23	30	60	0	2	汉行	1	5	黄文植	2	汉口通益精盐公司
374	4021	赵昌遂	27	湖北武昌	武昌文华中学高二	0	20	20	60	0	2	汉行			许金声	1	宜昌交通银行
375	4022	李时敏	36	湖北安陆	文化中学毕业	1	17	44	90	0	7	汉行	1.5	5	余立青	7	本行
376	4023	胡湘之	24	安徽休宁	北平辅仁中学毕业	0	20	20	50	0	3	汉行	1.5	1.8	胡慕伊	2	启新洋灰公司
377	4024	盛启业	54	广东中山	上海江南制造局工艺学堂肄业	1	19	50	90	0	3	汉行调查部	1.5	1.5	崔幼南	12	本行
378	4025	夏泽仁	20	湖北武昌	湖北博学中学肄业	0	26	30	30	0	1	汉行	0.5	2	胡庆生	4	本行
379	4026	胡儒章	28	湖北黄陂	上海明强中学毕业	1	20	50	75	0	6	汉行	1.5	50	傅南轩	1	本行
380	4027	叶荣庆	32	浙江绍兴	私塾八年	1	21	30	45	0	3	汉行	0.5	0.5	崔幼南	12	本行

续表

0.25毫米	档号	姓名	年龄	籍贯	学历	工作经验（有为1）	进行年份（民国）	进行薪水（银元）	1937年薪水（银元）	练习生（是为1）	职务调动记录（次）	1937年所在行处	保人应具身家	保人财产状况（万银元）	介绍人	介绍人数（个）	介绍人职业
381	4028	萧道中	23	湖北武昌	湖北九中高中毕业	1	26	40	40	0	1	汉行	0.5	3	赵云林	1	九江交通银行
382	4029	萧安丞	51	湖北武昌	南洋政法学校毕业	1	17	64	95	0	3	汉行 簿记员	1.5	5	程顺元	7	本行
383	4030	董明藏/董行之	41	湖北武昌	北平中国大学毕业	1	20	300	380	0	2	汉行	4	10	周苍柏	24	本行
384	4031	董明焕	30	湖北武昌	私塾	1	22	40	60	0	2	汉行	1.5	10	董明藏	8	本行
385	4032	吴祖兹	27	湖北鄂城	上海启明中学毕业	0	22	40	55	0	2	汉行	0.5	5	黄得卿	1	和记洋行买办
386	4033	吴世盛	28	江苏吴县	上海东亚同文书院毕业	0	25	70	80	0	2	汉行	1.5	3.5			
387	4034	严鹤高/严椿林	36	江苏吴县	苏州东吴中学肄业	1	9	25	190	0	5	汉行 国外科	1.5	2			
388	4035	吴季玉	36	河南潢川	洪川县立初中	1	21	30	55	0	2	汉行	0.5	2	晋汝金	2	本行
389	4036	吴然	24	浙江杭县	杭州宗文初中肄业	0	20	20	60	0	7	汉行	0.5	1	周苍柏	24	本行
390	4037	崔思忠/崔幼南	52	安徽太平	文华中学毕业	1	17	200	340	0	2	汉行	4	7—8	周苍柏	24	本行
391	4038	余兴礼/余立青	49	江苏镇江	私塾	1	17	65	140	0	4	汉行 典当押款部	1	10	周韵轩	1	煤油梭器

续表

0.25毫米	档号	姓名	年龄	籍贯	学历	工作经验（有为1）	进行年份（民国）	进行薪水（银元）	1937年薪水（银元）	练习生（是为1）	职务调动记录（次）	1937年所在行处	保人应具身家	保人财产状况（万银元）	介绍人	介绍人数（个）	介绍人职业
392	4039	余土铨	22	安徽休宁	博文中学初中肄业	1	24	20	30	0	3	汉行	1	3	李寿增	1	汉口祥赊里厚大庄
393	4040	余绳模	25	安徽休宁	上海复旦高中学校毕业	0	21	30	55	0	4	汉行	1	2	王禹卿	1	
394	4041	朱道四	30	浙江杭县	浙江法政专门学校毕业	1	21	50	70	0	3	汉行	1	2～3	周苍柏	24	本行
395	4042	朱永忠	31	安徽泾县	文华初三肄业	1	17	50	140	0	6	汉行	1.5	5	邹忠粹	1	粤汉路长沙营业所副主任
396	4043	朱松龄	23	安徽休宁	私塾	0	19	20	50	0	2	汉行	0.4	2	蔡墨屏	14	本行
397	4044	程瑞美	32	安徽黟县	武昌省立甲种商业学校毕业	1	18	55	110	0	4	汉行驻仓办事处	1.5	10	卞燕侯	1	天津国货银行
398	4045	程正子	29	安徽黟县	湖北二中毕业	1	23	30	50	0	2	汉辖行	1	4	李德齐	1	协威钱庄监督
399	4046	魏路运	34	湖北	私塾	1	24	40	45	0	2	汉行	1	10	杜选臣	1	洪兴永牛皮行
400	4047	朱普涛	33	安徽泾县	私塾盐业学校毕业	1	17	60	60	0	2	汉行出纳科	1.5	4	朱成章	3	本行
401	4048	黎光昭	28	河北通县	东亚同文书院毕业	0	20	40	75	0	3	汉行	1	2	杨介眉	19	本行

续表

档号	姓名	年龄	籍贯	学历	工作经验（有为1）	进行年份（民国）	进行薪水（银元）	1937年薪水（银元）	练习生（是为1）	职务调动记录（次）	1937年所在行处	保人应具身家	保人财产状况（万银元）	介绍人	介绍人数（个）	介绍人职业
402	4049	邱月卿	23	湖北汉口	家塾	1	19	30	50	0	6	汉行	0.5	2	任仲琅	2	
403	4050	徐世清/徐伯廉	33	贵州铜仁	北平汇文学校毕业	1	18	70	150	0	6	汉行	1.5	4—5	周苍柏	24	本行
404	4051	徐旭龄	26	湖北孝感	湖北省立二中毕业	1	24	30	45	0	2	汉行	0.5	1.4	罗光杏	1	
405	4052	包永卓	24	浙江镇海	江汉中学初中肄业	0	20	30	55	0	3	汉行	1	4	佐山诚治	1	诚记甲行大班
406	4053	周业宏	23	江苏如皋	江苏如皋中学肄业	0	22	30	50	0	2	汉行	1.5	3	胡綦伊	2	启新洋灰公司经理
407	4054	刘祇安	36	江西吉安	中华大学附属高中毕业	1	17	40	85	0	4	汉行	1.5	2	柳菊笙	1	上海柳菊记
408	4055	刘同童/刘象周	38	浙江上虞	家塾	1	17	45	110	0	2	汉行	1.5	3	王树庄	1	詹隆号
409	4056	周苍柏	49	湖北江夏	美国纽约大学毕业	1	6	80	530	0	8	汉辖行	10	10	朱成章	3	本行
410	4057	刘慎智	25	河南孟县		0	21	12	50	0	6	汉行	1	6—7	高渭滨	1	
411	4058	刘焕	47	湖北武昌	前清优附贡生	1	23	65	65	0	2	汉行	0.05	0.5	崔幼南	12	本行
412	4059	刘欣友	25	湖北武昌	复旦大学肄业一年	0	23	30	50	0	2	汉行	1	10	杨峻山	1	

0.25毫米

续表

0.25毫米	档号	姓名	年龄	籍贯	学历	工作经验（有为1）	进行年份（民国）	进行薪水（银元）	1937年薪水（银元）	练习生（是为1）	职务调动记录（次）	1937年所在行处	保人应具身家	保人财产状况（万银元）	介绍人	介绍人数（个）	介绍人职业
413	4060	周君行	39	湖北汉阳	武昌中华大学毕业	1	17	70	100	0	6	汉辖行	1	2	程顺元	7	本行
414	4061	刘述蔡	27	湖北黄陂	圣保罗中学肄业	1	20	30	50	0	4	汉行	0.5	3—4	李鼎安	1	
415	4062	郑季栋	23	湖北沙市	武昌中华大学毕业	0	26	30	40	0	2	汉辖行	0.5	2	陈雪涛	2	本行
416	4063	张培正	31	江苏江宁		0	19	40	70	0	5	汉行	0.5	8	杨介眉	19	本行
417	4064	张德泽	60	江苏江宁	私塾	0	23	65	70	0	2	汉行	0.2	1.5	杨介眉	19	本行
418	4065	张世选	15	江苏	市立第二十二小学五年	0	26	12	12	1	1	汉行					
419	4066	张季侯	39	江苏丹阳	江苏省立一高毕业	1	23	60	65	0	2	汉行	1	2	陈旸如	1	
420	4067	张镜清	31	江苏无锡	无锡公益二高中学毕业	1	19	50	90	0	2	汉行	1	40—50	荣月泉	1	申新福新茂新总公司
421	4068	邹宗翰／邹梦蓉	30	江苏苏州	圣保罗中学毕业	1	18	30	90	0	8	汉行	1.5	2	程顺元	7	本行
422	4069	陈运／陈雪涛	47	湖北秭归	日本帝国大学毕业	1	20	150	200	0	5	汉行	3	5	周苍柏	24	本行
423	4070	宋林平	58	江苏江宁	家塾	1	21	60	65	0	2	汉行	1.5	2—3	陈光甫	15	本行

续表

档号	姓名	年龄	籍贯	学历	工作经验（有为1）	进行年份（民国）	进行薪水（银元）	1937年薪水（银元）	练习生（是为1）	职务调动记录（次）	1937年所在行处	保人应具身家	保人财产状况（万银元）	介绍人	介绍人数（个）	介绍人职业
4071	胡鼎三	28	湖北武昌	武昌三一中学初中毕业	1	24	35	45	0	2	汉行	1	5	周星堂等	1	
4072	吴继堂	38	江苏吴县	私塾	1	24	55	60	0	2	汉行	2	1	余立青	7	本行
4073	余肇成	27	湖北汉阳	汉口化善初中肄业	0	21	30	50	0	2	汉行	0.5	1.5	周苍柏	24	本行
4074	金德森	31	安徽歙县	私塾	1	20	45	65	0	2	汉行	1.5	5	余立青	7	本行
4075	邓顺卿	27	湖北武昌	武昌模范学校毕业	1	22	40	50	0	2	汉行	1	1	董明藏	8	本行
4076	陈嗣麟	54	安徽太平		1	22	50	55	0	2	汉行	1.5	3			
4077	文脩超	22	湖北天门	私塾	0	19	3	25	1	2	汉行仓库科	0.05	3	阳泽周	2	棉花三厂
4078	荣煜昌	56	江苏无锡		1	21	40	55	0	3	汉行	0.05	1	杨云表	8	本行
4079	涂纪铨	23	湖北武昌	私塾	0	18	15	30	1	2	汉行仓库科	0.05	1	周苍柏	24	本行
4080	黄诚澄	24	湖北汉阳	私塾	0	18	8	35	1	2	汉行仓库科	0.05	0.5	崔幼南	12	本行
4081	朱省吾	28	湖北汉阳	私塾	1	19	14	30	0	2	汉行仓库科	0.05	0.2	余立青	7	本行

| 0.25毫米 | 424 | 425 | 426 | 427 | 428 | 429 | 430 | 431 | 432 | 433 | 434 |

续表

0.25毫米	档号	姓名	年龄	籍贯	学历	工作经验（有为1）	进行年份（民国）	进行薪水（银元）	1937年薪水（银元）	练习生（是为1）	职务调动记录（次）	1937年所在行处	保人应具身家	保人财产状况（万银元）	介绍人	介绍人数（个）	介绍人职业
435	4082	张世涛	22	湖北天门	天门县第三小学毕业	0	22	13	20	1	2	汉行仓库科	0.05	3	欧阳泽周	1	棉花丝白布
436	4083	胡仲昭	50	湖北武昌	私塾	1	18	40	55	0	2	汉行一仓	0.05	0.3	周苍柏	24	本行
437	4084	法有谟	43	江苏武进	私塾	1	23	30	35	0	2	汉行二仓	0.05	6	陆君毅	6	本行
438	4085	涂儒准	24	湖北汉川	私塾	0	18	12	30	0	2	汉行二仓	0.05	0.8	卢琴舫	2	棉花
439	4086	王光汉	36	湖北汉川	私塾	1	25	25	25	0	2	汉行二仓	0.05	0.2	郭干之	1	
440	4087	王铁珊	25	湖北汉阳	私塾六年	0	25	30	30	0	2	汉行二仓	0.05	0.7	陈海珊	1	
441	4088	刘礼忠	19	湖北夏口	汉口循道小学毕业	0	22	13	20	1	2	汉行二仓	0.05	1	汪耀光	1	福康士公司
442	4089	江忠华	19	湖北黄石	私塾	0	22	13	18	1	2	汉行二仓	0.05	0.5	彭演武	1	棉花
443	4090	许子峰	52	湖北鄂城	私塾	1	21	21	90	0	3	汉行三仓	0.1	2	李炳琳	1	棉花
444	4091	王宝田	39	湖北汉川	私塾	0	18	18	30	0	2	汉行三仓	0.05	0.5	凌丽臣	2	棉商
445	4092	戴朝阔	26	江苏句容	宁东初中肄业	1	21	25	28	0	2	汉行三仓	0.05	4	毛玉润	1	棉花

续表

档号	姓名	年龄	籍贯	学历	工作经验（有为1）	进行年份（民国）	进行薪水（银元）	1937年薪水（银元）	练习生（是为1）	职务调动记录（次）	1937年所在行处	保人应具身家	保人财产状况（万银元）	介绍人	介绍人数（个）	介绍人职业
4093	彭启浩	32	湖北黄陂		1	18	38	60	0	3	汉行三堆栈	0.1	0.3	崔幼南	12	本行
4094	何本华	20	湖北鄂城	湖北六中初中肄业	0	21	3	20	1	2	汉行三堆栈	0.05	0.3	邹幼甫	1	棉商
4095	刘让之	33	湖北鄂城	寒溪中学肄业	0	23	35	35	0	2	汉行三仓	0.05	0.5	文蓉川	1	棉花杂货铺
4096	周咸康	37	湖北武昌		0	23	24	24	0	2	汉行三仓	0.05	1	周操柏	1	
4097	周咸森	38	湖北武昌	辅德中学肄业	1	25	25	25	0	2	汉行三仓	0.05	0.2	周苍柏	24	本行
4098	江文卿	42	湖北黄陂	博文书院肄业	1	25	30	30	0	3	汉行四仓	0.1	0.5	江虎臣	1	汉口普安医院院长
4099	谢杏林	23	江苏江宁	私塾	0	26	18	18	0	2	汉行四仓	0.05	1	张越泉	4	纱厂
4100	凌爱堂	28	湖北汉阳	私塾	1	19	10	28	0	2	汉行第四堆栈	0.05	0.3	凌弼臣	2	棉花业
4101	樊明星	23	湖北汉川	私塾	1	19	5	30	1	3	汉口第四堆栈	0.1	0.5	林厚周	1	杂粮汉口永康里
4102	胡金安	60	湖北汉阳	私塾	1	18	25	50	0	2	汉行第四仓库	0.1	0.1	陈镜堂	1	汉口日租界

446 447 448 449 450 451 452 453 454 455

0.25毫米

续表

0.25毫米	档号	姓名	年龄	籍贯	学历	工作经验（有为1）	进行年份（民国）	进行薪水（银元）	1937年薪水（银元）	练习生（是为1）	职务调动记录（次）	1937年所在行处	保人应具身家	保人财产状况（万银元）	介绍人	介绍人数（个）	介绍人职业
456	4103	董明哲	32	湖北武昌	私塾	1	25	25	25	0	2	汉行第四仓库	0.05	3	董明藏	8	本行
457	4104	崔之仁	21	安徽太平	私塾	0	21	3	20	1	2	汉行第四堆栈	0.05	0.6	崔幼南	12	本行
458	4105	严钜昆	23	湖北汉川	私塾	1	19	3	24	1	2	汉行第四仓库	0.05	2	龚巽堂	2	汉口棉花
459	4106	詹俊民	19	湖北黄安	私塾	0	23	13	15	1	2	汉行第五仓库	0.05	0.1	周苍柏	24	本行
460	4107	张远衡	25	湖北汉川	私塾	0	18	4	22	1	2	汉行第四仓库	0.05	0.3	张松珊	1	
461	4108	张浵川	23	湖北武昌	私塾	1	25	28	28	0	2	汉口第四仓库	0.05	0.2	彭正柏	1	本行
462	4109	陈宗修	44	湖北沔阳	汉口商业学堂肄业	1	18	100	120	0	2	汉行第四堆栈	0.4	3	龚巽堂	2	棉花
463	4110	陈国珍	19	湖北沔阳	私塾	0	22	13	18	1	2	汉行第四仓库	0.05	0.3	陈培之	2	本行
464	4111	郭厚坤	26	湖北汉阳	私塾	1	21	6	25	0	2	汉口第五堆栈	0.05	1	顾同卿	1	棉花
465	4112	郭厚灿	38	湖北汉阳	私塾	1	18	60	100	0	3	汉行第五堆栈	0.4	2	杨辅臣	1	棉花
466	4113	叶长庆	28	湖北夏口	汉口商业学校肄业（私塾）	1	18	18	40	0	5	汉口	0.05	0.3	周操柏	6	

续表

0.25毫米	档号	姓名	年龄	籍贯	学历	工作经验（有为1）	进行年份（民国）	进行薪水（银元）	1937年薪水（银元）	练习生（是为1）	职务调动记录（次）	1937年所在行处	保人应具身家	保人财产状况（万银元）	介绍人	介绍人数（个）	介绍人职业
467	4114	戴衡山	20	湖北汉阳	私塾	0	21	3	20	1	2	汉口第五仓库	0.05	0.3			
468	4115	胡和翰	28	湖北天门	私塾	1	23	30	35	0	2	汉口第五仓库		0.5	陈海记	1	
469	4116	万恒文	24	湖北夏口	私塾	0	19	3	25	1	3	汉口第五堆栈	0.05	0.5	舒松余	2	棉花
470	4117	田春如	45	湖北汉川	私塾	1	18	24	45	0	4	汉口第五仓库	0.1	2	陈兰生	1	棉花
471	4118	吴翼	48	江西南昌	私塾	1	20	20	35	0	2	汉口第五仓库	0.05	3	徐瑞甫	1	
472	4119	余信鑫	22	湖北汉阳	私塾	0	21	3	20	1	2	汉口第五仓库	0.05	0.3	合兴义	1	棉花
473	4120	程玉和/程庆生	26	湖北天门	天门县模范中学肄业	1	22	22	28	0	2	汉口第五仓库	0.05	30	胡智庵	1	棉花
474	4121	熊正坤	24	湖北汉阳	私塾	0	19	3	25	1	2	汉口第五仓库	0.05	0.5	舒松余	2	棉花
475	4122	张延祺	48	河南南阳	私塾	0	19	24	65	0	2	汉口第五仓库	0.1	0.9	李湘波	1	
476	4123	汪启祥	44	安徽休宁	私塾	1	18	24	45	0	4	汉口第六仓库	0.1	3	阳泽周	2	棉花
477	4124	李光雄	29	湖北天门	私塾	1	18	20	45	0	3	汉口第六仓库	0.1	1	蔡伯川	1	棉花

续表

	档号	姓名	年龄	籍贯	学历	工作经验（有为1）	进行年份（民国）	进行薪水（银元）	1937年薪水（银元）	练习生（是为1）	职务调动记录（次）	1937年所在行处	保人应具身家	保人财产状况（万银元）	介绍人	介绍人数（个）	介绍人职业
478	4125	胡栋臣	20	湖北武昌	自强小学肄业	0	21	3	20	1	3	汉口第六仓库	0.05	0.2	董明藏	8	本行
479	4126	夏德贵	50	湖北汉口	私塾	1	25	25	25	0	2	汉口第六仓库	0.05	0.2	林曙光	1	
480	4127	匡麒生	33	湖北天门	私塾	1	20	10	40	0	4	汉口第六仓库	0.1	2	汪秋舫	1	汪秋记棉花
481	4128	马建煦	29	江苏镇江	私塾	1	20	20	40	0	3	汉口第六仓库	0.1	0.3	高秉章	1	
482	4129	吴鹤峰	38	湖北麻城	私塾	1	25	40	40	0	2	汉口第六仓库	0.5	12			
483	4130	俞兑家	45	湖北麻城	私塾	1	18	40	70	0	3	汉口第六仓库	0.4	3	胡增康	1	地产公司
484	4131	程诗礼	22	安徽休宁		0	20	3	28	1	3	汉口第六仓库	0.05	0.4	孙洪芳	1	中国文化教育基金董事会
485	4132	周岱教	28	江西南丰	私塾	1	22	25	32	0	2	汉口第六仓库	0.1	0.5	刘毓甫	1	秦盛和字号经理
486	4133	邓华卿	37	湖北江陵	私塾	1	25	25	25	0	2	汉口第六仓库	0.05	0.7	吴寿嶦	1	花行
487	4134	巴子云	49	安徽歙县	私塾	1	23	25	30	0	2	汉口第六仓库	0.05	0.3	曾五山	1	

续表

0.25毫米	档号	姓名	年龄	籍贯	学历	工作经验（有为1）	进行年份（民国）	进行薪水（银元）	1937年薪水（银元）	练习生（是为1）	职务调动记录（次）	1937年所在行库	保人应具身家	保人财产状况（万银元）	介绍人	介绍人数（个）	介绍人职业
488	4135	沈寿山	36	河南许昌	私塾	1	23	25	30	0	2	汉口第九仓库	0.05	0.5	陈瑞东	1	客栈
489	4136	王海如	23	湖北孝感	十二中毕业	0	23	25	28	0	2	汉口第九仓库	0.05	4	周少珊	1	棉花进口
490	4137	袁荣义	25	河南西平	私塾	1	23	20	30	0	2	汉口第九仓库	0.05	2	萧和卿	1	本行
491	4138	胡家煊	22	湖北汉川	汉口职业学校肄业	0	23	13	20	1	3	汉口第九仓库	0.05	0.5	陈辉庭	1	颐中烟公司
492	4139	萧和卿	50	湖北夏口	私塾	1	23	50	90	0	3	汉口第九仓库			陈焕章	1	粮业
493	4140	周润卿	38	湖北武昌	私塾	1	19	14	40	0	3	汉口第九仓库		0.5	协盛鸿	1	
494	4141	周涑唐	43	湖北夏口	私塾	1	23	40	50	0	2	汉口第九仓库		1	汪柏山	1	安裕钱庄
495	4142	陈朗汶	49	安徽休宁	私塾	1	23	30	45	0	2	汉口第九仓库	0.3	0.3	林顺夏	1	转运
496	4143	陈德斌	30	湖北武昌	私塾	1	19	14	30	0	3	汉口第九仓库	0.05	0.5	沈仙格	1	本行
497	4144	龚有珍	30	湖北汉阳	武昌高师附中	1	20	30	65	0	3	汉景处办事处	1	5	周咸各	1	商
498	4145	郑渊书	24	浙江杭县	浙江省立高中毕业	0	22	35	55	0	3	汉景处	0.5	5	周苍柏	24	本行

续表

0.25毫米	档号	姓名	年龄	籍贯	学历	工作经验（有为1）	进行年份（民国）	进行薪水（银元）	1937年薪水（银元）	练习生（是为1）	职务调动记录（次）	1937年所在行处	保人应具身家	保人财产状况（万银元）	介绍人	介绍人数（个）	介绍人职业
499	4146	刘学汉	27	湖北武昌	湖北二中高中商科毕业	0	20	30	70	0	4	汉景街办事处	0.5	1.9	周苍柏	24	本行
500	4147	张慧文（女）	30	湖北汉阳	北平燕京大学毕业	1	20	45	75	0	5	汉景处	1	5	周苍柏	24	本行
501	4148	张辅仲	31	浙江鄞县	洪塘学校初中毕业	1	12	2	130	1	9	汉景处	1.5	3	史晋生	1	前浙江兴业银行经理
502	4149	汪正文	25	安徽休宁	湖北二中初中毕业	1	20	30	70	0	6	汉正处	1	6	刘文钦	3	银钱业
503	4150	凌霄鸿	26	湖北汉阳	南洋高级商业学校二年级	0	18	30	55	0	6	汉正处	0.8	5	崔幼南	12	本行
504	4151	冯校明	28	湖北武昌	私塾	1	25	30	30	0	1	汉正处	0.5	2	冯登洲	1	前汉行营业员
505	4152	王槐卿	25	浙江嘉兴	汉口乙种商业夜校	1	18	30	80	0	4	汉正街办事处	1	3	王子文	1	
506	4153	袁仁昭	21	江苏镇江	江苏省立镇师肄业	0	23	18	40	0	4	汉正处	0.5	1.5	蔡墨屏	14	本行
507	4154	蔡启文	24	湖北夏口	夏口模范小学肄业	1	21	30	55	0	3	汉正处	1.5	5	蔡德松	1	钱业
508	4155	晏寅东	26	湖北汉川	文华中学毕业	0	21	28	50	0	4	汉正处	0.5	0.5-0.6	崔幼南	12	本行
509	4156	余士镛	27	安徽休宁	博文中学肄业	1	20	30	65	0	8	汉正处	0.5	2	杨子和	1	汉口大陆银行典押部主任

续表

0.25毫米	档号	姓名	年龄	籍贯	学历	工作经验（有为1）	进行年份（民国）	进行薪水（银元）	1937年薪水（银元）	练习生（是为1）	职务调动记录（次）	1937年所在行处	保人应具身家	保人财产状况（万银元）	介绍人	介绍人数（个）	介绍人职业
510	4157	黎挺谷	34	湖南浏阳	华中大学三年半	0	19	50	80	0	9	汉正处		2	胡庆生	4	本行
511	4158	刘恒	49	湖北天门	私塾	1	23	70	80	0	2	汉正街办事处	1	5	崔幼南	12	本行
512	4159	张寿泉	29	湖北武昌	商业学校肄业	0	14	20	70	0	4	汉正处	0.5	1	张寿生	1	汉口美孚洋行
513	4160	金国华	19	江西鄱阳	群化初中肄业	0	22	13	20	1	3	汉正处	0.05	0.5	洪传志	2	本行
514	4161	谢衡	45	湖北武昌	清北路学堂	1	23	40	45	0	2	沙行第二仓库	1	3	董明藏	8	本行
515	4162	王寿同	35	江苏江都	上海立信会计学校	1	22	40	50	0	3	沙行	1	1	晋汝金	2	本行
516	4163	李宝珊	31	安徽太平	汉口博学书院毕业	1	18	30	110	0	4	沙行	2	4	余伯颜	1	酒楼
517	4164	杨发瑞	20	四川重庆	江陵二小肄业	0	22	12	40	0	2	沙行	0.15	0.5—0.6	童少江	1	沙市码头盛益公司
518	4165	晋汝金	40	江苏江都	江苏八中毕业	0	8	1	240	1	7	沙行	5	6—7	杨教甫	13	本行
519	4166	黄锡桢	32	浙江嘉兴	小学	1	22	20	50	0	4	沙行	0.75	1.5	朱汝谦	6	本行
520	4167	史济良	34	江苏溧阳	小学	1	9	1	100	1	10	沙行		信用保险1万元	唐海珊	2	前大达银行经理

续表

0.25毫米	档号	姓名	年龄	籍贯	学历	工作经验（有为1）	进行年份（民国）	进行薪水（银元）	1937年薪水（银元）	练习生（是为1）	职务调动记录（次）	1937年所在行处	保人应具身家	保人财产状况（万银元）	介绍人	介绍人数（个）	介绍人职业
521	4168	严久诚	34	浙江上虞	斐迪中学肄业	1	11	10	130	0	4	沙行	2	10	章馥齐	1	大麦庄
522	4169	俞菶慈	24	湖北汉阳	文华中学毕业	0	22	30	55	0	3	沙行	0.5	5	周苍柏	24	本行
523	4170	朱耀祖	29	浙江嘉兴	高小毕业	1	20	30	60	0	3	沙行	0.5	0.5	朱汝谦	6	本行
524	4171	周庆增	24	湖北天门	北平十二小毕业	1	21	24	55	0	4	沙行	1	1	崔幼南	12	本行
525	4172	刘家福	46	湖北江陵	私塾	1	20	60	80	0	2	沙行	0.5	1	童家春	1	沙市中山一街老天宝银庄
526	4173	陈继志	26	湖北汉阳	辅德中学高二	0	18	30	60	0	3	沙行	1	3	陈荣海	1	保险
527	4174	王明旸	48	浙江镇海	镇海启蒙小学	1	22	35	45	0	2	沙行	1	35	应履谦	1	杂粮
528	4175	汪孝棣	25	湖北武昌	中华大学肄业	0	21	30	55	0	3	鄂行	0.5	1	胡庆生	4	本行
529	4176	王振汉	24	湖北黄冈	文华高中肄业	0	20	20	70	0	5	鄂行	1	2	胡庆生	4	本行
530	4177	王昌树	24	江苏镇江	私塾	1	21	20	55	0	2	鄂行	1	3	余立青	7	本行

续表

0.25毫米	档号	姓名	年龄	籍贯	学历	工作经验（有为1）	进行年份（民国）	进行薪水（银元）	1937年薪水（银元）	练习生（是为1）	职务调动记录（次）	1937年所在行处	保人应具身家	保人财产状况（万银元）	介绍人	介绍人数（个）	介绍人职业
531	4178	王振淇	30	浙江嘉兴	私塾	0	12	2	160	1	7	鄂行	1	5	周苍柏	24	本行
532	4179	王子勤	31	湖北武昌	三一中学毕业	0	13	2	100	1	3	鄂行	1.5	5	陈光甫	15	本行
533	4180	曹晋鎏	49	安徽休宁	私塾	1	24	60	65	0	2	鄂行	1	3	余立青	7	本行
534	4181	袁顺傧	29	湖北武昌	文华高中肄业	0	19	20	45	0	5	鄂行	0.5	3	黄元吉	5	本行
535	4182	胡庆生	43	湖北武昌	Reachers College Columbia University	1	18	150	280	0	3	鄂行	4	60	周苍柏	24	汉行
536	4183	叶懋芬	49	湖北汉口	汉口商业学校肄业	1	21	40	70	0	4	鄂行	1	3	陆君毅	6	本行
537	4184	叶光桂	24	湖北武昌	湖北二中高中毕业	1	21	20	45	0	3	鄂行	0.5	3.5	郑广卿	1	药材
538	4185	余家苏	25	江苏镇江	私塾	1	19	30	55	0	3	鄂行	1	2	余立青	7	本行
539	4186	姚炳森	57	湖北武昌	私塾	1	19	50	80	0	3	鄂行	1.5	5	杨希章	1	沪江大学图书馆
540	4187	陈昌明	24	湖北夏口	圣约翰中学肄业	0	19	28	60	0	3	望山门	0.5	3	程本安	1	本行

续表

0.25毫米	档号	姓名	年龄	籍贯	学历	工作经验（有为1）	进行年份（民国）	进行薪水（银元）	1937年薪水（银元）	练习生（是为1）	职务调动记录（次）	1937年所在行处	保人应具身家	保人财产状况（万银元）	介绍人	介绍人数（个）	介绍人职业
541	4188	陈信生	28	湖北夏口	高师附中肄业	1	21	30	50	0	5	鄂行	1.5	8—9	刘文钦	3	钱业
542	4189	韩叔勋	30	江苏武进	常州中学肄业	1	19	25	45	0	5	鄂行	0.1	1	张椒泉	4	申新纱厂
543	4190	吴敬齐	58	安徽休宁		1	26	55	55	0	2	鄂行	0.5	2			
544	4191	周筱甫										鄂行					
545	4192	谢北初	27	湖北武昌	沙市商科高中毕业	1	23	35	60	0	4	宜行	1	5	董明藏	8	本行
546	4193	龚久文	26	安徽休宁	汉口私立中学肄业	0	17	18	60	0	6	宜行	0.3	5	程顺元	7	本行
547	4194	赵浩然	30	湖北汉阳	振华初中肄业	0	20	20	55	0	7	宜行	1.5	1.5	杨福田	1	宝华公司
548	4195	彭正松	34	湖北江夏	文华大学毕业	1	18	45	130	0	4	宜行	1	5	周苍柏	24	本行
549	4196	陈文铭	31	湖北宜昌		1	20	70	95	0	9	宜行	1	2—3	朱汝谦	6	本行
550	4197	刘少庭	24	湖北汉川	汉川县立二小肄业	0	20	5	25	1	5	宜行	0.05	2	陈海清	1	
551	4198	章光英	26	福建闽侯	英华书院高中毕业函授学校肄业	1	20	30	50	0	5	渝处	1	4	朱汝谦	6	本行

续表

0.25毫米	档号	姓名	年龄	籍贯	学历	工作经验（有为1）	进行年份（民国）	进行薪水（银元）	1937年薪水（银元）	练习生（是为1）	职务调动记录（次）	1937年所在行处	保人应具身家	保人财产状况（万银元）	介绍人	介绍人数（个）	介绍人职业
552	4199	高绍聪	37	浙江永嘉	师范毕业英文日校肄业	1	20	50	70	0	7	渝处	2	2	李桐村	15	本行
553	4200	冯子栽	29	浙江吴兴		0	22	50	85	0	4	宁行	3	5	陈其采	1	南京国民政府主计处
554	4201	杨云路	25	江苏吴县	上海商业函授学校肄业中校毕业	0	21	20	55	1	4	渝处	2	1—2	杨翼之	3	
555	4202	曹种礼	25	四川江津	北平大学财政市政系毕业	1	24	30	50	0	3	渝处	0.5	2	张鹏祥	1	
556	4203	黄君涵	24	浙江吴兴	南京中学肄业	0	19	20	60	0	4	渝行	3	10	顾听涛	1	南京永大银行
557	4204	吴福卿	25	江苏吴兴	苏州中学肄业	1	20	30	75	0	4	渝行	2	2—3	沈雁南	2	本行
558	4205	严华丞	25	江苏丹徒	南通商业中学毕业	0	22	20	55	1	5	渝行	2	2			
559	4206	侯克忠	25	江苏无锡	常州中学高二肄业	0	20	20	75	0	6	渝行	3	10			
560	4207	郑野奎	23	江苏吴县	苏州桃坞中学高三肄业	0	22	20	55	0	4	渝行	1	1	邹秉文	2	本行
561	4208	孙寿椿	22	浙江吴兴	湖州公学初中肄业	1	23	30	50	0	2	渝行	1	4	陈果夫	1	政

续表

0.25毫米	档号	姓名	年龄	籍贯	学历	工作经验（有为1）	进行年份（民国）	进行薪水（银元）	1937年薪水（银元）	练习生（是为1）	职务调动记录（次）	1937年所在行处	保人应具身家	保人财产状况（万银元）	介绍人	介绍人数（个）	介绍人职业
562	4209	龚导宁	21	湖北麻城	私塾	0	21	3	20	0	5	渝行	0.05	1	唐栋臣	1	棉商
563	4210	陈继煊	21	安徽休宁	私塾	0	20	3	25	0	3	渝行	0.05	0.5	许禹九	1	
564	4211	沈雁南	41	江苏吴县	江苏第一商业学校毕业	0	7	81	280	0	2	宁行	5	10	杨翼之	3	经商
565	4212	汤念麟	34	江苏武进	私塾	1	19	40	85	0	4	宁行	2	2	张景吕	2	银行
566	4213	江匀安	41	安徽黟县		1	23	40	60	0	4	宁行	4	5			
567	4214	章恒坚	33	安徽绩溪		1	21	30	50	0	2	宁行	2	2	程士范	1	工程师
568	4215	冯斐霞（女）	28	江苏无锡	女子体专毕业	0	20	30	70	0	3	宁行	2	3—4	吕文衡	1	
569	4216	王家龙	39	江苏江宁	私塾	1	21	50	75	0	2	宁行	0.5	0.4（合格）	施邦瑞	1	
570	4217	秦宽济	29	江苏无锡	中央大学肄业	0	18	30	120	0	2	宁行	5	4—5	袁保坤	5	本行
571	4218	速家齐	21	江苏南京	三民中学毕业	0	26	20	20	0	1	宁行	1	1	金子翼	1	银行
572	4219	李文翰	35	江苏丹徒	初中肄业	1	22	50	60	0	2	宁行	2	2	陶竹勋	10	本行

续表

0.25毫米	档号	姓名	年龄	籍贯	学历	工作经验（有为1）	进行年份（民国）	进行薪水（银元）	1937年薪水（银元）	练习生（是为1）	职务调动记录（次）	1937年所在行处	保人应具身家	保人财产状况（万银元）	介绍人	介绍人数（个）	介绍人职业
573	4220	戴宏德	25	江苏吴县	苏州中学肄业	0	20	20	60	0	2	宁行	2	4			
574	4221	李树棠	29	江苏淮阴	江苏省合作指导养成所毕业	1	23	60	70	0	2	宁行	2	5	严恒敬	1	
575	4222	李茂如	30	南京	金业学校	0	20	30	70	0	3	宁行	2	2	李桐村	15	本行
576	4223	徐钧甫	26	江苏丹徒	镇江中学肄业	0	18	30	65	0	3	宁行	2	10	陶竹勋	10	本行
577	4224	曹经晖	29	江苏无锡	无锡工商中学毕业	0	20	30	90	0	4	宁行	6	7	曹俊丞	1	
578	4225	丁梓侯	27	浙江鄞县	南洋高商毕业	1	23	40	45	0	2	宁行	1	1	商务印书馆	1	
579	4226	林光章	27	福建闽侯	武汉大学肄业	0	26	40	40	0	1	宁行	2	2	吕仓岩	9	本行
580	4227	杨敬时	35	江苏吴县	苏州青年会肄业	1	22	100	110	0	2	宁行	3	4	陶竹勋	10	本行
581	4228	马莘青（女）	27	江苏镇江	补习学校毕业	0	25	40	40	0	1	宁行	1	合格	陈光甫	15	本行
582	4229	蒋柏农	27	江苏六合	师范学校毕业	1	23	20	28	0	2	宁行	0.5	合格	黄质夫	1	
583	4230	蒋传勋	25	江苏吴县	苏州中学肄业	0	20	20	75	0	3	宁行	3	3			
584	4231	吕贤柏/吕仓岩	35	江苏无锡	无锡实业学校	0	9	1	360	0	2	宁行	5	30	宁钰亭	3	经商

续表

0.25毫米	档号	姓名	年龄	籍贯	学历	工作经验(有为1)	进行年份(民国)	进行薪水(银元)	1937年薪水(银元)	练习生(是为1)	职务调动记录(次)	1937年所在行处	保人应具身家	保人财产状况(万银元)	介绍人	介绍人数(个)	介绍人职业
585	4232	舒光隽	28	江苏江宁	南通中学肄业	1	20	30	75	0	3	宁行	2	4	徐钧伯	2	
586	4233	俞屏之	31	江苏吴江	江苏省合作指导养成所毕业	1	23	55	60	0	2	宁行	4	10	孙伯和	2	
587	4234	朱绍和		江苏镇江	私塾	1	22	30	55	0	2	宁行	2	2	倪文颐	1	本行
588	4235	程元鼎	32	江苏武进	同孚英文学院肄业	1	21	50	70	0	2	宁行	1	5	吕苍岩	9	本行
589	4236	程颂周	27	安徽休宁	芜湖米业高小毕业	1	20	30	75	0	5	宁行	2	2	林露辰	1	
590	4237	邱培寅	24	浙江吴兴	中国中学高中肄业	1	24	12	30	0	2	宁行	3	宜昌顺羊毛界股东	孙伯和	2	
591	4238	侯建公	33	江苏丹徒	江苏第五师范肄业	0	22	2	65	0	7	宁行	1	合格	罗道生	1	
592	4239	徐克让	24	安徽休宁	私塾	1	21	30	50	0	3	宁行	2	合格	徐善吕	1	
593	4240	徐乃昌	29	江苏吴县	东吴大学毕业	1	21	30	70	0	2	宁行	2	2			
594	4241	周之德	25	江苏上海	江苏省土地局测量人员培训所毕业	0	23	50	55	0	2	宁行	1	3	杨建时	2	
595	4242	孟忠旸	46	安徽合肥	私塾	1	22	50	50	0	1	宁行	2	2	叶受之	3	总编辑

续表

0.25毫米	档号	姓名	年龄	籍贯	学历	工作经验（有为1）	进行年份（民国）	进行薪水（银元）	1937年薪水（银元）	练习生（是为1）	职务调动记录（次）	1937年所在行处	保人应具身家	保人财产状况（万银元）	介绍人	介绍人数（个）	介绍人职业
596	4243	陈陶广	27	江苏句容	栖霞乡师毕业	1	26	24	24	0	1	宁行					
597	4244	蔡光桢	46	江苏江宁	家塾	1	23	30	45	0	2	宁行	3	3	程欣木	3	本行
598	4245	魏秦森	37	南京	南京一中肄业	1	19	30	35	0	2	宁行	2	5	徐钧伯	2	
599	4246	王道用	48	安徽合肥	私塾	1	26	28	28	0	2	宁行	1	1	庄得之	13	本行
600	4247	过廷勋	27	江苏无锡	小学毕业	1	21	12	32	0	3	宁行	0.5	1	袁保坤	5	本行
601	4248	沈耀文	23	浙江吴兴	湖州三中肄业	1	25	16	24	0	2	宁行	1	5	冯子裁	2	本行
602	4249	李尚友	21	安徽合肥	高小毕业	1	23	16	30	0	3	宁行	1	10	杨翼之	3	经商
603	4250	黄长龄	24	安徽当涂	南京中区实验学校	1	23	16	30	0	2	宁行	1	2.5	陈翰波	1	
604	4251	李世昌	39	江苏江宁	私塾	1	19	14	45	0	3	宁行	1	1	柏寿臣	1	
605	4252	陶彝	19	江苏江宁	南京中学肄业	0	23	4	14	0	2	宁行	0.5	0.5	王隆平	1	
606	4253	金刀韶	22	江苏吴县	小学毕业	0	21	4	30	0	3	宁行	0.5	2	金澄培	1	
607	4254	章骥	20	浙江海宁	上海中学毕业	0	25	20	20	0	2	宁南行	1	5	冯子裁	2	本行

续表

0.25毫米	档号	姓名	年龄	籍贯	学历	工作经验（有为1）	进行年份（民国）	进行薪水（银元）	1937年薪水（银元）	练习生（是为1）	职务调动记录（次）	1937年所在行处	保人应具身家	保人财产状况（万银元）	介绍人	介绍人数（个）	介绍人职业
608	4255	吕嘉烽	29	江苏无锡	无锡中学毕业	0	20	30	70	0	5	宁南行	3	30	顾馥林	6	纸板厂
609	4256	舒光翼	25	江苏江宁	初中肄业	1	20	20	50	0	2	宁南行	2	2	吴思明	1	后律
610	4257	徐鸿卿	31	江苏吴县	小学肄业	1	20	30	50	0	3	宁南行	1	4	李桐村	15	本行
611	4258	徐培庚/徐约伯	43	江苏江宁	私塾	1	17	50	120	0	3	宁南行	5	4—5	叶麓生	1	
612	4259	张武翔	27	江苏丹徒	镇江润商学校毕业	1	23	30	50	0	2	宁南行	1	合格	陶竹劬	10	本行
613	4260	宣睿/宣艾侯	47	江苏高亜	圣约翰中学肄业	0	7	4	280	0	5	宁官行	5	合格	林康侯	5	上海银行公会
614	4261	高瓂桢	26	江苏江都	江宁师范学校毕业	0	22	30	55	0	4	宁官行	1	2—3	杨家甫	13	本行
615	4262	冯德坤	35	广东南海	同济附中毕业	1	23	50	80	0	2	宁官行	1	1	欧阳维一	1	参谋本部
616	4263	吕道经	30	江苏江宁	震旦大学预科毕业	1	19	30	75	0	4	宁官行	4	4	屠伯熙	1	
617	4264	孙钟奇	25	江苏南通	南通附中肄业	0	19	20	95	0	6	宁官行	2	2	赵汉生	14	本行
618	4265	沈永祥	31	浙江余姚	圣约翰大学毕业	0	19	30	120	0	6	宁珠行	3	2—3	顾馥林	6	纸板厂

续表

档号	姓名	年龄	籍贯	学历	工作经验（有为1）	进行年份（民国）	进行薪水（银元）	1937年薪水（银元）	练习生（是为1）	职务调动记录（次）	1937年所在行处	保人应具身家	保人财产状况（万银元）	介绍人	介绍人数（个）	介绍人职业
4266	沈畹青（女）	38	江苏南通	女子师范学校毕业	1	20	40	55	0	2	宁珠行	0.5	5	戈恒甫	3	
4267	于家焕	30	河北北平	南开中学毕业	1	20	30	55	0	2	宁珠行	1	3	孙仲立	1	上海中学银行总经理
4268	卓嘉谦	26	江苏江宁	南京中学肄业	0	20	30	65	0	5	宁珠行	2	4—5	范寿人	1	
4269	朱之华	24	浙江镇海	东吴一中肄业	0	20	20	80	1	5	宁珠行	4	3	盛松涛	1	本行
4270	黎立豫	28	江苏江都	小学毕业	0	15	8	60	0	7	宁珠行	0.5	通融合格	魏小甫	1	
4271	伍正衡	26	江苏江宁	复旦附中肄业	0	19	20	60	0	2	宁珠行	2	4.5	戈福海	1	
4272	徐李英	31	江苏淮安	中央大学毕业	0	20	30	70	0	6	宁珠行	1.5	10	戈恒甫	3	
4273	荣延华	27	江苏无锡	无锡工商中学肄业	1	19	30	70	0	4	宁关行	4	3	顾馥林	6	纸板厂
4274	王东方/王慧忠	26	江苏武进	武进学校肄业	1	18	30	95	0	3	宁关行	5	10	顾馥林	6	纸板厂
4275	李百祥	24	江苏江都	私塾	1	21	30	55	0	2	宁关行	3	3	胡祝封	2	本行
4276	袁保坤	37	江苏无锡	上海大同学院肄业	1	9	8	220	0	5	宁关行	5	小康	华艺珊	5	本行

续表

0.25毫米	档号	姓名	年龄	籍贯	学历	工作经验（有为1）	进行年份（民国）	进行薪水（银元）	1937年薪水（银元）	练习生（是为1）	职务调动记录（次）	1937年所在行处	保人应具身家	保人财产状况（万银元）	介绍人	介绍人数（个）	介绍人职业
630	4277	赵筠伯	35	江苏镇江	私塾	1	22	40	55	0	5	宁关行	2	4—5	赵汉生	14	本行
631	4278	袁镇和	21	江苏无锡	私立无锡中学肄业	0	24	20	24	0	2	宁关行	1	4—5	袁保坤	5	本行
632	4279	阴学礼	26	安徽当涂	小学毕业	1	20	30	65	0	3	宁关行	2	3	胡权祥	1	
633	4280	周右麒	26	江苏松江	上海澄衷中学肄业	1	20	20	50	0	5	宁关行	1	合格	张彦彦	2	本行
634	4281	姚耀光	21	江苏江宁	南京进修学校毕业	0	22	4	24	0	3	宁关行	2	2	戈恒甫	3	
635	4282	陈少梅	21	江苏江宁	上海中华职业中学肄业	0	20	20	50	0	2	宁关行	1	1	杨敦甫	13	本行
636	4283	李福文	44	江苏六合		1	21	30	45	0	3	宁关行	1	1	王胜涛	2	本行
637	4284	邹雄	24	江苏无锡	南洋高商肄业	0	23	20	45	0	3	宁关行	1	2	吕苍岩	9	本行
638	4285	张殿徽	29	江苏江宁	五京五洲中学肄业	0	23	30	50	0	3	宁昇行	1	6	蒋仁山	2	本行
639	4286	孙家淮	25	江苏无锡	常州中学毕业	0	21	30	70	0	4	宁昇行	1	3	殷维潘	1	
640	4287	江保基	23	江苏无锡	无锡辅仁中学肄业	1	22	30	45	0	3	宁昇行	1	富有	江禅山	1	

续表

0.25毫米	档号	姓名	年龄	籍贯	学历	工作经验（有为1）	进行年份（民国）	进行薪水（银元）	1937年薪水（银元）	练习生（是为1）	职务调动记录（次）	1937年所在行处	保人应具身家	保人财产状况（万银元）	介绍人	介绍人数（个）	介绍人职业
641	4288	黄梦锡	28	广东普宁	复旦大学毕业	1	24	60	75	0	5	宁三行	1	第一信用保险公司	杨介眉	19	本行
642	4289	归寿南	26	江苏常熟	光华大学肄业	1	23	40	65	0	4	宁三行	2	3	张信孚	2	
643	4290	刘景灿	44	江苏镇江	私塾	1	23	30	40	0	3	宁行	2	10	蔡云孙	8	本行
644	4291	孟广汉	32	河北河间	北平财政商业专门学校毕业	0	21	30	45	0	3	宁三行	1	合格	R.S.HALL	1	
645	4292	曹致安	30	江苏南通	金陵大学毕业	1	24	50	60	0	3	宁四处	2	5—6	张信孚	2	
646	4293	程远深	26	江苏江宁	私塾	1	21	30	55	0	4	宁四处	2	1—2	高冶忠	1	
647	4294	黄绍裘/黄绅良	36	江苏吴县	金陵大学毕业	1	20	80	100	0	6	宁东处	1	1	色文	1	前金大校长
648	4295	法东盛	26	江苏镇江	小学肄业	1	20	30	60	0	2	镇行	3	15—16	冷乐秋	1	
649	4296	方坚	21	江苏镇江	镇江县中肄业	1	23	30	40	0	2	镇行	1	5	徐衡山	1	交通银行
650	4297	施维涛	24	江苏无锡	无锡辅仁中学初中肄业	1	22	30	60	0	2	镇行	2	2	袁保坤	5	本行
651	4298	顾咸英	40	江苏镇江	扬州中学肄业	1	22	40	55	0	2	镇行	2	2—3	蔡云孙	8	本行

续表

0.25毫米	档号	姓名	年龄	籍贯	学历	工作经验（有为1）	进行年份（民国）	进行薪水（镇元）	1937年薪水（镇元）	练习生（是为1）	职务调动记录（次）	1937年所在行处	保人应具身家	保人财产状况（万镇元）	介绍人	介绍人数（个）	介绍人职业
652	4299	顾典韶	22	江苏吴县	东吴一中初中肄业	0	23	30	50	0	4	镇行	1	1—2	江肇甲	1	
653	4300	王恭寿	19	江苏镇江	镇江中学肄业	0	25	20	20	0	1	镇行	1	3.55	蔡云孙	8	本行
654	4301	甘正志/甘霖孙	34	江苏南通	南通商业学校毕业	0	12	2	120	0	8	镇行	2	3	赵绍甫	1	
655	4302	蔡蔚霞/蔡芸孙	48	江苏镇江	南京两江师范毕业	1	20	100	190	0	4	镇处	5	10	杨介眉	19	本行
656	4303	吴子章	25	江苏镇江	镇江润商学校六年	1	21	20	40	0	3	镇行	2	5	吴蕴斋	1	
657	4304	俞钟畔	29	江苏镇江	镇江润商学校附设商科毕业	1	22	30	50	0	4	镇行	3	200	黄静泉	2	糖商本行董事
658	4305	霍恩佶	50	安徽黟县		1	23	50	55	0	4	镇行	2	2	朱晋侯	1	
659	4306	徐仲安	58	江苏丹徒		1	20	50	65	0	3	镇行	1	2	毛国桢	1	钱业
660	4307	徐礼伦	35	江苏镇江	私塾	0	23	50	60	0	2	镇行	2	2	徐叔临	1	
661	4308	刘仁祖	26	江苏镇江		1	20	30	60	0	2	镇行	2	2	陶竹勋	10	本行
662	4309	张延祥	21	江苏镇江	秦县中学	1	22	30	50	0	2	镇行	3	2	蔡云孙	8	本行

续表

0.25毫米	档号	姓名	年龄	籍贯	学历	工作经验（有为1）	进行年份（民国）	进行薪水（银元）	1937年薪水（银元）	练习生（是为1）	职务调动记录（次）	1937年所在行处	保人应具身家	保人财产状况（万银元）	介绍人	介绍人数（个）	介绍人职业
663	4310	王少庭	48	江苏丹阳	私塾	1	20	40	44	0	2	镇内处	1	1			
664	4311	李惠若	24	江苏吴县	苏州农校毕业	0	24	30	40	0	2	镇内处	1	2	周发远	1	
665	4312	毛家祺	26	江苏镇江	私塾	1	22	30	50	0	3	镇内处	2	2	陆庆陵	2	
666	4313	陈织昌	24	浙江慈溪	上海清心中学肄业	0	20	20	70	1	5	镇内处	4	10	应志甫	1	
667	4314	陶天锡	28	江苏镇江	镇江润州中学初中毕业	1	26	30	30	0	1	镇内处	1	10	唐子斌	1	天华绸厂股东
668	4315	许大启	29	江苏江都	小学毕业	0	23	30	35	0	2	扬行	2	2—3	刘孝荃	1	盐商
669	4316	许大经	26	江苏江都	扬州甲种商业学校肄业	1	23	50	60	0	2	镇行	1	3	李镜仁	1	扬州中央银行经理
670	4317	冯兆萱（女）	24	浙江吴兴	私立扬州中学肄业	0	22	30	45	0	3	扬行	0.5	2	李锡纯	1	苏家巷
671	4318	王宪章	28	江苏高邮	高邮县立中学初中肄业	1	21	30	60	0	3	扬行	3	5	尤绍周	1	
672	4319	李文诗	21	江苏镇江	南通商业中学毕业	0	23	20	35	0	4	扬行	3	富有合格	李芸侯	21	本行
673	4320	李其桢	24	江苏吴江	上海中华职业学校毕业	0	20	20	80	1	4	扬行	3	10	沈衡甫	1	本行

续表

0.25毫米	档号	姓 名	年龄	籍贯	学 历	工作经验（有为1）	进行年份（民国）	进行薪水（银元）	1937年薪水（银元）	练习生（是为1）	职务调动记录（次）	1937年所在行处	保人应具身家	保人财产状况（万银元）	介绍人	介绍人数（个）	介绍人职业
674	4321	林耀璋	37	福建闽侯	甲种商业学校毕业	1	24	100	130	0	6	扬行	4	殷实	李阁菲	3	本行
675	4322	李鎔	24	江苏丹徒		1	20	20	55	0	6	扬行	2	4	黄元吉	5	本行
676	4323	瞿祖镇	19	安徽歙县	省立扬中初中肄业	0	24	20	28	0	2	扬行	1	2	陆广陵	2	
677	4324	瞿祖年	39	安徽歙县	私塾	1	20	50	85	0	4	扬行	3	3			
678	4325	王汉三	29	江苏江宁	正谊中学肄业	1	19	30	75	0	5	东台处	2	3	陈次超	1	
679	4326	胡德桂	21	安徽当涂	南京中学肄业	0	24	8	25	0	4	东台处	1.5	合格	蒋菁龄	1	
680	4327	卜泽元	45	江苏镇江	私塾	1	23	50	70	0	6	东台处	3	3	赵汉生	14	本行
681	4328	马沅鼎	30	江苏镇江	扬州商业中学肄业	1	23	40	50	0	7	东台处	2	2	邱文达	2	本行
682	4329	吕性田	25	江苏镇江	扬中肄业	1	23	30	40	0	2	东台处	2	2	陈海秋	1	
683	4330	瞿崇年	22	江苏昊县	苏州振声中学初中毕业	1	20	20	50	0	4	东台处	3	1—2	李桐村	15	本行
684	4331	邱文达	45	江苏江都	私塾	1	23	100	130	0	3	东台处	3	100	赵汉生	14	本行

续表

0.25毫米	档号	姓名	年龄	籍贯	学历	工作经验（有为1）	进行年份（民国）	进行薪水（银元）	1937年薪水（银元）	练习生（是为1）	职务调动记录（次）	1937年所在行处	保人应具身家	保人财产状况（万银元）	介绍人	介绍人数（个）	介绍人职业
685	4332	周宏达	25	江苏南通	苏州采群中学毕业	0	20	20	75	1	6	东台处	1	2	王元禄	3	本行
686	4333	周亿藩	25	浙江鄞县	金陵中学毕业	0	23	30	50	0	3	东台处	1	2	金陵中学	1	
687	4334	费焘	25	江苏武进	常州冠英中学肄业	1	23	20	35	0	2	东台处	2	30—40	唐汉圣	1	
688	4335	沈盛铫	20	江苏镇江	私塾	0	23	12	16	0	2	东台仓库	0.5	2	邱文达	2	本行
689	4336	李正果	32	江苏镇江		1	23	30	34	0	2	东台仓库	0.5	0.8	蔡云孙	8	本行
690	4337	尤剑羊	26	江苏无锡		1	25	14	24	0	2	东台处	1	1	尤听涛	1	
691	4338	夏德明	28	江苏东台	私塾	1	24	18	22	0	2	东台仓库	0.8	3			
692	4339	徐凤翙/徐鸣儿	19	江苏南通	小学肄业	1	24	12	14	0	2	东台仓库	0.5	1	姚证备	1	
693	4340	刘延青	19	江苏南通	私立南通商业初中	0	24	12	14	0	4	东台仓库	0.5	0.5—0.6	孙锦宁	1	
694	4341	周子松	55	江苏海安	私塾	0	23	30	36	0	2	东台仓库	1	2	曹辉增	1	米厂
695	4342	许渭元	41	江苏	私塾	1	23	30	45	0	2	芜行	2		杨介眉	19	本行
696	4343	齐长源	43	江苏江宁	私塾	1	18	16	50	0	2	芜行	1	1	宋善杨	1	

续表

0.25毫米	档号	姓名	年龄	籍贯	学历	工作经验（有为1）	进行年份（民国）	进行薪水（银元）	1937年薪水（银元）	练习生（是为1）	职务调动记录（次）	1937年所在行处	保人应具身家	保人财产状况（万银元）	介绍人	介绍人数（个）	介绍人职业
697	4344	唐佑莫	46	安徽芜湖	皖省江中学	1	20	40	55	0	2	本行	6	6	彭荫轩	2	交行经理
698	4345	方承山	37	江苏江都	私塾	1	22	12	35	0	2	本行	1	1			
699	4346	章子明	35	浙江吴兴	燕京大学及江苏训政学院	1	21	60	80	0	4	本行	2		徐静仁	2	
700	4347	冯家俊	32	江苏无锡	无锡第三师范肄业	0	22	30	40	0	2	本行	1	2	吕苍岩	9	本行
701	4348	郑俊奇	29	上海漕溪	私塾	1	18	14	60	0	3	本行	2	2	李桐村	15	本行
702	4349	于树干	30	江苏丹徒	九师附小毕业	1	20	30	60	0	4	本行	3	3	卞文鉴	5	本行
703	4350	秦锡桓	23	江苏无锡	中学毕业	1	25	55	60	0	2	本行	2	4			
704	4351	吉道生	34	江苏丹徒	私塾	1	19	40	75	0	4	本行	3	4	戴润生	1	
705	4352	尤德清	40	江苏无锡	私塾	1	19	30	75	0	4	本行	2	2	吕苍岩	9	本行
706	4353	黄石仓	28	广东中山	南洋商科学校肄业	0	20	30	60	0	4	本行	2	2	李殿臣	1	
707	4354	吕贤栋	27	江苏无锡	无锡工商中学	1	23	40	55	0	2	本行	2	2	吕苍岩	9	本行

续表

档号	姓名	年龄	籍贯	学历	工作经验（有为1）	进行年份（民国）	进行薪水（银元）	1937年薪水（银元）	练习生（是为1）	职务调动记录（次）	1937年所在行处	保人应具身家	保人财产状况（万银元）	介绍人	介绍人数（个）	介绍人职业
4355	刘厚坤/刘静广	34	四川华阳	圣约翰大学肄业	1	18	30	150	0	7	芜行	3	合格	华栋臣	10	
4356	张德楼	34	江苏丹徒	私塾	1	20	30	60	0	6	芜行	4	4	许良怀	2	
4357	吴益齐	44	安徽黟县		1	17	15	40	0	2	芜行	1	1	叶受之	3	
4358	谢松林	27	江苏江宁		1	24	16	30	0	2	芜行	1	1	杨介眉	19	本行
4359	遇廷铨	34	江苏无锡	无锡华阳学校	1	17	14	58	0	3	芜行	0.5	1—2			
4360	倪颐达	41	安徽芜湖（泾县）	私塾	1	22	16	30	0	2	芜行	0.3				
4361	徐钦生	28	江苏上海	浦东第三小学	1	18	12	42	0	3	芜行	1	2			
4362	徐维馥	47	安徽芜湖（巢县）	私塾	1	21	26	50	0	2	芜行	1	1.5	叶受之	3	
4363	孟云生	24	江苏上海	中外语学校	1	21	12	32	0	2	芜行	0.5	0.5			
4364	汪恩叶	34	江苏江都	私塾	1	22	22	38	0	2	芜行	1	1			

续表

档号	姓名	年龄	籍贯	学历	工作经验（有为1）	进行年份（民国）	进行薪水（银元）	1937年薪水（银元）	练习生（是为1）	职务调动记录（次）	1937年所在行处	保人应具身家	保人财产状况（万银元）	介绍人	介绍人数（个）	介绍人职业
4365	顾德宽	45	安徽芜湖	私塾	1	22	12	26	0	2	芜行	0.5	1			
4366	李兰馨	35	安徽芜湖	私塾	1	22	15	32	0	2	芜行	0.3	0.4			
4367	胡桂莹	34	安徽屯溪	私塾	1	21	14	38	0	2	芜行	1	2			
4368	吴良富	42	安徽芜湖	私塾	1	22	18	32	0	2	芜行	0.5	0.7			
4369	金耀光	50	江苏丹徒	私塾	1	22	18	36	0	2	芜行	0.5	0.5			
4370	殷炳剑	19	江苏无锡	无锡辅仁中学肄业	1	22	4	22	1	4	芜行	0.5	1			
4371	孙葆渔	47	安徽太平	私塾	1	22	22	22	0	1	芜行	1	1	陈菩为	1	碾米厂
4372	范震熙	38	浙江海宁	浙江宁海私塾	1	19	45	65	0	5	皖行	2	2—3	顾馥林	6	纸版
4373	吕能恰	40	安徽旌德	东吴大学理科毕业	1	25	60	60	0	2	皖行	2	12	伍克家	4	本行
4374	吕能静	25	安徽旌德	芜湖励志初中肄业	1	22	30	65	0	3	皖行	3	3	彭荫轩	2	交行经理
4375	张瀓徽	43	江苏江都	私塾	1	20	40	70	0	3	皖行	1.5	1.5	宋子衡	1	芜湖中国银行经理

0.25毫米

718 719 720 721 722 723 724 725 726 727 728

续表

0.25毫米	档号	姓名	年龄	籍贯	学历	工作经验（有为1）	进行年份（民国）	进行薪水（银元）	1937年薪水（银元）	练习生（是为1）	职务调动记录（次）	1937年所在行处	保人应具身家	保人财产状况（万银元）	介绍人	介绍人数（个）	介绍人职业
729	4376	陈铭芳	30	江苏吴县	私塾	1	20	30	40	0	4	皖行	1	1	江如松	11	本行
730	4377	戴祺注	22	安徽合肥	安徽省庐州中学毕业	0	25	30	40	0	3	合肥办事处	2	2.5	奚麓生	1	商
731	4378	李金魁	38	江苏镇江	私塾	0	20	30	60	0	7	合肥办事处	2	2	杨敦甫	13	本行
732	4379	曹季皋	42	安徽歙县	中学肄业	0	24	30	40	0	2	合肥办事处	3	5	舒禹浩	1	商
733	4380	杨振忠	18	安徽合肥	合肥正海中学肄业	0	26	20	20	1	1	合肥办事处	1	1.4	杨力堃	2	本行
734	4381	杨力堃	40	安徽合肥	中学肄业	1	23	100	130	0	2	合肥办事处	5	10			
735	4382	吴鼎详	32	安徽合肥	私塾	1	24	28	40	0	3	合肥办事处	2	3	徐季平	1	商
736	4383	孙省三	27	江苏无锡	无锡中学肄业	1	19	30	100	0	5	合肥办事处	3	3	袁保坤	5	本行
737	4384	范君一	36	安徽合肥	省二中毕业	1	26	30	30	0	1	合肥办事处	3	10	杨力堃	2	本行
738	4385	叶承坤	23	江苏吴县	苏州叶氏务本学校毕业	0	19	24	75	0	5	合肥办事处	1	1	李桐村	15	本行
739	5001	潘永颐	30	江苏武进	冠英中美学校（初中）	1	24	30	40	0	3	蚌行	2	3	钱晓昇	2	商

续表

	档号	姓名	年龄	籍贯	学历	工作经验（有为1）	进行年份（民国）	进行薪水（银元）	1937年薪水（银元）	练习生（是为1）	职务调动记录（次）	1937年所在行处	保人应具身家	保人财产状况（万银元）	介绍人	介绍人数（个）	介绍人职业
740	5002	郭子濂/郭苑平	34	安徽合肥	私塾	1	17	44	95	0	5	蚌行	2	5	郭幼生	2	商
741	5003	姜开优	39	浙江绍兴	孔德中学	1	19	30	55	0	7	蚌行	2	4—5	宁钰亭	3	面粉
742	5004	祝廷荣	25	江苏江阴	无锡县立初中肄业	1	19	20	60	1	4	蚌行	3	10	王雪仙	1	煤矿
743	5005	李鸿渐	24	江苏江都	江都县中肄业	0	19	20	55	1	2	蚌行	3	4	吴少亭	2	本行
744	5006	李启田/李子晙	32	江苏江宁	金陵农科毕业	1	22	80	100	0	6	蚌行	2	6—7	谢家声	1	金陵大学
745	5007	李光凡	31	安徽凤阳	凤阳师范毕业	1	23	45	55	0	2	蚌行	3.5	6—7	陶竹勋	10	本行
746	5008	胡嘉谟	24	江苏江宁	南京安徽中学肄业	1	23	39	45	0	3	蚌行	2	合格	陶竹勋	10	本行
747	5009	夏选卿	43	江苏镇江	笃材中学肄业	1	25	75	100	0	2	蚌行	2	合格	杜尚齐	1	
748	5010	严毅	33	江苏如皋	私塾	0	9	1	75	1	10	蚌行	0.5		张休三	1	商业
749	5011	任勇		江苏南京	中华职业补习学校毕业	0	25	25	40	0	2	蚌行	2	2	中华职业培育所	1	
750	5012	周彭寿	32	江苏海门	海门商校肄业	1	19	30	65	0	7	蚌行	2	4	郁福祥	3	本行

续表

0.25毫米	档号	姓名	年龄	籍贯	学历	工作经验（有为1）	进行年份（民国）	进行薪水（银元）	1937年薪水（银元）	练习生（是为1）	职务调动记录（次）	1937年所在行处	保人应具身家	保人财产状况（万银元）	介绍人	介绍人数（个）	介绍人职业
751	5013	张鸿兴	29	江苏宿迁	山东省立七中肄业	1	23	60	70	0	4	蚌行	2	30	石晓钟	1	农业金融
752	5014	李百忍	32	安徽宿县	五川中学肄业	1	23	20	30	1	2	蚌行	1.5	1.5	马广平	1	中国银行
753	5015	范大连	39	江苏丹徒	私塾	1	20	50	60	0	2	蚌行	0.5	第一信用保险公司	李同渠	1	商
754	5016	谷树屏	31	安徽宿县	安徽省立中等职业学校毕业	0	25	20	20	0	1	蚌行	1	合格	濮元升	1	本行
755	5017	马大禄	25	江苏江宁	安徽中学肄业	0	25	5	24	0	2	蚌行	1	2			
756	5018	庄宝乾	47	江苏吴县		0	23	40	40	0	2	蚌行	2	合格	李桐村	15	本行
757	5019	殷鸿发	42	江苏镇江	私塾	1	23	25	35	0	3	蚌行	2	5	钱晓昇	2	商
758	5020	沈永年	20	浙江慈溪	效实中学毕业	0	23	20	28	1	2	临行	2	2—3	秦润脚	1	上海钱庄
759	5021	王胜涛/王斑脚	58	江苏宝山	圣约翰大学肄业	1	19	150	190	0	5	临行	5	10	顾馥林	6	商
760	5022	胡思城	42	安徽绩溪	南京暨南商科毕业	0	10	10	140	0	7	临行	3	5	考取	0	
761	5023	胡汉钟	21	安徽绩溪	清心初中毕业	0	23	20	28	1	3	临行	2	5—6	胡祝村	2	本行

续表

	档号	姓名	年龄	籍贯	学历	工作经验（有为1）	进行年份（民国）	进行薪水（银元）	1937年薪水（银元）	练习生（是为1）	职务调动记录（次）	1937年所在行处	保人应具身家	保人财产状况（万银元）	介绍人	介绍人数（个）	介绍人职业
762	5024	谢浩庆	44	江苏江都	私塾	1	19	45	85	0	3	明处	2	1.5	李崇侯	21	本行
763	5025	李元龙	31	江苏镇江	乙种商业学校肄业	1	21	30	50	0	5	明庄	2	8	刘靖邦	1	矿
764	5026	东诗颜	29	江苏江都	私塾	1	18	30	65	0	6	明处	2	3	东日露	1	
765	5027	夏尚石	24	江苏吴县	华英中学肄业	0	25	20	24	1	2	明处	0.5	0.5—0.6	王胜涛	2	本行
766	5028	朱雁文	21	江苏南京	南京考棚小学毕业	0	21	2	24	0	4	明处	0.2	0.4			盐业
767	5029	汪德钟	26	江苏灌县	南阳中学毕业	0	21	24	50	1	4	板行	2	3	康叔文	1	盐业
768	5030	苏金辉	35	江苏镇江	私塾	1	21	30	60	0	6	板行	2	3—4	蔡云孙	8	本行
769	5031	吴鸿襄／吴密庵	37	江苏（邮*）邹阳	江都县中肄业	0	20	50	120	0	5	板行	3	3—4	程欣木	3	本行
770	5032	江振／严建勋	22	江苏江都	扬州中学毕业	0	23	20	24	1	2	板行	2	20	朱出华	1	前本行
771	5033	单声远	34	湖南衡阳	江都商业学校	1	21	60	75	0	6	板行	2	3	郭良怀	1	本行

0.25毫米

续表

档号	姓名	年龄	籍贯	学历	工作经验（有为1）	进行年份（民国）	进行薪水（银元）	1937年薪水（银元）	练习生（是为1）	职务调动记录（次）	1937年所在行处	保人应具身家	保人财产状况（万银元）	介绍人	介绍人数（个）	介绍人职业
5034	周椿寿	26	江苏海门	南通甲种商业学校肄业	1	20	30	75	0	9	板行	2	3—4	郁福祥	3	本行
5035	陆琛	26	江苏南通	南通中学毕业	0	20	20	50	1	3	板行	1	合格			
5036	颜承源	42	江苏镇江	华南小学毕业	1	25	25	25	0	1	板行	2	10	吴庆庵	2	本行
5037	郎莹寿	42	江苏镇江	私塾	1	22	60	90	0	6	清处	3	合格	蔡云孙	8	本行
5038	王鹤龄	26	江苏嘉兴	秀州中学肄业	0	25	20	20	1	1	清处	1	1.5	俞屏之	1	本行
5039	王光塔	24	安徽合肥	中央航空学校肄业	1	23	30	45	0	5	清处	1	3—4	陆关衡	1	学
5040	华笔	19	江苏无锡	无锡中学肄业	1	19	20	65	1	7	清处	2	合格	华栋臣	10	面粉厂
5041	蔡维福	22	江苏镇江	私塾	1	23	20	30	1	2	清处	1	5	蔡云孙	8	本行
5042	刘卜元	34	江苏泰兴	泰兴县中肄业	1	22	50	65	0	3	清处	2	3	康斌	1	本行
5043	张桂林	28	江苏镇江	镇江师范附小	1	23	20	40	0	2	津行	1	1	吴庆庵	2	本行
5044	沈学煦	26	河北天津	天津青年会夜校商科补习班毕业	1	23	45	50	0	2	津行	2	10	曹祥恒	2	浙江实业银行副理

0.25毫米

772 773 774 775 776 777 778 779 780 781 782

续表

序号	档号	姓名	年龄	籍贯	学历	工作经验（有为1）	进行年份（民国）	进行薪水（银元）	1937年薪水（银元）	练习生（是为1）	职务调动记录（次）	1937年所在行处	保人应具身家	保人财产状况（万银元）	介绍人	介绍人数（个）	介绍人职业
783	5045	宁协五	37	河北天津	高小毕业	1	20	30	60	0	2	津行	1	1.5	陈友鹤	1	煤号经理
784	5046	宋实瑞	31	河北宁河	南开大学毕业	1	23	50	60	0	4	津行	0.5	4	何廉	1	南京行政院政务处长
785	5047	许世芳/徐尊侯	34	河北天津	南开大学商科毕业	1	18	40	95	0	4	津行	1	5	唐文凯	1	上海银行学会
786	5048	鹿笃伦	26	河北定县	北平辅仁大学毕业	1	23	40	50	0	2	津行	1	1	力伯熊	1	本行
787	5049	郑松	35	江苏浦口	南通甲种商业学校毕业	1	18	40	90	0	3	津行	0.5	10	夏高翔	2	银行
788	5050	冯国章	26	河北天津	新学中学初中毕业	1	20	20	55	1	5	津行	1	10	娄裕熊	1	赋闲
789	5051	资耀华	38	湖南耒阳	日本帝国大学经济科	1	17	100	400	0	4	津行	1		唐有壬	1	
790	5052	顾念祖	30	江苏太仓	太仓高小毕业	1	24	40	50	0	2	津行	2	合格	童润夫	1	棉业统制会
791	5053	秦通/秦冠生	23	江苏无锡	无锡中学肄业	0	12	2	130	1	5	津行	5	8	陆圣俞	1	政界
792	5054	王长计	26	浙江奉化	新华中学校毕业	0	23	20	40	0	4	津行	0.5	1	黄作霖	1	
793	5055	曹广霖	26	河北武清	树人中学毕业	0	20	20	60	1	4	津行	1	2	杨彬	1	本行

续表

	档号	姓名	年龄	籍贯	学历	工作经验（有为1）	进行年份（民国）	进行薪水（银元）	1937年薪水（银元）	练习生（是为1）	职务调动记录（次）	1937年所在行处	保人应具身家	保人财产状况（万银元）	介绍人	介绍人数（个）	介绍人职业
794	5056	黄士俊	23	天津	天津法商学院肄业	0	23	20	35	1	5	津行	0.5	2	金仲蕃	5	本行
795	5057	赵连杰	35	河北天津	放生院小学毕业	1	14	12	90	0	2	津行	3	6	朱少卿	2	本行
796	5058	曹柔克	23	河北天津	商职中学毕业	0	23	20	35	1	4	津行	0.5	合格	曹祚恒	2	浙江实业银行副理
797	5059	李名汉	29	河北天津	天津商业学校毕业	1	18	35	50	0	2	津行	0.5		李捷希	1	商
798	5060	韩宗俨	27	江苏淮安	南开大学肄业	0	23	20	35	1	4	津行	0.5	60—70			
799	5061	盛振华	32	江苏上海	东吴大学毕业	1	20	60	180	0	5	津行	3	5	胡中甫	1	政界
800	5062	左起祐	42	江苏武进	江苏省立第五中学毕业	1	16	35	110	0	3	津行	0.5	2	顾通光	1	东莱银行董事
801	5063	柏丰炎	25	河北天津	南开中学毕业	1	22	20	50	0	3	津行	1	20			
802	5064	杨彬	27	河北天津	私立商业学校毕业	0	20	30	60	0	6	津行	1	60—70	富达臣	1	商
803	5065	杨维章	36	河北天津	河北省立一中商科毕业	1	17	45	70	0	2	津行	3	2—3	朱少卿	2	本行
804	5066	董占元	23	河北武清	树人中学毕业	0	23	20	35	1	2	津行	0.5	2			

0.25毫米

续表

0.25毫米	档号	姓名	年龄	籍贯	学历	工作经验（有为1）	进行年份（民国）	进行薪水（银元）	1937年薪水（银元）	练习生（是为1）	职务调动记录（次）	1937年所在行处	保人应具身家	保人财产状况（万银元）	介绍人	介绍人数（个）	介绍人职业
805	5067	闫石麟	25	河北天津	南开中学肄业	0	20	20	60	1	8	津行	1	3	汪康里	1	青岛教育局科员
806	5068	严智永	26	河北天津	南开商科毕业	0	20	20	50	1	4	津行	1	2	严曾符	1	商务进益社长
807	5069	*绍光	26	浙江山阴	天津商业学校毕业	1	23	20	40	1	4	津行	0.5	2			
808	5070	黎汝棠/黎兰笙	31	四川奉节	燕京大学商科毕业	1	19	70	110	0	6	津行	1	1	徐世清	1	本行
809	5071	朱懋镛	32	江苏江都	东吴大学毕业	1	19	30	110	0	3	津行	1	10	方筱舟	1	银行
810	5072	何家荣	29	河北天津	河北一中肄业	0	19	30	65	0	7	津行	1	3	于震江	1	福英银行经理
811	5073	周世斌	45	河北深县	家塾	1	20	100	130	0	6	津行	3	4	金邦平	2	本行董事
812	5074	刘玉田	23	河北天津	南开中学商科	0	23	20	35	1	5	津行	0.5	5	周挹清	2	本行
813	5075	刘以训	23	河北天津	河北省立一中高中毕业	0	23	20	35	1	4	津行	0.5	2—3	周挹清	2	
814	5076	刘源桢	38	河北深县	深县立高小毕业	1	23	60	65	0	3	津行	3	10	周挹清	2	本行
815	5077	张苇舣	24	河北天津	汇文高中毕业	0	23	20	35	1	2	津行	0.5	4.5	叶祖尧	1	本行

续表

0.25毫米	档号	姓名	年龄	籍贯	学历	工作经验（有为1）	进行年份（民国）	进行薪水（银元）	1937年薪水（银元）	练习生（是为1）	职务调动记录（次）	1937年所在行处	保人应具身家	保人财产状况（万银元）	介绍人	介绍人数（个）	介绍人职业
816	5078	张品泉	31	江苏溧阳	江苏省立第五中学旧制毕业	1	20	50	95	0	4	津行	1	2	娄启华	2	本行
817	5079	张以孝	31	山西榆次	北平汇文学校	0	25	40	45	0	2	津行	1	1	董芸生	1	
818	5080	力伯熊	28	福建永泰	南开大学毕业	0	21	40	65	0	2	津行	0.5	2—3	张伯岑	2	南开大学校长
819	5081	陈际唐/陈景实	41	浙江吴兴	东吴第三中学高中毕业	0	10	10	210	0	4	津行	2	2	夏高翔	2	中国企业银行
820	5082	孔德明	42	河北肃宁	育德中学肄业	0	25	35	35	0	2	津行	1	1	刘化南	1	前北平第一仓库副主任
821	5083	闫瑞年	42	山西灵石		0	17	28	44	0	3	津行	1	2—3			
822	5084	梁人温	27	山东泰安	铁路大学毕业	0	23	30	45	0	5	津黄处	0.5	2			
823	5085	姜尚乂/姜仲武	31	江苏无锡	法国南锡大学毕业	1	22	60	100	0	3	津黄处	2	2	叶恭绰	1	政
824	5086	云景华	24	河北武清	天津青年会夜校肄业	0	20	30	50	0	6	津黄处	0.5	2—4	于永和	1	国华银行
825	5087	王锡权	32	河北宛平	汇文高中毕业	1	20	35	60	0	4	津黄处	0.5	20	杨俊波	1	务农

续表

0.25毫米	档号	姓名	年龄	籍贯	学历	工作经验（有为1）	进行年份（民国）	进行薪水（银元）	1937年薪水（银元）	练习生（是为1）	职务调动记录（次）	1937年所在行处	保人应具身家	保人财产状况（万银元）	介绍人	介绍人数（个）	介绍人职业
826	5088	元文兴	29	河北内邱	汉口青商高中毕业	0	20	30	55	0	4	津梨	1	10	东云章	1	中国银行
827	5089	王建锡	34	江苏无锡	圣约翰青年中学毕业	1	20	60	130	0	3	津梨	3	10	华栋臣	10	面粉厂
828	5090	杨祖权	23	河北文安	天津高商毕业	0	20	20	65	1	3	津梨	1	7—8			
829	5091	马春芳	27	河北北平	财政商业专校肄业	1	23	20	35	1	3	津梨	0.5	2			
830	5092	姚志成	25	湖北黄陂	甲种商业学校肄业	0	22	30	45	0	3	津梨	0.5	20	张伯衡	1	政界
831	5093	郭王连夏（女）	39	江苏吴县	工＊县立师范毕业	1	24	30	35	0	2	平行	0.5	2—3	庄得之	13	本行
832	5094	王铭贤	26	湖北武清	杨村小学肄业	0	14	0	60	1	8	平行	1	2	于惠清	1	天津国华银行
833	5095	李长湘	45	江苏丹徒	私塾	1	18	40	85	0	8	平行	5	6—7	李芸侯	21	本行
834	5096	联学文	25	河北通县	北平市立第三中学毕业	1	26	30	30	0	1	平行	1	2	崔露华	1	北平国华银行
835	5097	李缝昌	30	河北枣强	尚志商业学校肄业	1	23	30	45	0	6	平行	0.5	2.5	李严陵	1	本行
836	5098	马士荣	34	河北束鹿	私塾	1	20	30	55	0	6	平行	2	5—6	张铭谦	1	商

续表

档号	姓名	年龄	籍贯	学历	工作经验（有为1）	进行年份（民国）	进行薪水（银元）	1937年薪水（银元）	练习生（是为1）	职务调动记录（次）	1937年所在行处	保人应具身家	保人财产状况（万银元）	介绍人	介绍人数（个）	介绍人职业
5099	关嘉培	20	河北北平	上义师范附中肄业	1	22	10	28	0	2	平行	0.2	0.3	何筱湘	1	商
5100	胡鸿慈	32	安徽黟县	资达中学初中毕业	1	23	35	45	0	2	平行	0.2	合格	金仲蕃	5	本行
5101	徐静宜（女）	24	贵州铜仁	女子职业学校	0	24	35	45	0	2	平行	0.5	3-4	宁立人	5	本行
5102	周汇文	26	河北大兴	汇文中学肄业	0	20	20	60	1	9	平行	1	1			
5103	刘震灏	27	江苏仪征	光华附中高中毕业	0	19	30	80	0	6	平行	2	合格	宣艾侯	4	本行
5104	刘仲歧/刘凤鸣	26	河北武清	私塾	1	20	30	45	0	5	平行	1	2	王明兹	1	中央银行
5105	王树棠	22	浙江山阴	汇文中学肄业	0	24	30	40	0	3	平东处	0.5	1-2	刘景山	1	建设银公司
5106	东昌年/东寿南	29	江苏南通	复旦大学毕业	0	19	30	90	0	7	平东处	1	合格	徐陶巷	1	实业界
5107	黄秀华（女）	40	福建闽侯	京师公立女中毕业	0	24	30	35	0	2	平东处	0.5	1	力舒东	1	医师
5108	刘骙	23	山东济宁	天津工商大学附中肄业	0	22	20	50	1	8	平东处	1	30	宁铿亭	3	商
5109	张继志	23	河北武清	北平财政商业专科学校毕业	0	25	20	30	0	3	平东处	0.2	1	金恒吉	1	商

续表

0.25毫米	档号	姓名	年龄	籍贯	学历	工作经验（有为1）	进行年份（民国）	进行薪水（银元）	1937年薪水（银元）	练习生（是为1）	职务调动记录（次）	1937年所在行处	保人应具身家	保人财产状况（万银元）	介绍人	介绍人数（个）	介绍人职业
848	5110	许咏麟	30	江苏句容	江西邮电传习所	1	20	30	65	0	6	赣行	1.5	3—4	杨梅魁	1	
849	5111	唐祥桂	21	江苏南通	上海中华职业学校	0	24	15	24	0	3	赣行	0.5	10	裴瓅庭	1	
850	5112	谭龄圃	24	江西南昌	私塾	1	21	20	45	0	5	赣行	2	2—3	王汝芳	1	纱厂
851	5113	王伯宣	24	江西南昌	南昌心远中学	1	23	25	35	0	4	赣行	2	3	陈北达	1	商
852	5114	李亚平	20	江西九江	九江光华中学肄业	0	23	15	40	0	6	赣行	0.3	1	黄伯忠	1	
853	5115	杨更鑫	23	江苏武进	上海圣芳济学校毕业	0	25	30	40	0	3	赣行	3	10	唐和夑	7	本行
854	5116	石宗堂/石清流	30	江苏吴县	苏州初中	1	22	40	55	0	4	赣行	1	1	盛宗才	8	本行
855	5117	胡共鸿	26	安徽泾县	私塾	1	22	35	60	0	3	赣行	2	2	胡汉卿	1	盐号经理
856	5118	罗会康	23	江西九江	九江私立塔基学院	1	23	20	45	0	5	赣行	0.5	1.5	丁孝丞	1	本行
857	5119	余家黄	23	江西奉新	江西鸿声中学初中毕业	0	21	20	35	0	4	赣行	0.5	0.5—0.6	符玉麟	1	本行
858	5120	程耀/程顺元	39	江苏上海	美国哥伦比亚大学商硕士	0	11	60	360	0	2	赣行	4	2—3	陈光甫	15	本行

续表

档号	姓名	年龄	籍贯	学历	工作经验（有为1）	进行年份（民国）	进行薪水（银元）	1937年薪水（银元）	练习生（是为1）	职务调动记录（次）	1937年所在行处	保人应具身家	保人财产状况（万银元）	介绍人	介绍人数（个）	介绍人职业
5121	徐玉珑	23	江西乐平	九江同文中学	0	23	15	28	0	4	赣行	0.3	20	胡有槐	1	栈主
5122	徐吉生	20	浙江余姚	沪江商学院肄业	0	26	30	30	0	1	赣行	4	合格	王宝翰	1	中国银行
5123	徐节后	24	江西南昌	南昌豫章中学	1	23	15	65	0	5	赣行	2.5	2.55	王硕卿	1	钱庄股东经理
5124	张宣	21	江苏镇江	镇江专修学社	1	23	15	45	0	5	赣行	0.3	0.5	张燮南	1	本行
5125	胡春山	36	江西奉新	奉新私立培德学校毕业	0	24	24	30	0	2	赣行	3	1	符洁诚	1	
5126	余延璋	31	江西南昌	南昌心远中学	1	23	40	45	0	3	赣行	0.4	0.5	张诗荣	1	
5127	章德生	23	江西万载	南昌豫章中学	0	23	20	40	0	2	赣行	0.3		夏家珑	1	中学
5128	李孝达/李明生	33	江苏江宁	汉口圣约翰学校	1	22	80	140	0	5	怡处	2	3	杨介眉	19	本行
5129	胡泽源	22	安徽泾县	私塾	1	22	20	35	0	6	怡处	0.5	2	李明生	1	本行
5130	魏赓臣	26	江苏宜兴	江苏省立教育学院	0	23	55	70	0	2	怡处	1	4—5	喻任声	1	本行
5131	邓浩生	24	湖北黄梅	南昌豫章中学初中三年级	0	21	35	50	0	2	怡处	0.5	0.5—0.6	熊祥煦	1	教育

859 860 861 862 863 864 865 866 867 868 869

0.25毫米

续表

	档号	姓名	年龄	籍贯	学历	工作经验（有为1）	进行年份（民国）	进行薪水（银元）	1937年薪水（银元）	练习生（是为1）	职务调动记录（次）	1937年所在行处	保人应具身家	保人财产状况（万银元）	介绍人	介绍人数（个）	介绍人职业
870	5132	沈光宗	19	浙江杭县	上海国华中学	0	24	15	30	0	2	游行	1	合格	陈剑九	1	
871	5133	汤光驹/汤菊筋	27	江西南昌	南昌私立务本国民学校	1	19	20	70	0	6	游行	2	3—4	朱祖福	1	大陆银行
872	5134	王维新	20	浙江宁波	鄞县市立第五小学毕业	0	23	15	35	0	5	游行	0.3	2	包南董	1	烟号
873	5135	林友琴	44	江苏丹阳		0	10	10	200	0	4	游行	2	5			
874	5136	柳崇图	23	江苏镇江	镇江中学	1	22	20	60	0	5	游行	1.5	0.6	范济华	2	农本局
875	5137	杨万钟/杨谷生	29	江西九江	九江光华中学	0	17	24	65	0	5	游行	1	5	刘文钦	3	商
876	5138	韦菊生	29	江西南昌	南昌心远小学	1	24	30	40	0	2	游行	1	3	徐邦升	1	米号
877	5139	董子筹	29	湖北浠水	湖北省立六中初中毕业	1	22	35	40	0	2	游行	0.5	0.5	范济华	2	农本局
878	5140	符钰/符玉麟	35	江西新建	江西心远中学	1	18	40	90	0	4	游行	2	10	严叔申	1	申昌花纱号
879	5141	李载安	37	江苏吴县		1	26	28	28	0	1	游行	0.2	4			
880	5142	胡汝富	38	江西奉新		1	26	28	28	0	1	游行	0.5	5	胡道明	1	建行代理行长

续表

档号	姓名	年龄	籍贯	学历	工作经验（有为1）	进行年份（民国）	进行薪水（银元）	1937年薪水（银元）	练习生（是为1）	职务调动记录（次）	1937年所在行处	保人应具身家	保人财产状况（万银元）	介绍人	介绍人数（个）	介绍人职业
5143	于邦杰	29	浙江黄岩	吴淞中国公学毕业	0	22	50	95	0	3	鲁行	1	合格	黄念达	1	
5144	郑萼珍	34	浙江慈溪		1	19	30	55	0	2	鲁行	0.5	中国第一信用保险公司	郑晴川	1	本行
5145	王东彦	36	江苏江宁	南京钟英中学毕业	1	20	40	85	0	2	鲁行	2	2	李芸侯	21	本行
5146	王国庆	21	山东海阳	烟台益文学校肄业	0	23	20	30	0	4	鲁行	0.5	1	杨和声	1	本行
5147	李洛/李渭川	46	江苏丹徒		1	15	40	170	0	2	鲁行	3	3	李芸侯	21	本行
5148	袁熙鉴	25	河北玉山	天津南开中学	0	20	20	60	1	3	鲁行	1.2	通融合格	张伯岑	2	南开大学校长
5149	黄国檪	27	江西修水	青岛礼贤中学	0	19	20	65	0	2	鲁行	1	6	沈尧卿	1	
5150	曹际熙	23	河北安次	天津通惠商科职业学校毕业	0	23	20	50	0	3	鲁行	0.5	合格			
5151	蔡蔚菡/蔡墨屏	32	江苏镇江	镇江敏成中学肄业	0	12	2	280	0	2	鲁行	0.5	4-5	谢海良	1	
5152	华慕康	32	江苏丹徒	南京金陵大学毕业	1	22	65	85	0	2	鲁行	1	合格	陈咏清	1	煤号
5153	程静波	23	河北通县	北平孔教中学肄业	1	23	20	28	0	2	鲁行	0.5	合格	吴黄伯	3	

（序号：881、882、883、884、885、886、887、888、889、890、891）

续表

0.25毫米	档号	姓名	年龄	籍贯	学历	工作经验（有为1）	进行年份（民国）	进行薪水（银元）	1937年薪水（银元）	练习生（是为1）	职务调动记录（次）	1937年所在行处	保人应具身家	保人财产状况（万银元）	介绍人	介绍人数（个）	介绍人职业
892	5154	程文澜/程慕尧	31	河北通县	江苏海门县中毕业	1	19	24	60	0	2	沪行	0.5	0.7—0.8	吴黄伯	3	
893	5155	朱蓉泉	20	江苏宜兴	无锡江南中学肄业	0	24	8	30	0	3	青仓	2	合格			
894	5156	纪实孚	32	江苏镇江	镇江崇实中学肄业	0	12	2	100	0	6	沪行	2	6	陈仲衡	1	会计师
895	5157	张鸣生	23	江苏上海	上海侨光中学毕业	0	22	20	60	1	4	沪行	1	1	奚玉书	16	
896	5158	陆馨佩	28	江苏无锡	无锡乙种实业学校毕业	1	23	30	35	0	3	沪行	0.5	2	宁立人	5	本行
897	5159	冯殿臣	43	山东济河		0	23	16	20	0	2	沪行	0.2	1			
898	5160	王守田	54	山东金乡		0	23	24	26	0	2	沪仓	0.2	0.8			
899	5161	李汉章	38	河北蓟县		0	24	30	35	0	3	沪行	1	3			
900	5162	李锦春	26	江苏无锡	无锡积余学校毕业	1	22	16	30	0	3	沪行	0.5	2			
901	5163	车先修	51	山东静海		0	23	16	20	0	2	沪行	0.2	1.5			
902	5164	平寿桢	19	江苏丹徒	汉口汉光中学肄业	0	26	20	20	0	1	沪行	0.5	3	蔡墨屏	14	本行

续表

0.25毫米	档号	姓名	年龄	籍贯	学历	工作经验（有为1）	进行年份（民国）	进行薪水（银元）	1937年薪水（银元）	练习生（是为1）	职务调动记录（次）	1937年所在行处	保人应具身家	保人财产状况（万银元）	介绍人	介绍人数（个）	介绍人职业
903	5165	刘绍夫	33	河北昌平	蔡哈尔警官学校毕业	0	23	20	32	0	3	鲁行	0.5	0.5			
904	5166	张广恒	32	山东肥城		0	23	21	25	0	2	鲁行	0.5	1			
905	5167	张逢海	42	山东历城		0	23	16	20	0	2	鲁行	0.2	0.5			
906	5168	汪善联	23	江苏宜兴	天津南开中学肄业	0	23	20	24	0	4	济院处	0.5	1			
907	5169	冯殿荣	24	山东历城	山东鲁中学肄业	0	21	20	30	0	3	济院处	0.5	1	吴黄伯	3	
908	5170	房昭铸/房鼎臣	26	山东即墨	乡村国民学校	0	22	30	50	0	3	济院处	1	3	胡益琛	1	同聚长
909	5171	贾仲凭	32	山东单县	三林第六中学毕业	1	23	60	70	0	5	济院处	2	10	蔡墨屏	14	本行
910	5172	郑晴川	38	浙江慈溪		1	18	16	190	0	3	济宁处	2	合格	郑鑫水	2	
911	5173	黄耀魁	21	江苏宜兴	省立上海中学毕业	0	26	30	30	0	2	济宁处	2	2	唐锦荪	1	
912	5174	李捷山	25	广东梅县	上海育才中学毕业	0	20	20	60	1	5	济宁处	4	10	李植模	3	本行
913	5175	钱毓灵	37	江苏江阴	江阴南菁中学肄业	1	23	40	50	0	3	济宁处	0.5	合格	龚祥霖	1	

0.25毫米	档号	姓名	年龄	籍贯	学历	工作经验（有为1）	进行年份（民国）	进行薪水（银元）	1937年薪水（银元）	练习生（是为1）	职务调动记录（次）	1937年所在行处	保人应具身家	保人财产状况（万银元）	介绍人	介绍人数（个）	介绍人职业
914	5176	何益祥	46	安徽贵池	私塾	1	25	50	55	0	2	济宁处	1	5	蔡墨屏	14	本行
915	5177	童昌基／童根生	25	江苏吴县	上海民立高中毕业	0	20	20	80	1	9	青行	3	合格	邢维德	1	本行
916	5178	冯志伟	23	河北天津	天津省立第一中学校高中部肄业	0	23	20	30	1	2	青行	0.5	0.5			
917	5179	顾渭川	28	浙江上虞	上海中国公学商科毕业（大学）	1	23	50	60	0	3	青行	2	1—2	邵承励	1	商
918	5180	王克友	46	山东海阳	小学校	1	19	60	80	0	2	青行	0.5	1—2	迟兰甫	1	青岛法**银行经理
919	5181	王昌林	37	浙江杭县	美国纽约哥伦比亚、费城本薛文尼亚、肄业	1	24	360	360	0	3	青行					
920	5182	于开弟	32	山东海阳	青岛礼贤中学	1	19	30	60	0	2	青行	0.5	7—8	官子杰	1	中鲁银行营业主任
921	5183	曹毓彬	19	河北天津	天津省立一中初中肄业	1		24	24	0	1	青行	0.5	5	高承林	1	会计师
922	5184	杨利声／杨柏莺	31	山东潍坊	烟台甲种商业学校肄业	1	20	50	75	0	5	青行	0.5	10	周子清	1	商

续表

0.25毫米	档号	姓名	年龄	籍贯	学历	工作经验（有为1）	进行年份（民国）	进行薪水（银元）	1937年薪水（银元）	练习生（是为1）	职务调动记录（次）	1937年所在行处	保人应具身家	保人财产状况（万银元）	介绍人	介绍人数（个）	介绍人职业
923	5185	崔熙诚	27	山东牟平	烟台益文中学肄业	1	22	40	60	0	2	青行	0.5	10	周鼎臣	1	崂山烟厂经理
924	5186	吕网德／吕尚之	27	安徽旌德	南京金陵大学高中部肄业	0	18	30	95	0	8	青行	0.5		黄席珍	5	本行
925	5187	周作鼎／周鼎忱	41	山东平度	私塾	1	23	120	140	0	4	青行	1	10			
926	5188	陈晚初	33	浙江绍兴	北平燕京大学肄业	0	21	65	75	0	2	青行	1	5	金仲蕃	5	本行
927	5189	王克厚	33	山东海阳	私立学校肄业（八年）	1	23	20	25	0	2	青行	2.5	2			
928	5190	李世修	30	山东黄县	黄县崇实学校	0	22	25	35	0	4	青行	0.5	2—3	邹承玉	1	
929	5191	张治普	30	山东黄县	黄县私立崇实小学肄业	1		25	25	0	1	青行	1	3	邹昆山	1	商
930	5192	沈静岫	24	江苏无锡	北塘积除小学肄业	1	20	20	50	1	3	锡行	3	8	华艺珊	5	本行
931	5193	潘达谦／潘若虚	32	江苏江阴	江阴南菁旧制中学肄业	1	23	40	45	0	2	锡行	2	7.5	华艺珊	5	本行
932	5194	谈保恒／谈森寿	40	江苏武进	上海南洋高中肄业	0	4	4	300	0	11	锡行			庄得之	13	本行
933	5195	谢长德／谢良弼	27	江苏南京	南京县立初中	0	19	30	55	0	8	锡行	6	合格	杨介眉	19	本行

续表

0.25毫米	档号	姓名	年龄	籍贯	学历	工作经验(有为1)	进行年份(民国)	进行薪水(银元)	1937年薪水(银元)	练习生(是为1)	职务调动记录(次)	1937年所在行处	保人应具身家	保人财产状况(万银元)	介绍人	介绍人数(个)	介绍人职业
934	5196	李伯云	26	江苏无锡	无锡县立初中毕业	0	23	30	45	0	4	锡行	2	10	潘纪言	12	本行
935	5197	瞿伸颖	24	江苏武进	南京钟南初中毕业	1	24	20	30	0	3	锡行	3	5—6	谈森寿	5	本行
936	5198	奚颂平	28	江苏南汇	复旦大学商科肄业	1	19	30	85	0	4	锡行	3	4—5	周伯长	2	本行
937	5199	张恩绥/张士青	56	江苏无锡	私塾	1	23	80	100	0	2	锡行	5	10	杨干卿	1	商
938	5200	张克昌/张鉴波	44	江苏南京	上海兵工专门学校肄业(四年级)	1	8	20	200	0	9	锡行		合格	李桐村	15	本行
939	5201	潘嘉璈	31	江苏吴县	浙江省立高中毕业	1	19	30	70	0	4	锡公处	3	3—4	贝叡安	9	本行
940	5202	秦镜甫/秦海宸	35	江苏无锡	复旦大学商科毕业	1	20	30	85	0	8	锡公处	5	10	华艺珊	5	本行
941	5203	曹伟瑛	40	江苏无锡	上海爱国女校高中毕业	1	20	30	55	0	2	锡公处	2	殷实	李荟侯	21	本行
942	5204	屠准生	29	江苏武进	苏州东吴一中高中部毕业	0	18	30	65	0	6	锡公处	1	10	李荟侯	21	本行
943	5205	唐庆永/唐季长	32	江苏无锡	哥伦比亚大学研究院肄业	1	23	150	180	0	4	苏行	4	合格	赵汉生	14	本行
944	5206	章功勤	25	浙江鄞县	苏州晏城中学毕业	0	20	20	55	1	5	苏行	1	10	鲍威铸	3	本行

续表

0.25毫米	档号	姓名	年龄	籍贯	学历	工作经验（有为1）	进行年份（民国）	进行薪水（银元）	1937年薪水（银元）	练习生（是为1）	职务调动记录（次）	1937年所在行处	保人应具身家	保人财产状况（万银元）	介绍人	介绍人数（个）	介绍人职业
945	5207	叶傅辅/叶叔勋	26	江苏上海	南洋中学高中部毕业	1	21	40	80	0	7	苏行	2.5	4—5	潘纪言	12	本行
946	5208	朱宝璜	21	浙江吴兴	吴县晏城中学毕业	0	25	30	40	0	2	苏行	1	2—3	徐谢康	8	本行
947	5209	何成康	24	江苏上海	上海育青中学毕业	1	26	30	30	0	1	苏行	2	10	凌志前	2	本行
948	5210	包部铭	20	江苏吴县	吴县纯一实小毕业	1	23	14	28	0	2	苏行	1	1	贝少伯	4	本行
949	5211	周邦圻	23	江苏吴县	纯一初中肄业	1	21	20	40	0	4	苏行	1	1	贝少伯	4	本行
950	5212	唐寿闳/唐俏恭	36	江苏镇江	镇江第二高小学校肄业	1	18	30	85	0	6	常行	4	3	唐寿民	3	前本行
951	5213	施嘉来	27	江苏武进	常州肖黏专修学校毕业	1	21	30	50	0	2	常行	3.5	10	张械泉	4	申新公司
952	5214	曹志庆	35	浙江上虞	上海南洋甲种商业学校肄业	1	23	65	80	0	5	界行	2	4—5	潘纪言	12	本行
953	5215	曹明轩/曹仕康	43	江苏镇江		1	12	35	180	0	5	常行经理	2	五、六百亩田	李荟侯	21	本行
954	5216	胡尧年	21	江苏武进	常州县立初中毕业	0	26	30	30	0	1	常行	1	3—4	顾庆颐	2	本行 旅行社
955	5217	朱崧生	27	江苏泰县	泰兴两宜公学高中肄业	1	23	35	40	0	5	常行	2	2	瞿魬身	1	本行

续表

	档号	姓名	年龄	籍贯	学历	工作经验（有为1）	进行年份（民国）	进行薪水（银元）	1937年薪水（银元）	练习生（是为1）	职务调动记录（次）	1937年所在行处	保人应具身家	保人财产状况（万银元）	介绍人	介绍人数（个）	介绍人职业
956	5218	费清廉	22	江苏武进	武进正衡初中肄业	0	22	20	40	1	3	常行	5	5	沈同铨	2	商
957	5219	张致平	26	江苏武进	上海沪江附中高中部肄业	1	22	40	55	0	2	常行	2.5	2—3	胡世鑫	1	绅
958	5220	唐绪嘉	32	江苏武进	常州培志专修学校初中毕业	1	21	40	85	0	4	常西处	2.5	3—4	杨荣贻	1	
959	5221	顾棠颐	29	江苏武进	无锡实业中学肄业	1	22	20	50	0	4	常西处	2	5—6	顾勉章	1	国华银行
960	5222	方浩/方养吾	42	安徽歙县	私塾	1	10	20	120	0	6	课处	5	20	孙士炎	1	已故
961	5223	曹有庆	31	江苏镇江	镇江润州初中肄业	1	23	35	45	0	6	课处	1	3	陈德沣	2	本行
962	5224	曹善祥	31	江苏镇江	泰县石头巷	1	23	30	40	0	3	课处	0.5	1	顾庆颐	2	旅行社
963	5225	周雨亭	44	江苏武进	私塾	1	23	40	50	0	5	课处	2	3—4	范长忆	1	本行
964	5226	汤文/汤授武	40	江苏江都	法政传习所肄业	1	22	50	65	0	4	郑行	6.5	四百余亩地	经菶光	5	本行
965	5227	潘约翰	26	江西九江	九江同文书院高中毕业	1	23	30	50	0	4	郑行	0.5		伍克家	4	本行
966	5228	王孝通/王泰初	28	浙江绍兴	郑县初中毕业	1	18	30	70	0	7	郑行	2	4—5	经菶光	5	本行

续表

档号	姓名	年龄	籍贯	学历	工作经验（有为1）	进行年份（民国）	进行薪水（银元）	1937年薪水（银元）	练习生（是为1）	职务调动记录（次）	1937年所在行处	保人应具身家	保人财产状况（万银元）	介绍人	介绍人数（个）	介绍人职业
5229	李镛／李养吾	27	江苏无锡	无锡辅仁中学高中部毕业	1	20	20	60	0	3	郑行	1	小康	石世桐	1	陇海铁路站长
5230	马孝京	23	浙江绍兴	开封河南省立第一小学高中部肄业	1	21	20	50	0	4	郑行	0.5	1	马菊年	1	商
5231	吴翼骏	23	江苏吴县	苏州晏城初中三年	0	21	18	40	0	8	郑行	1	通融合格			
5232	朱淦	31	安徽休宁	休宁县立南三庵二雅小学校肄业	1	24	35	40	0	4	郑行	1	1	潘世经	1	中国银行
5233	徐裕光	21	江苏江都	省立扬中高中二肄业	0	23	18	35	0	6	郑行	1	10	经春光	5	本行
5234	刘居麟	34	山西虞乡	虞乡县县立小学肄业	1	26	40	40	0	1	郑行	1	2	张生	2	陕西省银行郑行主任
5235	邓道周	28	四川巴县	复旦大学毕业	0	23	60	80	0	4	郑行	2	3	李催时	1	教育
5236	张玉衡	39	河南郑县	郑州小学	1	22	35	50	0	2	郑行	1	6.5	蔡壁屏	14	本行
5237	陈锡宝	27	江苏镇江	私塾	1	20	24	45	0	8	郑行	1	1	陈德洼	2	本行
5238	经尔光／经春光	41	江苏江都	私塾及青年会夜青与杨公* 函授学校	1	8	12	220	0	9	郑行	1	0.5—0.6	吴兆曾	1	大生纱厂

967　968　969　970　971　972　973　974　975　976

0.25毫米

续表

0.25毫米	档号	姓名	年龄	籍贯	学历	工作经验（有为1）	进行年份（民国）	进行薪水（银元）	1937年薪水（银元）	练习生（是为1）	职务调动记录（次）	1937年所在行处	保人应具身家	保人财产状况（万银元）	介绍人	介绍人数（个）	介绍人职业
977	5239	康学礼	27	陕西三原	陕西三原高小学校肄业	1	22	14	24	0	2	郑行	0.5	1	赵培枬	1	商
978	5240	刘汝勤	18	江苏南通	海门能仁中学校毕业	0	26	14	14	1	1	郑行	0.5	通融合格	丁葆端	2	本行
979	5241	马超俊	22	江苏江宁	北平志成中学肄业	0	23	18	40	0	4	汴行	1	2	马公瑾	2	本行
980	5242	叶茂	26	河南潢川	上海中华职业学校商科毕业	1	20	20	65	1	4	汴行	2	合格	李其桢	1	本行
981	5243	董洎瑜	24	浙江鄞县	汉口振华高中肄业	1	20	18	55	0	7	汴行	0.5		蔡墨屏	14	本行
982	5244	吴光宇	23	河北武清	北平汇文高中肄业	0	22	20	35	0	3	汴行	2	2	经春光	5	本行
983	5245	周雄武	27	江苏镇江	北平辅仁大学经济系毕业	1	23	40	50	0	2	汴行	2	2	经春光	5	本行
984	5246	张廷铸	34	四川奉节	北平青年会附设财商学校肄业	1	23	30	40	0	6	汴行	0.5	5	孙绳武	1	
985	5247	梁洪	35	广东三水	私塾	1	20	40	50	0	2	粤行	3.5	不动产4-5	梁镇初	2	本行
986	5248	梁固枝	36	广东中山	上海青年会中学毕业	1	23	60	70	0	5	粤行	4	5	卓镛诗	3	本行
987	5249	宣常铭	24	浙江诸暨	上海圣约翰中部肄业	1	25	40	40	0	3	粤行	4	20	倪镜海	1	本行

续表

0.25毫米	档号	姓名	年龄	籍贯	学历	工作经验（有为1）	进行年份（民国）	进行薪水（银元）	1937年薪水（银元）	练习生（是为1）	职务调动记录（次）	1937年所在行处	保人应具身家	保人财产状况（万银元）	介绍人	介绍人数（个）	介绍人职业
988	5250	梁国鋆	51	广东南海	私塾	1	23	70	80	0	2	粤行	2	3	黄希白	2	存德庄
989	5251	梁乃超	38	广东三水	私塾	1	22	45	55	0	2	粤行	3	2—3	梁鄂联	2	政界
990	5252	郭兆熙	26	广东大埔	南京金陵大学农科毕业	0	25	55	60	0	2	粤行	2	6—7	章之汶	1	教育
991	5253	冯泽桐	23	广东番禺	广东国民大学肄业	0	25	20	20	1	1	粤行	0.2	0.2—0.3			
992	5254	王桂林	25	河南开封	上海沪江肄业	1	24	30	50	0	3	粤行	2	1—2	曾观涛	1	东方钢窗公司
993	5255	王衍流	23	广东番禺	九龙民生书院高中毕业	0	23	30	50	0	3	粤行	1	2—3			
994	5256	班建生	28	广西邕宁	南通大学农科毕业	0	23	50	65	0	6	粤行农业科副主任	0.5	中国第一信用保险	孙恩麟	1	政界
995	5257	李汉文	30	广东顺德	私塾	1	26	40	50	0	3	粤行	4	2	孔明如	2	本行
996	5258	李荣光	27	广东台山	圣约翰大学肄业	0	22	20	65	1	5	粤行	4	10	陈之逵	1	中国信托公司
997	5259	李世鸿	23	广东番禺	上海立信会计肄业	0	22	20	50	1	6	粤永处	1	2.5			
998	5260	李鼎爵	28	福建厦门	上海圣约翰大学肄业	1	23	5	6	0	3	粤行	4	合格	沈嗣良	1	教育

续表

档号	姓名	年龄	籍贯	学历	工作经验（有为1）	进行年份（民国）	进行薪水（银元）	1937年薪水（银元）	练习生（是为1）	职务调动记录（次）	1937年所在行处	保人应具身家	保人财产状况（万银元）	介绍人	介绍人数（个）	介绍人职业及
999	5261	蔡致荣	27	广东中山	香港圣保罗书院（英文及商科）毕业	1	25	50	50	0	1	粤行	1	20	黄希白	2	银业及纱花
1000	5262	苏耀勖	26	广东三水	三水县立初中毕业	0	20	30	65	0	5	粤行	2	2.3	梁尊联	2	政界
1001	5263	苏从福	39	广东中山	香港西发盘高中毕业	1	20	50	85	0	3	粤行	0.51	1	邓彦华	1	南海县长
1002	5264	黄俊	40	浙江吴兴	苏州吴东一中肄业	1	21	40	80	0	3	粤行	0.5	1	吴芝芳	1	教授
1003	5265	景显曾	28	江苏太仓	立信会计学校第一期、慕尔堂英文夜校毕业	1	22	40	65	0	5	粤行	0.25	合格	苏夏轩	1	建筑工程师
1004	5266	朱淑森	25	江西新建	南昌豫章中学毕业	1	21	20	60	0	8	粤行	1	10	陈书理	1	南昌大陆分行襄理
1005	5267	黎兆东/黎汉森	28	广东中山	私塾、上海总商会夜校补习英文	0	11	1	90	1	6	粤行	4	3—4	陈毓生	2	
1006	5268	乐朔美	23	浙江镇海	上海东吴二中高中二肄业	0	20	20	60	0	6	粤行	1	股实	蒋声浩	1	商
1007	5269	伍宝璋	25	广东开平	南京金陵大学农科毕业	0	24	40	55	0	4	粤行	1	1			

0.25毫米

续表

序号	档号	姓名	年龄	籍贯	学历	工作经验（有为1）	进行年份（民国）	进行薪水（银元）	1937年薪水（银元）	练习生（是为1）	职务调动记录（次）	1937年所在行处	保人应具身家	保人财产状况（万银元）	介绍人	介绍人数（个）	介绍人职业
1008	5270	伍克家	40	四川成都	苏州东吴大学理科毕业	1	10	60	500	0	7	粤行		合格	罗良鉴	1	政界
1009	5271	刘祥荣	26	广东三水	启智初中毕业	1	22	30	45	0	5	粤行	0.3	2—3			
1010	5272	刘礼桐／刘梓零	32	广东顺德	私塾，后转入小学三年	1	20	40	65	0	5	粤行	3	2	张季和	1	金融界
1011	5273	刘举纲	30	广东中山	南京金陵大学农科毕业	1	26	70	70	0	1	粤行农业科	0.75	0.7—0.8	鲍宏铎	1	南京广东局技正
1012	5274	刘德殷／刘璧孙	33	四川成都	上海大同大学肄业	0	17	30	220	0	10	粤行农业科主任	4	5	华栋臣	10	商
1013	5275	张文话	26	广东大埔	广州中大农学院毕业	0	26	10	50	0	3	粤行农业科	1	4—5	郭兆黑	1	本行
1014	5276	张起东	25	江苏镇江	南京正谊中学肄业	1	26	35	35	0	2	粤行	4	5	周再源	2	本行
1015	5277	张国基	27	广东南海	上海圣劳济高中毕业	0	23	20	40	1	3	粤行	2	2—3	唐启初	3	本行
1016	5278	张敬堂	26	广东蕉岭	上海大夏高中毕业	0	22	30	55	0	3	粤行	1	1	刘学真	1	医
1017	5279	张锦熙	28	江苏宝山	上海国立中央大学商科肄业	0	22	30	100	0	9	粤行	0.75	合格	顾馨一	1	商

0.25毫米

续表

档号	姓名	年龄	籍贯	学历	工作经验（有为1）	进行年份（民国）	进行薪水（银元）	1937年薪水（银元）	练习生（是为1）	职务调动记录（次）	1937年所在行处	保人应具身家	保人财产状况（万银元）	介绍人	介绍人数（个）	介绍人职业
5280	韦志超	22	广东中山	天津树人高中毕业	0	23	20	40	1	5	粤行	0.5	0.5	考取	0	
5281	陈鸿猷	20	广东曲江	上海青年会高中毕业	1	25	30	40	0	3	粤行	2	2	唐启初	3	本行
5282	陈家焯	28	广东南海	上海暨南大学商科肄业	1	20	30	45	0	4	粤行会计科	0.3	5—6	周谦牧	1	政
5283	陈炎阶/陈国荚	33	广东中山	上海招商局公学高中毕业	0	15	4	140	1	7	粤行	10	合格	陈辐生	2	已故
5284	陈正心	23	广东南海	广州市市立中学商科毕业	1	23	30	50	0	2	粤行	0.5	5—6	梁完菊	1	广东银行
5285	陈桂堂	25	广东中山	河北潞河中学高中肄业	1	23	30	45	0	5	粤行	1	2	宁立人	5	本行
5286	孔昭汝	33	广东中山	私塾	1	20	40	55	0	2	粤行	1.5	6—7	梁慎初	2	本行
5287	陈昌龄	23	广东顺德	私塾	1	23	20	35	0	3	粤行	1	1	李汉文	3	本行
5288	李锦成	22	广东顺德	广州广才小学文学部肄业	1	24	20	30	0	2	粤行	1.5	1—2	李汉文	3	本行
5289	黄继文	26	广东顺德	广州晓初国文学校	1	26	20	28	0	2	粤行	0.5	2	李汉文	3	本行
5290	李绍华	23	广东顺德	广州圣心初中肄业	1	25	20	24	0	2	粤行	1	2—3	孔明如	2	本行

0.25毫米

续表

0.25毫米/档号	姓名	年龄	籍贯	学历	工作经验（有为1）	进行年份（民国）	进行薪水（银元）	1937年薪水（银元）	练习生（是为1）	职务调动记录（次）	1937年所在行处	保人应具身家	保人财产状况（万银元）	介绍人	介绍人数（个）	介绍人职业
1029	何华灿	24	广东顺德	广州区立小学校肄业	1	26	24	24	0	1	粤行	0.5	1	梁伯坚	1	本行
1030	叶宝昆	52	广东顺德	私塾	1	23	35	40	0	2	粤行	0.5	0.5—0.6	伍厚卿	1	中国水泥公司华南经理
1031	潘应瀔	36	广东南海	南海县立初中及介眉英文夜校肄业	1	20	50	55	0	3	汉民处	3	4	区尺君	1	光华电灯
1032	江叔良	22	江苏无锡	无锡省立高中肄业	0	24	24	40	0	3	汉民处	1	1	伍兑家	4	本行
1033	梁思彦	27	广东中山	汉璧礼西童学校高中毕业	0	19	30	65	0	3	汉民处	1	1	梁玉衡	1	
1034	顾志新/顾嗣生	36	江苏宝山	吴淞小学会夜校肄业	0	8	1	140	1	8	汉民处	0.75	合格			
1035	李炯文	25	广东顺德	私塾	1	20	40	55	0	8	汉民处	2	2.5			
1036	李文儒	24	河北天津	天津树人高中毕业	0	22	20	65	1	4	汉民处	1	8.5	张逸农	1	银号
1037	李世桐	22	广东三水	上海复旦高中部肄业	0	22	20	50	1	6	汉民处	1	1—2			
1038	唐庆水/唐李长	32	江苏无锡	美国溪海渥大学硕士银行管理	1	23	150	180	0	3	湘辖行	4	合格	赵汉生	14	本行

续表

0.25毫米	档号	姓 名	年龄	籍贯	学 历	工作经验（有为1）	进行年份（民国）	进行薪水（银元）	1937年薪水（银元）	练习生（是为1）	职务调动记录（次）	1937年所在行处	保人应具身家	保人财产状况（万银元）	介绍人	介绍人数（个）	介绍人职业
1039	5301	郭文谟/郭帅臣	35	湖南湘潭	长沙金庭小学	0	13	8	110	0	3	湘赣行	10	12.5	李双/李敬修	1	钱
1040	5302	劳号一	26	湖南长沙	湖南楚怡工业专门学校	0	20	30	70	0	4	湘赣行	1	5	蔡墨屏	14	本行
1041	5303	劳松录	32	浙江余姚	杭州甲种商业学校肄业	1	17	44	85	0	5	湘赣行	2	4～5	沈仲豪	1	上海国信银行
1042	5304	李盛原	25	湖北荆春	湖北省立二中初中毕业	0	21	30	45	0	4	湘赣行	1	1	萧安丞	2	本行
1043	5305	曹叔嘉	37	湖南长沙	长沙明德中学	1	21	60	80	0	2	湘赣行	1	10	刘宗海	4	
1044	5306	赵鸣九	28	湖北汉阳	汉阳文德书院肄业	0	18	30	110	0	3	湘赣行	1	1	齐之琛	1	汉口麦加利锡同保人
1045	5307	李德明/李景陶	43	湖南长沙		1	18	100	300	0	4	湘赣行	4	10	刘宗海	4	
1046	5308	戴进书/戴寿田	32	江西九江	青岛大学肄业	0	18	45	90	0	6	湘行	1.5	10	黄元吉	5	本行
1047	5309	黄元吉	40	江西九江	美国耶鲁大学	1	21	150	280	0	4	湘行	3	6	黄席珍	5	本行
1048	5310	蔡光炎	24	江苏吴县	小学毕业	1	30	23	30	0	3	湘行	0.5	2	黄元吉	5	本行
1049	5311	蔡蔚青/蔡纯斋	29	江苏镇江	镇江中学肄业	0	17	30	85	0	5	湘行	1.5	2	蔡墨屏	14	本行

续表

0.25毫米	档号	姓名	年龄	籍贯	学历	工作经验（有为1）	进行年份（民国）	进行薪水（银元）	1937年薪水（银元）	练习生（是为1）	职务调动记录（次）	1937年所在行处	保人应具身家	保人财产状况（万银元）	介绍人	介绍人数（个）	介绍人职业
1050	5312	吴名雄	32	浙江鄞县	宁波华英学校肄业	1	20	40	75	0	5	湘行	2	2	郑崇福	2	本行
1051	5313	魏布樵	39	湖北江陵	武昌文华学校	1	19	30	55	0	4	湘行	1	6	刘崇海	4	
1052	5314	刘梓亭	36	湖南长沙	长沙长邑中学毕业	0	22	40	60	0	2	湘行	1	3—4	李皋陶	3	本行
1053	5315	刘耀义	26	湖南长沙	长沙雅礼中学	1	22	30	50	0	3	湘行	1	3	李皋陶	3	本行
1054	5316	刘绍钦/刘昭钦	34	江西吉安	家塾	1	22	80	95	0	4	湘行	2	8	李皋陶	3	本行
1055	5317	熊尚朴	35	湖北夏口	汉口圣保罗学校	1	12	2	120	0	4	湘行	1	5	周苍柏	24	本行
1056	5318	孙姜荣	28	江苏无锡		0	18	30	75	0	2	湘行	10	10	华栋臣	10	汉口福新公司
1057	5319	孙以爵	27	安徽寿县	上海国华中学毕业	0	23	30	45	0	3	湘行	1	1—2	关紫若	1	本行
1058	5320	陆谨常	25	江苏武进	常州正衡中学肄业	1	20	20	55	0	5	湘行	0.5	2.5	华栋臣	10	汉口福新公司
1059	5321	黄庆汉	23	湖北沔阳		0	18	12	35	0	2	湘行	0.05	1	陈培之	2	本行
1060	5322	郁功铝/郁定一	35	江苏松江	上海两江公学	1	20	40	80	0	5	湘行	2	2	郑崇福	2	本行

续表

0.25毫米	档号	姓名	年龄	籍贯	学历	工作经验(有为1)	进行年份(民国)	进行薪水(银元)	1937年薪水(银元)	练习生(是为1)	职务调动记录(次)	1937年所在行处	保人应具身家	保人财产状况(万银元)	介绍人	介绍人数(个)	介绍人职业
1061	5323	彭名德	29	湖南湘阴	湖南大学毕业	0	23	30	45	0	2	湘中处	0.3	1.5	胡庶华	1	前任湖南大学校长
1062	5324	韩绶林	34	江苏吴县		1	21	30	80	0	3	湘中处	2.5	30	李静 李士箐	1	钱业
1063	5325	黎泽澧/黎寄吾	32	湖南湘潭	沪江大学肄业	0	13	2	120	0	5	湘中处	2	2—3			
1064	5326	何远谋/向祖贻	37	湖南郴县	杭州惠南中学	1	20	40	70	0	3	湘中处	1	1	陈光甫	15	本行
1065	5327	王升楼/王履之	49	江西吉安		1	23	80	100	0	3	衡处	2	6—7	王柏园	1	钱业
1066	5328	刘寿萱	29	湖南长沙		0	17	30	80	0	5	衡处	1	1	刘宗海	4	
1067	5329	孟惠和	26	浙江绍兴	汉口博习书院	1	20	30	60	0	5	湘行	1	9	周苍柏	24	本行
1068	6001	童其昌/童倍青	39	江苏江阴	日本东京工业大学	1	23	320	400	0	3	总行工业部	1	合格			
1069	6002	王槐业	25	安徽怀宁	天津南开中学	0	24	25	45	0	5	总行工业部	0.2	合格	宁立人	5	本行
1070	6003	俞师曈/俞阴青	42	江苏南通	南通纺线科毕业	1	22	120	140	0	4	总行工业部	1	1—2	王云环	1	上海大储栈经理
1071	6004	徐瑞霖/徐雨公	29	安徽当涂		0	24	150	160	0	5	总行工业部	5	合格			

续表

0.25毫米	档号	姓名	年龄	籍贯	学历	工作经验（有为1）	进行年份（民国）	进行薪水（银元）	1937年薪水（银元）	练习生（是为1）	职务调动记录（次）	1937年所在行处	保人应具身家	保人财产状况（万银元）	介绍人	介绍人数（个）	介绍人职业
1072	6005	颜培奇	24	江苏嘉定	苏州农业学校毕业 南京大学经济系毕业	1	23	20	50	0	6	总行农业部	1.5	2			
1073	6006	童星耀／童星安	43	浙江绍县	南京东南大学农科毕业	1	23	100	120	0	2	总行农业部	2	3	邹秉文	2	本行
1074	6007	邱立政／邱守农	27	江苏吴县	苏州树德高小毕业	0	15	4	90	1	5	总行农业部	2	3	贝少伯	4	本行
1075	6008	王公培	27	江苏吴县	苏州省立苏州农校毕业	1	23	45	60	0	4	总行农业部	2	合格	孔庆宣	1	本行
1076	6009	吴慕韩	52	江苏江阴	私塾	0	23	14	22	0	2	总行农业部	1	3	薛三安	1	
1077	6010	靳福林	27	江苏武进	西夏墅小学毕业	0	24	5	13	0	4	总行农业部	0.4	1			
1078	6011	汪育耳	23	江苏无锡	江苏省立无锡中学毕业	0	22	20	50	1	4	总行仓库部	1	4			
1079	6012	卞文鉴／卞春藻	54	江苏丹徒	金陵大学	1	20	300	380	0	3	总行仓库部		合格	李桐村	15	本行
1080	6013	卓凤文	30	广东中山	武昌文华 上海万国海函授学校肄业	1	20	60	100	0	4	总行仓库部	2	合格	卓镛诗	3	本行
1081	6014	朱晖／朱杏卿	35	浙江崇德	杭州青年会夜校毕业	1	20	70	150	0	2	总行仓库部	1	1			

续表

档号	姓 名	年龄	籍贯	学 历	工作经验（有为1）	进行年份（民国）	进行薪水（银元）	1937年薪水（银元）	练习生（是为1）	职务调动记录（次）	1937年所在行处	保人应具身家	保人财产状况（万银元）	介绍人	介绍人数（个）	介绍人职业
1082 6015	徐嘉来/徐铭乐		江苏吴县	苏州桃坞中学	0	25	55	55	0	4	总行仓库部	2	5—6	盛宗才	8	本行
1083 6016	张云/张雨辰	44	安徽合肥	私塾	1	22	70	80	0	7	总行仓库部	2	合格	杨介眉	19	本行
1084 6017	陆柏年	21	浙江余姚	上海省立上海中学毕业	1	26	40	40	0	4	总行仓库部	3	3—4	赵林鑾	1	
1085 6018	孙绍安	38	江苏江阴	上海江苏省立第一商业学校毕业	1	23	80	90	0	2	总行仓库部	2	2	卞文鉴	5	本行
1086 6019	钱连生	55	江苏南通	私塾	1	22	34	40	0	2	总行	1	1	陈光甫	15	本行
1087 6020	余士福	48	江苏武进	私塾	1	23	50	60	0	2	总行	1	合格	杨敦甫	13	本行
1088 6021	朱世雄	30	浙江崇德	杭州工业学校肄业	1	24	35	40	0	2	总行	1	4—5	朱杏卿	4	本行
1089 6022	张士和	24	江苏镇江		1	22	40	45	0	6	总行	1	1	陈光甫	15	本行
1090 6023	贺增庆	47	江苏吴县		1	22	80	60	0	3	总行	2	合格	唐和羹	7	本行
1091 6024	沈鑫	32	浙江嘉善	杭州青年会夜校毕业	1	20	50	70	0	2	总行	1	2	朱杏卿	4	本行
1092 6025	宋鑫权	41	江苏江都	私塾	1	23	30	30	0	5	总行	1	合格	陈光甫	15	本行

0.25 毫米

续表

0.25毫米	档号	姓名	年龄	籍贯	学历	工作经验（有为1）	进行年份（民国）	进行薪水（银元）	1937年薪水（银元）	练习生（是为1）	职务调动记录（次）	1937年所在行处	保人应具身家	保人财产状况（万银元）	介绍人	介绍人数（个）	介绍人职业
1093	6026	许世鑫	49	江苏吴县	私塾	1	20	60	65	0	2	总行	1	合格	唐利羹	7	本行
1094	6027	卓领业	52	广东中山	私塾	1	23	40	40	0	1	总行	1	合格	卓铺诗	3	本行
1095	6028	奚联三	36	安徽当涂	私塾	1	22	35	40	0	2	总行	1	合格	奚东曙	1	
1096	6029	赵华牵	26	江苏镇江	大港洪溪学校肄业	1	26	35	35	0	1	总行	1	合格	赵汉生	14	本行
1097	6030	李荫南	30	江苏丹徒	南京华中公学肄业	1	25	40	40	0	2	总行	1	1	卞文鉴	5	本行
1098	6031	袁本隆	42	安徽桐城	江苏省立第二工业学校毕业	1	23	50	50	0	1	总行栈务员	2	1—2			
1099	6032	尤如槐	24	江苏无锡	无锡县立商业学校毕业	1	23	26	45	0	2	总行	1	4.5	尤以笙	2	
1100	6033	杨鼎臣/杨又新	41	安徽合肥	合肥正谊中学毕业	1	25	35	35	0	3	总行栈务员	2	颇殷实			
1101	6034	喻文卿	49	江苏南京		0	22	90	90	0	3	总行栈务员	1	1	杨介眉	19	本行
1102	6035	钱树长	38	江苏东台	上海商学学校毕业	1	23	50	50	0	5	总行栈务员	2	10	任仲琅	2	上海裕隆公司总经理
1103	6036	倪葆宽	36	江苏南汇	上海持志学院肄业	1	23	80	80	0	1	总行栈务员	2	合格			

续表

	档号	姓名	年龄	籍贯	学历	工作经验（有为1）	进行年份（民国）	进行薪水（银元）	1937年薪水（银元）	练习生（是为1）	职务调动记录（次）	1937年所在行处	保人应具身家	保人财产状况（万银元）	介绍人	介绍人数（个）	介绍人职业
1104	6037	汪鼎铭	36	江苏无锡	上海江苏省立第一商业学校毕业	0	23	35	50	0	4		2	2	颜啸之	2	
1105	6038	洪翼子	28	江苏丹徒	上海新民中学肄业	1	22	80	90	0	3	派驻火油公司副理	2	合格	卞文鉴	5	本行
1106	6039	颜箴云	35	江苏吴县	复旦大学肄业，美国英国函授学校毕业	0	10	10	260	0	5	总行		1—2	沈雁南	2	本行
1107	6040	郑云祥	29	浙江镇海	宁波高小毕业	1	23	70	85	0	2	派驻火油公司副理	4	10	汪元铭	1	
1108	6041	王珽	25	江苏江都	镇江中学毕业	0	22	30	50	0	2	派驻火油公司副理	0.5	合格	卞文鉴	5	本行
1109	6042	午景初	49	浙江余姚	私塾	1	25	120	120	0	2	总行	2	合格	李芸侯	21	本行
1110	6043	王世镇／王希贤	32	江苏无锡	无锡工商中学肄业	0	12	2	140	1	8	总行	3	10	华栋臣	10	汉口福新纱厂经理
1111	6044	王莲荪	30	江苏镇江	谏壁公学	1	17	44	85	0	8	总行派驻上海印染公司	3	6—7	周采云	1	

续表

0.25毫米	档号	姓名	年龄	籍贯	学历	工作经验（有为1）	进行年份（民国）	进行薪水（银元）	1937年薪水（银元）	练习生（是为1）	职务调动记录（次）	1937年所在行处	保人应具身家	保人财产状况（万银元）	介绍人	介绍人数（个）	介绍人职业
1112	6045	杨金潜/杨渭滨	43	江苏丹徒		0	6	1	125	1	12	总行	2	合格	杨瑞生	3	
1113	6046	李树森	32	江苏丹徒	南京第四师范毕业	0	19	30	70	0	6	总行	3	5	程欣木	3	本行
1114	6047	杨平侠	42	江苏武进	苏州省立第二工业学校肄业	0	14	12	80	0	6	总行	1	合格	伍辉礼	1	
1115	6048	李峻璜	23	浙江奉化	上海光华大学毕业	0	19	30	80	0	5	总行	2	10	金崇城	15	本行
1116	6049	丁孝丞	40	安徽南陵	私塾	1	15	50	240	0	6	总行		2	李芸侯	21	本行
1117	6050	蒋畜康/蒋宗淇	48	浙江慈溪	宁波斐迪中学	1	10	20	95	0	7	总行	2	3—4	蒋惠先	6	本行
1118	6051	华士源	38	江苏无锡		0	15	30	130	0	11	总行	3	合格	华大宏	1	
1119	6052	蔡琪麟	23	江苏无锡	无锡辅仁高中肄业	0	22	20	50	1	4	总行	1	1	吕苍岩	9	本行
1120	6053	蔡华春	24	江苏吴县	上海君毅高中肄业	0	20	20	60	1	4	徐国民行	1	1	葛士彝	12	本行
1121	6054	吴钟伟	26	江苏江都	扬商业中学（初中）毕业	1	20	30	70	0	6	总行	5	10	李申甫	4	本行
1122	6055	俞庆润/俞祝安	34	江苏镇江	镇江省立六中毕业	1	13	6	110	1	5	总行	2	3	杨瑞生	3	

续表

档号	姓名	年龄	籍贯	学历	工作经验(有为1)	进行年份(民国)	进行薪水(银元)	1937年薪水(银元)	练习生(是为1)	职务调动记录(次)	1937年所在行处	保人应具身家	保人财产状况(万银元)	介绍人	介绍人数(个)	介绍人职业
6056	钱翔和	29	江苏上海	复旦大学毕业	0	20	30	95	0	2	总行	4	合格	裘玉书	16	会计师
6057	金邦平	39	安徽黟县	芜湖安徽中学毕业	1	12	15	125	0	8	总行	2	2	金邦平	2	本行
6058	朱孝鹏	32	江苏吴县	苏州东吴大学肄业	1	19	30	60	0	3	总行	1	1—2	卫*清	1	
6059	朱蔚庆	31	江苏高邮	高邮商业学校肄业	1	20	30	60	0	6	总行	2	2	宣艾侯	4	本行
6060	鲍咸襕/鲍云璋	38	浙江鄞县	苏州东吴大学肄业	1	19	100	220	0	5	总行	5	合格	宣艾侯	4	本行
6061	刘宁章/刘绍周	60	安徽霍邱		1	14	30	100	0	3	总行	5	10	朱幼岑	3	蚌埠信业面粉公司
6062	张润钧	29	江苏青浦	青浦县立师范	0	15	4	85	1	5	总行	4	合格	张仁彦	2	本行
6063	陈翼祖/陈翼枢	42	江苏镇江	金陵大学毕业,纽约哥伦比亚大学肄业	1	20	150	150	0	6	总行	1.5	5	杨介眉	19	本行
6064	江恩沛	22	江苏吴县	绸缎学校	1	25	35	35	0	2	总行	2	合格	宋庆	1	
6065	郑厚宽	29	江苏武进	上海光华大学毕业	1	25	50	50	0	3	总行	2	10	谈森寿	5	本行

续表

0.25毫米	档号	姓名	年龄	籍贯	学历	工作经验（有为1）	进行年份（民国）	进行薪水（银元）	1937年薪水（银元）	练习生（是为1）	职务调动记录（次）	1937年所在行处	保人应具身家	保人财产状况（万银元）	介绍人	介绍人数（个）	介绍人职业
1133	6066	王茂龙	23	浙江慈溪	湖北省立一中	0	23	20	40	1	3	总行人事处	1	1			
1134	6067	王季达	22	浙江上虞	小学毕业	1	24	30	40	0	5	总行	4	10	经润石	2	中国银行
1135	6068	杨竣昭	23	江苏南京	日本昭治大学毕业	0	26	120	120	0	1	总行		合格	陈光甫	15	本行
1136	6069	杨颐民	27	江苏上海	上海民立初中肄业	1	21	40	85	0	5	总行	3	3	张润生	1	
1137	6070	黎正培	42	江苏丹徒	私塾	1	13	16	85	0	10	总行	4	4—5	杨瑞生	3	
1138	6071	闵黻若		江苏江都	江苏省第五师范毕业	1	12	2	130	1	8	总行	2	2			
1139	6072	武乃济	23	浙江杭县	上海复旦附中	0	22	20	50	0	5	总行	2	2			
1140	6073	贝大智／贝少伯	42	江苏吴县	苏州艺徒工场初中肄业	1	6	16	200	0	4	苏行	2	合格			
1141	6074	黎季云	44	安徽黟县	四川英法文友学校	1	26	80	80	0	1	总行	1	2	杨介眉	19	本行
1142	6075	徐家黎	25	江苏江宁	上海民立中学肄业	1	25	20	30	0	3	总行			江一平	1	上海江浙银行大楼
1143	6076	徐鹤生	21	江苏上海	上海金科中学毕业	1	26	40	40	0	1	总行	2	合格	陈光甫	15	本行

续表

档号	姓名	年龄	籍贯	学历	工作经验（有为1）	进行年份（民国）	进行薪水（银元）	1937年薪水（银元）	练习生（是为1）	职务调动记录（次）	1937年所在行处	保人应具身家	保人财产状况（万银元）	介绍人	介绍人数（个）	介绍人职业
6077	周谱恩	21	江苏吴县	上海敬业中学毕业	0	26	25	25	0	1	总行	2	5—6	盛宗才	8	本行
6078	张善圩	24	浙江吴兴	上海民立高中毕业	0	22	20	45	0	3	总行	1	合格			
6079	张福琨/张剑青	46	江苏吴县	苏州时敏学堂肄业	1	17	85	130	0	4	总行	2	13	贝哉安	9	本行
6080	陈治康	28	浙江鄞县	宁波第四高中及上海市商会夜校肄业	1	20	40	75	0	4	总行	2	2—3	林联琛	8	大中银行副理
6081	许挹芹	26	江苏镇江	镇江润州中学初中肄业	1	22	40	60	0	6	总行	1	2	蔡墨屏	14	本行
6082	许孟均	25	江苏无锡	上海青年会职业中学毕业	1	24	50	60	0	2	总行	2	3	杨昭	1	政
6083	吉亮康	24	江苏无锡	无锡县初中肄业	1	21	30	55	0	2	总行	1	2	许锡璋	1	
6084	李徽阁	33	江苏泰县	私塾	1	23	30	50	0	3	总行	2	田产百余亩	曹明轩	1	本行
6085	李象春	30	安徽贵池	安庆安徽大学预科毕业	0	23	60	70	0	4	总行	4	8			
6086	李鹏	24	浙江绍兴	省立南京中学高中肄业	0	25	20	50	0	6	总行	1	3			
6087	胡汝尧	24	浙江嘉兴	小学毕业	1	23	30	40	0	3	总行	2	2	谈森寿	5	本行

0.25毫米

续表

0.25毫米	档号	姓名	年龄	籍贯	学历	工作经验（有为1）	进行年份（民国）	进行薪水（银元）	1937年薪水（银元）	练习生（是为1）	职务调动记录（次）	1937年所在行处	保人应具身家	保人财产状况（万银元）	介绍人	介绍人数（个）	介绍人职业
1155	6088	韩长安	22	江苏丹阳	武进县立初中毕业	0	21	20	45	0	2	总行	2	10	戴谷平	1	
1156	6089	茅谦尊	20	浙江吴兴	吴县初中肄业	0	22	4	28	0	3	总行	0.5	0.6—0.7			
1157	6090	俞庆云	32	江苏江宁	私塾	1	23	30	45	0	3	总行	1	4—5	高冶中		
1158	6091	程光荣/程欣木	37	江苏南京	南京钟英中学肄业	1	18	70	130	0	7	总行	5	5—6	孙怀仁	1	
1159	6092	何成康	24	江苏上海	上海育青中学毕业	0	26	30	30	0	2	总行	2	10	凌志前	2	本行
1160	6093	陈奎	38	江苏吴县	江苏省立二中毕业	0	10	2	85	0	6	总行	2	10	曹岳申	1	守产
1161	6094	陶昤三	45	江苏江宁	私塾	1	23	60	65	0	3	总行	2	5	李桐村	15	本行
1162	6095	陈德生	28	江苏丹徒	丹徒养正小学	0	12	2	140	0	4	总行	1.5	合格	唐寿民	3	前行员
1163	6096	孙宝忠	25	江苏吴县	苏州树德初中毕业	1	25	35	50	0	5	总行	2	2	潘纪言	12	本行
1164	6097	尤如槐	24	江苏无锡	无锡县立商业学校毕业	1	23	26	46	0	2	总行	1	4.5	尤以笙	2	本行
1165	6098	汪康龄	22	江苏江都	省立扬州中学毕业	0	26	30	30	0	1	总行内汇部	2	2			

续表

0.25毫米	档号	姓名	年龄	籍贯	学历	工作经验（有为1）	进行年份（民国）	进行薪水（银元）	1937年薪水（银元）	练习生（是为1）	职务调动记录（次）	1937年所在行处	保人应具身家	保人财产状况（万银元）	介绍人	介绍人数（个）	介绍人职业
1166	6099	江钟勖	20	江苏嘉定	上海中学毕业	0	26	30	30	0	1	东行					
1167	6100	谭荣溢	21	广东番禺	南京金陵中学毕业	0	26	30	30	1	2	静行	1	5—6			
1168	6101	许文彬	20	江苏吴县	光华附中毕业	1	26	30	30	1	2	总行储蓄部	3	50			
1169	6102	方景夔	21	浙江杭县	圣约翰大学肄业	0	26	30	30	1	1	总行内汇部	4	合格			
1170	6103	唐锦苏	18	浙江镇海	省立上海中学毕业	0	26	30	30	1	1	中虹界					
1171	6104	顾光曜	21	江苏上海	省立上海中学毕业	0	26	30	30	1	3	总行业务处	3	5—6			
1172	6105	王瑞宝	21	浙江鄞县	上海大公职业学校毕业	0	26	30	30	1	2	总行仓库部	2				
1173	6106	王玉书	21	江苏吴县	苏州中学毕业	0	26	30	30	1	1	总行信托部	1				
1174	6107	李肇成	21	广东中山	上海国光中学毕业	0	26	30	30	1	2	总行储蓄部	5	10			
1175	6108	黄嘉瑞	22	广东琼山	新加坡公立莱佛士学院毕业	1	26	30	30	1	2	总行信托部	1	2			
1176	6109	李昭示	21	江苏江都	光华附中毕业	1	26	30	30	1	1	总行往来部	3	3—5			

续表

	档号	姓名	年龄	籍贯	学历	工作经验（有为1）	进行年份（民国）	进行薪水（银元）	1937年薪水（银元）	练习生（是为1）	职务调动记录（次）	1937年所在行处	保人应具身家	保人财产状况（万银元）	介绍人	介绍人数（个）	介绍人职业
1177	6110	袁行健	19	浙江嘉善	省立上海中学毕业	0	26	30	30	1	1	总行国外部	2	2			
1178	6111	吕鹤鸣	22	广东鹤山	广州长城中学毕业	1	26	30	30	1	3	虹行	1	0.7—0.8			
1179	6112	崔启贤	21	河北武清	圣约翰大学肄业	0	26	30	30	1	1	西行	2	1—2			
1180	6113	俞仲培	21	江苏无锡	圣约翰大学肄业	0	26	30	30	1	4	界行	3	70—80			
1181	6114	徐原淇	20	广东南海	广州南海中学毕业	0	26	30	30	1	1	虹行	1	1.5			
1182	6115	徐清泉	21	江苏无锡	上海民立中学毕业	0	26	30	30	1	2	总行储蓄部	2	2—3			
1183	6116	徐建兴	19	江苏上海	上海新民中学毕业	0	26	30	30	1	2	提行	3	20			
1184	6117	唐立柱	22	上海	大同附中毕业	1	26	30	30	1	1	总行国外部	3	10			
1185	6118	刘祖佑	19	江苏上海	光华附中肄业	0	26	30	30	1	2	提行					
1186	6119	张潮声	21	浙江吴兴	晏城中学毕业	0	26	30	30	1	1	静行					
1187	6120	张铸	22	江苏上海	沪江大学肄业	0	26	30	30	1	2	总行定存部	2	合格			

0.25毫米

续表

	档号	姓名	年龄	籍贯	学历	工作经验（有为1）	进行年份（民国）	进行薪水（银元）	1937年薪水（银元）	练习生（是为1）	职务调动记录（次）	1937年所在行处	保人应具身家	保人财产状况（万银元）	介绍人	介绍人数（个）	介绍人职业
1188	6121	费企辰	21	江苏武进	上海市北中学毕业	0	26	30	30	1	1	东行	4	50			
1189	6122	陈惠武	20	福建闽侯	南洋中学毕业	0	26	30	30	1	2	总社	2				
1190	6123	孙家传	21	安徽贵池	大公职业学校毕业	0	26	30	30	1	1	西行	3	4—5			
1191	6124	陈哲映	20	上海市	华童公学毕业	0	26	30	30	1	1	静行					
1192	6125	陈外轻	20	福建闽侯	上海民立中学毕业	0	26	30	30	1	2	中虹行	2	3			
1193	6126	陈锡霖	19	江苏太仓	光华附中毕业	0	26	30	30	1	1	总行国外部	1	1			
1194	6127	陈兴鑰	21	福建闽侯	沪江商学院肄业	1	26	30	30	0	1	虹行	2	10	陆兆麟	1	顺康庄
1195	6128	潘傅彤	25	江苏洞庭东山	私塾	1	23	40	55	1	2	总行汇划间	2				
1196	6129	章格	22	江苏无锡	无锡辅仁中学毕业	0	23	20	40	1	3	静行	1	合格			
1197	6130	李树德	31	江西南昌	上海光华大学毕业	0	23	30	60	0	2	汉行	1	5	黄文桢	2	
1198	6131	华仁沅	24	江苏吴县	苏州青年会毕业	0	23	20	40	1	3	总行信托部	1	3—4			

续表

0.25毫米	档号	姓名	年龄	籍贯	学历	工作经验（有为1）	进行年份（民国）	进行薪水（银元）	1937年薪水（银元）	练习生（是为1）	职务调动记录（次）	1937年所在行所处	保人应具身家	保人财产状况（万银元）	介绍人	介绍人数（个）	介绍人职业
1199	6132	黄开华	29	广东梅县	上海暨南大学毕业	0	23	35	60	0	2	总行	3	3	暨南大学	1	
1200	6133	严毅	33	江苏如皋	私塾	0	9	1	75	1	9	蚌行		第一信用保险公司	张绍三	1	本行
1201	6134	吴绍唐	28	江苏江浦	复旦大学毕业	0	23	40	55	0	4	临行	2	3—4	奚季耕	5	本行
1202	6135	徐福甫	23	浙江上虞	上海大夏及沪江附中肄业	0	23	30	45	0	4	总行储蓄部	1	2	周苍柏 徐鹤庭	24	本行
1203	6136	周云德	25	江苏上海	苏州华英中校毕业	1	23	50	55	0	2	宁行	1	3	杨建时	2	军
1204	6137	刘居麟	34	山西虞乡	虞乡县立小学	1	26	40	40	0	1	郑行	1	合格	张哲生	2	陕西省银行郑州主任
1205	6138	张祖尧	18	江苏宜兴	常州省立常州中学肄业	0	23	20	35	1	2	常行	4	8	庄得之	13	本行
1206	6139	潘菁林	34	江苏吴县	苏州工专毕业	1	23	140	150	0	3	总行	2	2	童侣青	1	本行
1207	6140	潘绍光	24	江苏吴县	上海民立中学肄业	1	22	40	60	0	4	分行部	3	殷实	李峻耀	1	中央银行
1208	6141	梅必廉	25	江苏太仓	省立上海中学毕业	0	22	30	60	0	3	总行 分行部	1	4	金宗城	15	本行
1209	6142	叶仲麓	28	江苏青浦	上海民立中学肄业	1	21	40	80	0	6	总行 分行部	5	6—7	奚季耕	5	本行

续表

0.25毫米	档号	姓名	年龄	籍贯	学历	工作经验（有为1）	进行年份（民国）	进行薪水（银元）	1937年薪水（银元）	练习生（是为1）	职务调动记录（次）	1937年所在行处	保人应具身家	保人财产状况（万银元）	介绍人	介绍人数（个）	介绍人职业
1210	6143	华彬	31	江苏无锡	交通大学肄业	1	18	30	80	0	4	总行分行部	2	3	华执三	2	
1211	6144	吴联斌	29	浙江余姚	沪江商学院肄业	1	21	30	75	0	3	总行分行部	2	5—6	杨敦甫	13	本行
1212	6145	朱鸣玉	25	江苏吴县	苏州树德中学肄业	0	23	45	60	0	4	总行分行部	4	殷实	潘纪言	12	本行
1213	6146	何其昌	24	浙江余姚	上海南洋中学肄业	0	19	20	60	1	5	总行分行部	1	合格	李阿远慧	1	本行
1214	6	倪镜海	29	江苏南汇	东吴二中毕业	1	18	50	120	0	4	总行分行部	4	20	伍克家	4	本行
1215	6147	潘家骅	28	江苏江都	圣约翰高中肄业	1	20	60	85	0	2	虹行	1	2—3	赵汉生	14	本行
1216	6148	方广任	23	江苏丹徒	镇江中学初中肄业	1	23	35	45	0	2	虹行	3	2—3	应俭甫	5	本行
1217	6149	唐观维	26	广东中山	上海圣济芳肄业	0	20	30	70	0	2	虹行	2	4	唐启初	3	本行
1218	6150	曾蕙生	24	广东潮安	上海民立中学毕业	0	23	20	40	1	2	虹行	1	1.5			
1219	6151	王文源	29	广东中山	日本长崎高等商业专门学校	0	19	30	90	0	4	虹行	2	合格	马聘三	3	粉业
1220	6152	于广杰	23	江苏南通	省立南通中学毕业	0	23	20	40	1	4	虹行	1	1.55			

续表

0.25毫米	档号	姓名	年龄	籍贯	学历	工作经验（有为1）	进行年份（民国）	进行薪水（银元）	1937年薪水（银元）	练习生（是为1）	职务调动记录（次）	1937年所在行处	保人应具身家	保人财产状况（万银元）	介绍人	介绍人数（个）	介绍人职业
1221	6153	胡章耀	33	江苏上海	上海青年会职业中学肄业	0	12	2	120	0	3	虹行	2	合格		0	
1222	6154	韩继湘	30	浙江吴兴	上海仓圣明智大学初中部肄业	1	25	50	60	0	2	虹行	4	4	江如松	11	本行
1223	6155	杨伯庚	46	江苏江宁	金陵大学	1	18	70	120	0	5	虹行	2	合格	金宗城	15	中国旅行社
1224	6156	吴汉章	24	江苏崇明	上海民立中学肄业	0	22	20	50	1	3	虹行	1	2—3	郑鸿彦	1	
1225	6157	钱治通	23	浙江慈溪	东吴大学肄业	0	23	20	40	1	2	虹行	2	3—4			
1226	6158	殷文耀	26	江苏镇江	黄墩高小肄业	1	20	30	55	0	3	虹行	4	10	殷焕之	1	
1227	6159	张福庭	27	江苏吴县	苏州平江中学毕业	1	25	50	50	0	3	虹行	2	2	谢廷信	1	浙江地方银行
1228	6160	张泽庵	25	浙江吴兴	吴兴商业中学肄业	1	23	40	50	0	2	虹行	4	全浙商联会主席	张豹如	1	
1229	6161	沈兰庄	31	浙江吴兴	吴兴县立高小毕业	1	21	30	60	0	2	界行	2	20—30	温西璋	4	本行
1230	6162	沈缄三／沈希平	32	浙江嘉兴	私塾	1	24	100	120	0	4	界行	4	5—6	金宗城	15	本行
1231	6163	谢承烈	27	浙江吴兴	湖州东吴三中毕业	1	20	30	90	0	5	界行	3	2—3	陈衣诗	2	本行

续表

0.25毫米	档号	姓名	年龄	籍贯	学历	工作经验（有为1）	进行年份（民国）	进行薪水（银元）	1937年薪水（银元）	练习生（是为1）	职务调动记录（次）	1937年所在行处	保人应具身家	保人财产状况（万银元）	介绍人	介绍人数（个）	介绍人职业
1232	6164	顾钰田	22	江苏吴江	苏州东吴附中毕业	0	23	20	40	1	3	界行	1.5	3			
1233	6165	王文楳	22	浙江嘉兴	上海正风中学毕业	0	22	20	55	1	2	界行	2	2	庄得之	13	本行
1234	6166	秦之楳	29	江苏无锡	私塾	0	18	30	75	0	3	界行	3	3—4	唐和羹	7	本行
1235	6167	李广年	26	浙江上虞	江苏省立第二师范学校职业科肄业	1	23	40	55	0	2	界行	2	2	应俭甫	5	本行
1236	6168	李锦春	38	浙江海盐		1	23	50	60	0	2	界行	2	4—5	金崇城	15	本行
1237	6169	石冀庸/石卉栋	33	浙江上虞		1	9	1	100	0	6	界行	3	3	郑鑫水	2	
1238	6170	胡金水	31	浙江镇海	复旦大学毕业	0	17	24	95	0	6	界行	3	10	金崇城	15	本行
1239	6171	蒋孝扬	22	江苏吴县	苏州安定中学毕业	0	23	20	40	1	2	界行	1	3			
1240	6172	瞿有成	29	江苏武进	武进商业学校肄业	1	21	30	60	0	2	界行	2.5	5	谈森寿	5	本行
1241	6173	金巍成	28	江苏吴县	上海华华中学肄业	1	23	45	60	0	3	界行	2	2—3	陈扬清	1	
1242	6174	朱耀希	20	江苏上海	上海中华职业学校肄业	1	26	30	30	0	2	界行	2	颇有资产	王昌林	1	本行

续表

0.25毫米	档号	姓名	年龄	籍贯	学历	工作经验（有为1）	进行年份（民国）	进行薪水（银元）	1937年薪水（银元）	练习生（是为1）	职务调动记录（次）	1937年所在行处	保人应具身家	保人财产状况（万银元）	介绍人	介绍人数（个）	介绍人职业
1243	6175	朱锡祉	33	浙江海宁	梅溪高小学校	1	18	40	90	0	2	界行	5	5—6	杨敦甫	13	本行
1244	6176	张德瀚	23	浙江吴兴	东吴大学附中毕业	0	22	20	50	1	2	界行	2	7—8	温西璋	4	本行
1245	6177	陆吉星	28	浙江慈溪	上海敬业高小毕业	1	26	40	40	0	2	界行	4	4	经润石	2	
1246	6178	陈尚清	30	江苏太仓	江苏省立四中毕业	1	23	40	55	0	2	界行	2	2—3	钱遂光	1	
1247	6179	孙得桂	27	江苏太仓		0	26	40	40	0	2	界行	4	7—8	张水淇	3	本行
1248	6180	潘贼正	21	江苏宝山	上海民立中学毕业	0	25	30	40	0	2	西行	3	尚可	潘纪言	12	本行
1249	6181	沈积甫	25	浙江绍兴	泰兴初中肄业	1	23	40	50	0	2	西行	3	2—3	奚玉书	16	会计师
1250	6182	郭子诺	40	安徽合肥	安徽省立二中肄业	0	6	1	140	0	4	西行	2	2—3	郭幼生	2	常熟中国银行
1251	6183	计昌雄	24	江苏嘉兴	嘉兴秀州中学毕业	0	23	20	40	1	2	西行	2	3—4			
1252	6184	高万鹏	34	江苏镇江	镇江润州初中毕业	1	23	40	50	0	2	西行	4	4	王伯良	1	花号
1253	6185	高昌邦／高伟成	39	江苏无锡	暨南大学肄业	1	13	2	85	0	7	西行	3	3—4	华执三	2	

续表

0.25毫米	档号	姓名	年龄	籍贯	学历	工作经验（有为1）	进行年份（民国）	进行薪水（银元）	1937年薪水（银元）	练习生（是为1）	职务调动记录（次）	1937年所在行处	保人应具身家	保人财产状况（万银元）	介绍人	介绍人数（个）	介绍人职业
1254	6186	应俭甫	48	浙江永康	浙江永康中学肄业	1	9	30	220	0	4	西行		合格			
1255	6187	王叩真	23	浙江镇海	上海国华中学毕业	0	22	20	45	1	2	西行	1	10			
1256	6188	胡振声	23	江苏镇江	上海民立中学毕业	0	25	30	40	0	2	西行	4	300	黄石屏	2	糖行
1257	6189	蔡国铨	24	浙江崇德	浙江省立高中毕业	0	22	20	50	1	2	西行	2	2—3	宋春舫	2	本行
1258	6190	徐修/女	23	江苏吴县	上海晏摩氏女校肄业	0	21	35	50	0	3	西行	2	5	顾飞华	2	
1259	6191	徐炀民	23	浙江余姚	余姚春晖中学肄业	1	26	30	30	0	2	西行	2	1—2	戚仲耕	1	上海浙江实业银行
1260	6192	尹祖镐	24	浙江杭县	私塾	1	23	30	40	0	3	西行	4	5—6	陈朱如	1	上海浙江实业银行
1261	6193	张一敬	28	江苏吴县	苏州东吴一中毕业	0	19	30	95	0	4	西行	4	融通合格	江如松	11	本行
1262	6194	孙必安	22	江苏无锡	无锡国英专修馆肄业	0	22	20	60	1	2	西行	0.5	0.6	杨云表	8	本行
1263	6195	陈畹珍	28	浙江镇海	上海务本女中毕业	0	19	30	65	0	2	西行	2	20	任廉昌	1	

续表

档号	姓名	年龄	籍贯	学历	工作经验（有为1）	进行年份（民国）	进行薪水（银元）	1937年薪水（银元）	练习生（是为1）	职务调动记录（次）	1937年所在行处	保人应具身家	保人财产状况（万银元）	介绍人	介绍人数（个）	介绍人职业
6196	陈鹏飞	30	江苏崇明	上海青年会夜校肄业	1	23	45	50	0	3	西行	4	高佳	李周菲	1	
6197	沈荣篱	26	河北北平	天津扶轮中学毕业	0	20	20	60	1	3	西行	2	2—3	左岘云	1	
6198	温思危	26	浙江吴兴	持志初中毕业	0	20	20	70	1	6	静行	1	1—2	凌南寿	1	
6199	童德垒	35	浙江余姚	上海飞虹小学毕业	0	22	40	60	0	2	静行	4	3—4	林联琛	8	裕明银行
6200	施樨生	24	浙江萧山	桑海清心中学毕业	0	22	20	50	1	4	静行	1	20			
6201	顾志成	29	浙江吴兴	华童公学肄业	0	15	4	80	0	3	静行	3	在换保中	沈聊芳	1	
6202	王泽槐	22	浙江湖州	湖州省立三中肄业	1	24	30	50	0	2	静行	3	3	娄玉书	16	会计师
6203	李维邦	24	浙江鄞县	复旦大学肄业	1	26	50	50	0	1	静行	4	符合	朱鸣玉	1	本行
6204	马家勤	27	江苏镇江	私塾	0	18	30	75	0	5	静行	3	2—3	马月楼	1	钱业
6205	董祥英	24	江苏江都	上海慧灵中学毕业	1	23	20	40	1	4	静行	1	2—3		1	
6206	蔡亚杰	29	江苏昆山	圣约翰高中毕业	0	19	30	75	0	5	静行	2	2	银行业传习所	2	

0.25毫米 1264 1265 1266 1267 1268 1269 1270 1271 1272 1273 1274

续表

0.25毫米	档号	姓名	年龄	籍贯	学历	工作经验（有为1）	进行年份（民国）	进行薪水（银元）	1937年薪水（银元）	练习生（是为1）	职务调动记录（次）	1937年所在行处	保人应具身家	保人财产状况（万银元）	介绍人	介绍人数（个）	介绍人职业
1275	6207	毕家俊	23	江苏松江	省立松江中学毕业	1	26	40	40	0	1	静行	4	10			
1276	6208	奚敬文	24	江苏上海	华童公学毕业	0	23	20	40	1	3	静行	1	3			
1277	6209	金勤洲	23	江苏吴县	南洋中学毕业	0	20	20	70	0	4	静行	2	4	叶承礼	1	会计师
1278	6210	翁国臣	27	江苏上海	宏才高中肄业	1	23	30	50	0	2	静行	2	2	奚玉书	16	
1279	6211	穆时彦	24	浙江慈溪	光华大学毕业	0	23	20	40	1	3	静行					
1280	6212	朱仰发	23	浙江镇海	宁波求精乙种商业学校毕业	1	23	30	45	0	2	静行	4	5—6	黄席珍	5	本行
1281	6213	邹廉方	29	浙江宁波	汉口博学书院高中毕业	0	23	45	60	0	2	静行	3	信用声誉合格	金崇城	15	本行
1282	6214	周叔雅	32	江苏吴县	圣芳济肄业三年	1	20	30	70	0	2	静行	2	5	周伯长	2	本行
1283	6215	刘尧通	22	江苏川沙	富因民夜校毕业	0	26	30	30	0	1	静行	2	2			
1284	6216	周杯邦	26	江苏南通	上海国华中学毕业	1	24	40	50	0	5	静行	2	2—3	吴世爵	1	
1285	6217	张志雄	31	江苏川沙	持志大学肄业	1	21	40	70	0	2	静行	2	100	庄得之	13	本行

续表

0.25毫米	档号	姓名	年龄	籍贯	学历	工作经验（有为1）	进行年份（民国）	进行薪水（银元）	1937年薪水（银元）	练习生（是为1）	职务调动记录（次）	1937年所在行处	保人应具身家	保人财产状况（万银元）	介绍人	介绍人数（个）	介绍人职业
1286	6218	居惠萱	32	江苏吴县	上海英华书馆毕业	1	26	60	60	0	1	静行	4	4—5	陈裕纯	1	
1287	6219	陈家丰	23	浙江宁波	上海市商会英文科毕业	0	22	20	50	1	2	静行	1	2	徐信德	1	
1288	6220	陆敬德	28	江苏上海		0	24	50	60	0	4	静行	2	2	周天承	1	
1289	6221	陆景周	33	江苏上海	上海圣方济肄业	1	23	50	60	0	2	静行	3	100	奚玉书	16	会计师
1290	6222	孙维韦	29	江苏无锡	省立上海中心肄业	0	19	30	60	0	3	静行	2	2—3	赵德修	1	
1291	6223	沈才儒	40	江苏奉贤		1	19	60	100	0	3	东行	10	60—70	蒋惠先	6	本行
1292	6224	沈恒	40	浙江杭州	之江大学附中毕业		23	45	55	0	2	东行	2	3	江少甫	1	
1293	6225	唐荣春	23	江苏无锡	无锡启明初中毕业	0	22	20	30	0	4	东行	0.5	4—5	杨云表	8	本行
1294	6226	谢晋三	29	浙江余姚	春晖中学肄业	1	23	45	60	0	2	东行	5	4—5			
1295	6227	郑祖钦	27	浙江镇海	上海澄衷初中肄业	0	19	30	80	0	3	东行	4	10	赵玉北	1	本行
1296	6228	郑子荣	37	浙江镇海	私塾	1	26	80	80	0	1	东行	10	30—40	金宗城	15	本行

续表

	档号	姓名	年龄	籍贯	学历	工作经验（有为1）	进行年份（民国）	进行薪水（银元）	1937年薪水（银元）	练习生（是为1）	职务调动记录（次）	1937年所在行处	保人应具身家	保人财产状况（万银元）	介绍人	介绍人数（个）	介绍人职业
1297	6229	李济美	23	浙江鄞县	光华大学肄业	0	25	30	45	0	3	东行	0.5	合格	李植模	3	本行
1298	6230	袁润卿	30	江苏丹徒	圣约翰大学肄业	1	17	44	95	0	4	东行	2	合格	李芸侯	21	本行
1299	6231	李铸	21	江苏丹徒	江都县中肄业	0	23	20	30	0	3	东行	2	2	李芸侯	21	本行
1300	6232	赵季昂	23	江苏上海	上海南洋中学毕业	0	23	20	40	1	3	东行	2	融通合格			
1301	6233	盛柄文	46	江苏丹徒		1	21	40	60	0	2	东行	4	5—6	马聘三	3	面粉
1302	6234	郁叔铿	20	江苏吴县	苏州晏城中学肄业	1	25	20	20	0	1	东行	4	5—6	张鉴波	1	本行
1303	6235	尤继武	22	江苏镇江	民立中学高三肄业	0	22	20	55	1	2	东行	1	1—2	万衡山	1	本行
1304	6236	杜康祺	25	江苏江宁	上海青年会中学肄业	1	19	30	60	0	5	东行	3	符合	杜哲庵	1	
1305	6237	林秉钧	32	浙江海宁	海宁县立高小	1	20	30	60	0	5	东行	4	4	王元禄	3	本行
1306	6238	严培生	22	浙江绍兴	上海清心中学毕业	1	26	30	30	0	1	东行	3	3—4	吕锡麟	1	本行
1307	6239	吴琢如	26	江苏吴县	特志大学毕业	0	23	30	50	0	4	东行	0.5	3	徐勉之	1	青岛国华银行

0.25毫米

续表

0.25毫米	档号	姓名	年龄	籍贯	学历	工作经验（有为1）	进行年份（民国）	进行薪水（银元）	1937年薪水（银元）	练习生（是为1）	职务调动记录（次）	1937年所在行处	保人应具身家	保人财产状况（万银元）	介绍人	介绍人数（个）	介绍人职业
1308	6240	吴国桢/吴少亭	48	江苏江宁		1	10	30	260	0	4	东行		10			
1309	6241	朱锡祺	45	浙江海宁	私塾	1	23	50	60	0	2	东行	5	4—5	杨河清	1	
1310	6242	朱崇岳	23	江苏仪征	立信会计学校毕业	0	23	20	40	1	2	东行	2	5			
1311	6243	徐宝祥	23	浙江平湖	上海青华中学肄业	0	20	12	50	0	6	东行	3	4—5	徐穆清	1	
1312	6244	徐蟾耕	31	浙江镇海	私塾	1	19	60	85	0	3	东行	10	40—50	应俭甫	5	本行
1313	6245	腾诒生	39	江苏镇江	私塾	1	20	50	80	0	2	东行	10	6—7	陶竹勋	10	本行
1314	6246	张德儒	31	浙江吴兴	家塾	1	20	30	60	0	2	东行	4	10	温酉章	4	本行
1315	6247	张先灏	23	江苏无锡	上海大同大学肄业	0	23	20	40	1	2	东行	1.5	10—20	严叔和	1	
1316	6248	姚震钧	33	浙江嘉兴	浙江三中毕业	0	12	2	120	0	5	东行	10	颇殷实	吴少亭	1	
1317	6249	孔庆典	22	江苏兴化	兴化中学肄业	1	26	40	40	0	1	东行	4	10	吴少亭	2	本行
1318	6250	陈玉亭	42	江苏江都	私塾	1	19	45	85	0	2	东行	2	合格	李芸侯	21	本行

续表

档号	姓名	年龄	籍贯	学历	工作经验（有为1）	进行年份（民国）	进行薪水（银元）	1937年薪水（银元）	练习生（是为1）	职务调动记录（次）	1937年所在行处	保人应具身家	保人财产状况（万银元）	介绍人	介绍人数（个）	介绍人职业
6251	安大奎/安吾行	33	江苏无锡	无锡工商中学毕业	0	13	2	85	0	5	提行	1	2	荣德生	1	
6252	唐绪连	26	江苏武进	武进商业补习学校肄业	1	22	20	55	1	2	提行	1	1	葛士彝	12	本行
6253	郑秉文	24	浙江海盐	澄衷中学肄业	0	20	20	65	0	3	提行	2	60	马少卿	4	本行
6254	许秋芳/徐隽青	22	江苏昆山	震旦附中毕业	0	23	20	40	1	3	提行	1	合格			
6255	李玉伟	28	江苏吴县	中华会计专修学校	1	20	40	75	0	5	提行	3	2~3	徐悦安	1	汉口交通银行
6256	杨德博	40	浙江慈溪	慈溪中城两等小学	1	20	35	85	0	2	提行	3	合格	林联琛	8	江西裕民银行经理
6257	叶祖尧	23	河北天津	南开中学肄业	0	22	20	55	1	4	提行	1	20余亩			
6258	萧德耀	36	江苏镇江	私塾	1	9	1	110	0	5	提行	2	2	贝哉安	9	本行
6259	华君武	22	江苏无锡	大同附中毕业	0	25	30	40	0	3	提行	2	10	徐静仁	2	
6260	吴趋庭	23	江苏嘉定	沪江商学院肄业	0	22	20	50	1	2	提行	1	殷实	陈润昭	1	中国旅行社
6261	吴钟徐	27	江苏吴县	东吴附中毕业	0	19	30	65	0	2	提行	1	30	詹鲁东	1	本行

续表

	档号	姓名	年龄	籍贯	学历	工作经验（有为1）	进行年份（民国）	进行薪水（银元）	1937年薪水（银元）	练习生（是为1）	职务调动记录（次）	1937年所在行处	保人应具身家	保人财产状况（万银元）	介绍人	介绍人数（个）	介绍人职业
1330	6262	詹传安	25	江苏吴县	苏州晏城初中毕业	0	25	30	30	0	2	总行	2	2	葛士彝	12	本行
1331	6263	张允彬	24	江苏青浦	上海民立中学毕业	1	25	30	40	0	2	提行	3	2—3	林康侯	5	上海银行公会
1332	6264	姚根／姚吟航	32	江苏南通	通海甲种商业学校毕业	0	13	2	130	0	5	提行	3	3			
1333	6265	孙振亚	27	江苏江宁	中法大学药学专修科肄业	1	19	20	60	0	2	提行	1	3—4	奚季耕	5	本行
1334	6266	陈维良	26	浙江余姚	上海育材公学肄业	1	26	40	40	0	1	提行	4	10	龚元炳	1	
1335	6267	潘琦／潘步韩	54	江苏吴县	上海法文书院毕业	1	13	250	340	0	3	霞行			杨介眉	19	本行
1336	6268	高仲蒙	30	江苏嘉定	市北中学毕业	1	20	30	60	0	4	霞行	2	2—3	裘玉华	2	本行
1337	6269	王大明	24	江苏嘉定	上海民立中学毕业	0	22	20	50	1	3	霞行	1	尚佳	陈兑恭	1	
1338	6270	赵喜安	29	浙江诸暨	杭州省立商业中学毕业	1	20	30	85	0	3	霞行	2	2	缪信康	2	
1339	6271	赵昌铭	36	浙江杭县	东吴大学毕业	1	23	60	70	0	3	霞行	4	合格	钱骝门	1	
1340	6272	杜元幸	23	江苏松江	上海南洋高商毕业	0	22	20	45	1	3	霞行	1	合格	杜元亮	2	本行
1341	6273	庄遵鹏	23	江苏武进	上海中华职业学校高中二	0	22	20	55	1	2	霞行	2	2—3			

0.25毫米

续表

0.25毫米	档号	姓名	年龄	籍贯	学历	工作经验（有为1）	进行年份（民国）	进行薪水（银元）	1937年薪水（银元）	练习生（是为1）	职务调动记录（次）	1937年所在行处	保人应具身家	保人财产状况（万银元）	介绍人	介绍人数（个）	介绍人职业
1342	6274	史之韦	26	江苏溧阳	初中二年	1	23	30	50	0	4	霞行	换保中		史宝荣	1	本行
1343	6275	金兆汾	24	江苏吴县		0	22	20	50	0	2	霞行	2	2			
1344	6276	俞詠彬	34	江苏吴县	苏州萃美中学毕业	1	21	30	60	0	2	霞行	2	合格	盛宗才	8	本行
1345	6277	张裕开	24	浙江杭县	上海英华书馆肄业	0	22	20	50	0	3	霞行	2	20	陈湘涛	2	本行
1346	6278	张公厚	29	浙江吴兴	湖州省立三中肄业	0	20	30	70	0	3	霞行	4	10	奚玉书	16	会计师
1347	6279	陈荣棻	27	浙江鄞县	上海金业学校	1	20	30	75	0	3	霞行	2	合格	林联琛	8	江西裕民银行经理
1348	6280	沈祥年/沈宗泰	34	浙江余姚	余姚高小	1	9	1	110	0	6	仙行	1	合格	史文鉴	2	中国银行
1349	6281	温酉璋	41	浙江吴兴	私塾	0	12	35	200	0	4	仙行		合格	孙嘉禄	1	
1350	6282	章定一	24	江苏吴县	苏州高小	1	21	30	55	0	2	仙行	4	5	盛宗才	8	本行
1351	6283	许士晋	22	江苏无锡	无锡县立初中毕业	1	23	20	28	0	3	仙行	2	丰富	方养吾	1	本行
1352	6284	诸书畀	26	江苏上海	上海光华附中毕业	0	26	30	30	0	1	仙行	4	20	徐建兴	1	本行

续表

0.25毫米	档号	姓名	年龄	籍贯	学历	工作经验（有为1）	进行年份（民国）	进行薪水（银元）	1937年薪水（银元）	练习生（是为1）	职务调动记录（次）	1937年所在行处	保人应具身家	保人财产状况（万银元）	介绍人	介绍人数（个）	介绍人职业
1353	6285	王澄志	43	浙江吴兴		1	26	50	50	0	1	仙行	4	4	温西璋	4	本行
1354	6286	李荟森	26	江苏吴县	苏州通惠小学	1	19	30	55	0	3	仙行	3	10	江如松	11	本行
1355	6287	赵培原	24	江苏吴县	上海清心中学毕业	0	23	20	40	1	2	仙行	1	1			
1356	6288	李朝桓	26	河北威县	河北省立水产专科学校	1	23	25	35	0	4	仙行	0.5	5	金仲蕃	5	本行
1357	6289	杜关龙	23	江苏上海	上海南洋中学毕业	0	23	20	40	1	3	仙行	1	合格			
1358	6290	杨德庚	21	江苏镇江	上海正始中学毕业	0	23	20	40	1	3	仙行	1.5	6			
1359	6291	李继涛	24	江苏江宁	上海民立中学毕业	0	20	30	70	0	3	仙行	2	合格	涂荔巢	2	出版商
1360	6292	郁端祥	25	浙江吴兴	通州师范初中毕业	1	22	40	55	0	3	仙行	1	2—3	郁福祥	3	本行
1361	6293	胡哲谟	27	浙江慈溪	南洋中学肄业	0	20	20	60	1	4	仙行	4	4—5	蒋畜康	1	本行
1362	6294	杨肇遇／杨夏时	38	安徽休宁	中国公学毕业	0	15	30	140	0	5	仙行	10	10	吴敬臣	2	
1363	6295	钱重备	28	江苏吴江	苏州中学肄业	1	26	40	40	0	1	仙行	4	4—5	沈维经	3	本行

续表

0.25毫米	档号	姓名	年龄	籍贯	学历	工作经验（有为1）	进行年份（民国）	进行薪水（银元）	1937年薪水（银元）	练习生（是为1）	职务调动记录（次）	1937年所在行处	保人应具身家	保人财产状况（万银元）	介绍人	介绍人数（个）	介绍人职业
1364	6296	徐巨原	26	江苏昆山	东吴二中毕业	0	20	30	65	0	5	仙行	5	7—8	谈森寿	5	本行
1365	6297	周子和	31	江苏武进	武进小学	1	22	50	65	0	2	仙行	5	3—5	王亚贤	1	
1366	6298	张沅耀	24	江苏上海	上海清心中学毕业	0	22	20	50	1	2	仙行	1.5	2—3			
1367	6299	张建候	24	浙江吴兴	君毅中学高中二年级	0	20	20	60	0	3	仙行	2	合格	张亚孚	1	
1368	6300	陈蔼青	25	浙江吴兴	上海商学院肄业	1	25	40	40	0	2	仙行	4	合格	谢承烈	1	本行
1369	6301	陆仲书	27	江苏镇江		1	18	30	75	0	5	仙行	3	3—4	陶竹勋	10	本行
1370	6302	洪祖毅	27	江苏吴县	晏城中学肄业	1	26	50	50	0	1	中虹行	4	3—4	王宗鳌	1	本行
1371	6303	汤庆孝	23	江苏嘉定	沪江附中毕业	1	25	30	40	0	2	中虹行	3	2—3	潘纪言	12	本行
1372	6304	潘纪言	46	江苏宝山		1	20	140	230	0	5	中虹行		合格	金崇城	15	本行
1373	6305	王龄生	22	浙江慈溪	苏州晏城中学毕业	0	23	20	40	1	3	中虹行	2	3—4			
1374	6306	杨必贤	27	江苏浏河	省立上海中学毕业	1	26	40	40	0	2	中虹行	4	10	罗志枚	1	

续表

0.25毫米	档号	姓名	年龄	籍贯	学历	工作经验（有为1）	进行年份（民国）	进行薪水（银元）	1937年薪水（银元）	练习生（是为1）	职务调动记录（次）	1937年所在行处	保人应具身家	保人财产状况（万银元）	介绍人	介绍人数（个）	介绍人职业
1375	6307	曹傅博林	29	江苏吴县	苏州中学初中肄业	1	20	30	60	0	3	中虹行	3	20	蒋仁山	2	经营地产
1376	6308	盛茂源/盛松涛	28	浙江余姚	中大商科肄业一年	1	19	45	90	0	5	中虹行	3	5	张镜寰	2	
1377	6309	常鸿钧	52	浙江镇海	私塾	1	22	60	75	0	2	中虹行	4	3-4	潘纪言	12	本行
1378	6310	叶日探	22	安徽歙县	华童公学毕业	0	23	20	40	1	4	中虹行	1.5	30-40			会计师
1379	6311	金同庆	26	江苏上海	上海民强中学毕业	0	21	30	65	0	3	中虹行	3.5	合格	奚玉书	16	
1380	6312	钱保基	23	江苏吴县	东吴一年毕业	0	22	20	50	1	3	中虹行	2	10	邹骥	1	
1381	6313	程康溥	22	安徽黟县	惠云中学肄业	0	21	20	50	0	2	中虹行	2	合格	蔡墨屏	14	本行
1382	6314	朱绩侯	29	浙江海盐	上海民立中学肄业	1	23	45	60	0	3	中虹行	2	合格	潘纪言	12	本行
1383	6315	殷焕之	31	江苏镇江	上海镇江润州中学	1	26	60	60	0	1	中虹行	10	20	吴文亭	1	
1384	6316	童祥德	28	浙江鄞县	上海澄衷中学	0	19	30	80	0	5	中虹行	4	合格	金宗城	15	本行
1385	6317	张志楠	22	浙江嘉兴	嘉兴商业中学毕业	1	23	30	50	0	2	中虹行	2	2	章镜明	1	中央信托局

续表

0.25毫米	档号	姓名	年龄	籍贯	学历	工作经验（有为1）	进行年份（民国）	进行薪水（银元）	1937年薪水（银元）	练习生（是为1）	职务调动记录（次）	1937年所在行处	保人应具身家	保人财产状况（万银元）	介绍人	介绍人数（个）	介绍人职业
1386	6318	喻佑苏	57	江苏江宁		1	24	50	50	0	1	中虹行	1	5—6	杨敦甫	13	本行
1387	6319	程颂彝	28	江苏江都	镇江勉仁商业学校肄业	1	23	25	35	0	2	中虹行	2	合格	黄元庆	1	上海中兴银行
1388	6320	顾志新/顾励生	34	江苏常熟	上海大同大学毕业	1	20	30	60	0	4	愚行	3	3—4	贝哉安	9	本行
1389	6321	曹良僖	23	江苏上海	上海南洋中学毕业	0	23	20	40	1	3	愚行	2	6—7			
1390	6322	曹子庆	31	江苏吴县	私塾	1	23	30	45	0	2	愚行	3	3	朱耐彤	1	
1391	6323	韩志森	27	江苏吴县	苏州东吴第二初中	0	16	4	80	0	3	愚行	1	合格	江如松	11	本行
1392	6324	吴联陆	22	浙江余姚	复旦大学肄业	0	25	30	35	0	3	愚行	2	5—6	吴联斌	1	本行
1393	6325	余怍陶	31	江苏宜兴	华童公学毕业	1	23	50	60	0	2	愚行	4	6—7	奚玉书	16	会计师
1394	6326	何承惠/何伊田井	33	浙江诸暨	圣约翰大学肄业	1	19	65	110	0	4	愚行	2	1—2	马少卿	4	本行
1395	6327	徐章俊（女）	33	江苏上海		1	17	30	110	0	4	愚行	2	10	叶起凤	2	企业银行
1396	6328	刘永熙	23	江苏吴县	圣约翰附中肄业	0	22	20	50	1	3	愚行	1	合格	盛宗才	8	本行

续表

0.25毫米	档号	姓名	年龄	籍贯	学历	工作经验（有为1）	进行年份（民国）	进行薪水（银元）	1937年薪水（银元）	练习生（是为1）	职务调动记录（次）	1937年所在行处	保人应具身家	保人财产状况（万银元）	介绍人	介绍人数（个）	介绍人职业
1397	6329	冷福春	36	江苏镇江	镇江南徐学校肄业	1	12	2	90	1	8	通行	8		陈陶遗	1	政
1398	6330	王之瓒	34	江苏南通	南通私立甲种商业学校毕业	0	13	2	85	1	8	通行	2	10	刘式为	2	
1399	6331	李申甫/李钟岳	53	江苏镇江		1	19	200	260	0	2	通行			赵汉生	14	本行
1400	6332	杨国春	26	江苏镇江	扬州实验中学毕业	1	22	30	45	0	4	通行	1	2	李芸侯	21	本行
1401	6333	赵国光/赵观之	28	江苏江都	金陵中学肄业	0	17	24	95		3	通行	3	3	李芸侯	21	本行
1402	6334	贾发春	28	江苏江都	敬儒初中肄业	1	23	35	50		2	通行 出纳科	3	15	李申甫	4	本行
1403	6335	赵恒焕	43	江苏镇江	私塾九年	1	18	50	75		2	通行	1	1	赵汉生	14	本行
1404	6336	尤德纯	24	江苏镇江		1	23	40	45		4	通行	3	4—5	李申甫	4	本行
1405	6337	范广棠	39	江苏无锡	高小毕业	1	18	60	75		2	通行	2	1.5	李芸侯	21	本行
1406	6338	叶逢祥	25	浙江余姚	上海育材初中毕业	1	20	24	55	1	4	通行	2	合格	吉乃森	1	本行
1407	6339	何立生	30	江苏泰兴	南洋高级育业学校毕业	1	20	55	85		5	通行	2	合格	朱杏卿	4	本行

续表

0.25毫米	档号	姓名	年龄	籍贯	学历	工作经验（有为1）	进行年份（民国）	进行薪水（银元）	1937年薪水（银元）	练习生（是为1）	职务调动记录（次）	1937年所在行处	保人应具身家	保人财产状况（万银元）	介绍人	介绍人数（个）	介绍人职业
1408	6340	刘金钰	45	江苏南通	南通高业学校银行专修科毕业	1	9	25	190		5	通行			李桐村	15	本行
1409	6341	翟魁身/翟北滇	36	江苏泰兴	南通通海私立甲种商业学校毕业	1	13	6	130		5	通行会计科	2	2—3	赵双生	14	本行
1410	6342	陈子彬	25	江苏泰县	南光文育专科高中部毕业	0	19	20	55	1	3	通行	2		徐陶庵	1	祥兴面粉厂
1411	6343	赵嘉桢	62	江苏江都		1	18	50	50	1	1	通行	2		李芸侯	21	本行
1412	6344	毛槐卿	60	江苏江阴		1	18	50	50		1	通行	2		庄得之	13	本行
1413	6345	洪宝荣	23	安徽歙县	海门中学毕业	0	23	20	30		2	海门办事处	1	1.4	赵双生	14	本行
1414	6346	宋郁	21	江苏南通	南通育业初中毕业	1	23	20	30		2	海门办事处	2	40	刘武为	2	
1415	6347	汤武绳	22	江苏松江	松江县立初中肄业	1	26	30	30		3	海门办事处	4	10	沈希平	2	本行
1416	6348	姜光煌	32	江苏南通	南通甲种育业学校毕业	1	23	45	55		4	海门办事处	1	1—2	姚良	1	
1417	6349	钱兆奎	37	江苏南通	南通通海甲种育业学校毕业	1	22	50	55		3	通行	2	2	李申甫	4	本行

续表

档号	姓名	年龄	籍贯	学历	工作经验（有为1）	进行年份（民国）	进行薪水（银元）	1937年薪水（银元）	练习生（是为1）	职务调动记录（次）	1937年所在行处	保人应具身家	保人财产状况（万银元）	介绍人	介绍人数（个）	介绍人职业
6350	潘家荣	35	广东顺德	三育学塾14年	1	25	50	50		1	港行	1	150	伍宜孙	1	
6351	廖祖荫	31	江苏泰兴	上海育科大学夜校肄业		20	30	60		5	港行	0.3	2	杨卫玉	1	中华职业教育社副主任
6352	王烈纲	25	浙江镇海	南洋高商高三级上期	1	25	50	50		2	港行	4	50	宋光第	1	本行
6353	杨克荣	26	江苏无锡	沪江大学毕业	0	23	50	70		4	港行	2	10			
6354	杨天任	26	江苏上海	青年中学毕业	1	22	20	65	1	5	港行	4	7—8	金绶章	2	本行
6355	李绍璪	25	江苏上海	南洋中学毕业	0	20	30	75		3	港行	2	合格	孙铁仙	1	
6356	黄勤	45	福建闽侯	美国哥伦比亚大学研究院一年	1	17	250	480		6	港行	2				
6357	蔡亮	33	广东中山	圣约翰大学肄业	1	25	50	50		2	港行	2	2—3	蔡钰	1	汇兑经纪人
6358	庄安生	25	江苏上海	肇基中学毕业	0	20	20	60	1	5	港行	1	2.5	周春珊	1	
6359	时宜新	24	江苏南京	青年会中学高三	0	20	20	70	1	4	港行	2		朱景张	1	书业

续表

0.25毫米	档号	姓名	年龄	籍贯	学历	工作经验（有为1）	进行年份（民国）	进行薪水（银元）	1937年薪水（银元）	练习生（是为1）	职务调动记录（次）	1937年所在行处	保人应具身家	保人财产状况（万银元）	介绍人	介绍人数（个）	介绍人职业
1428	6360	瞿梅生/瞿梅僧	31	江苏武进	中华职业学校肄业	0	13	2	130	1	4	港行	1	1			
1429	6361	朱炼君	35	浙江鄞县	昌世中学毕业	0	10	10	280		4	港行	2	6—7	考取	0	
1430	6362	张剑豪	24	广东南海	北平弘达高中毕业	1	23	20	50	1	3	港行	1	2	吴铁城夫人	1	
1431	6363	张智安	25	广东中山	约翰大学毕业	1	25	60	60		1	港行	1		欧伟国	1	
1432	6364	张凤梧	24	河北雄县	天津弘德学校毕业	0	22	20	55	1	2	港行	1	2			
1433	6365	张造九	23	江苏上海	青年会职业中学毕业	1	25	30	50		3	港行	4	20	笪眉坡	1	
1434	6366	张民良/张约耀	26	江苏嘉定	南洋中学毕业	0	20	30	130	1	3	港行	1		自荐	1	
1435	6367	姚天民	26	浙江慈溪	圣约翰大学一年级	0	19	30	95		4	港行	2	5—6	董承道	4	本行
1436	6368	陈克荣	21	江苏上海	民立中学高中一年级	0	20	20	80	1	3	港行	1	2	潘多福	1	美亚保险公司
1437	6369	陈两华	31	浙江平湖	福建甲种育业学校毕业	1	25	50	60		2	港行	2		杨介眉	19	本行
1438	6370	陈景文	37	广东台山	新加坡养正高小二年级	1	25	45	45		1	港行	4	40	廖重行	1	

续表

档号	姓名	年龄	籍贯	学历	工作经验（有为1）	进行年份（民国）	进行薪水（银元）	1937年薪水（银元）	练习生（是为1）	职务调动记录（次）	1937年所在行处	保人应具身家	保人财产状况（万银元）	介绍人	介绍人数（个）	介绍人职业
6371	王静修	24	陕西乾县	陕西武功国立农材专科学校毕业	1	26	30	30	0	1	秦行	1	5	宝理卫	1	
6372	王武君	27	江苏吴县	省立第一师范附小毕业	1	22	40	50		4	秦行	1	1.5	陆君毅	6	本行
6373	曹世积	28	江苏吴江	上海正风中学毕业	1	23	20	60		3	秦行	1.5	合格	孙守康	1	
6374	韩世龙	22	江苏吴县	吴县县立初中肄业	1	23	18	30		3	秦行	5	7—8	蔡墨屏	14	本行
6375	胡石生	27	江苏扬州	扬州初中肄业	1	23	35	50		5	秦行	2	3—4	蔡墨屏	14	本行
6376	蒋仲恩	24	江苏吴县	沪江大学肄业一年	0	22	20	60		5	秦行 农业科	1	2	王元孙	1	
6377	钟成章	26	江苏江宁	钟英中学初中毕业	1	26	20	30		2	秦行	1	2	姚国栋	1	
6378	张嘉煦	27	江苏南汇	清心中学毕业	0	19	30	85		7	秦行	2	15	杨云表	8	本行
6379	费学俊	26	江苏吴县	振华堂夜育肄业	1	19	30	50		5	秦行	3	合格	葛士彝	12	本行
6380	张世荣	35	安徽凤阳	蔚文小学毕业	1	23	50	60		2	秦行	1	1	蔡墨屏	14	本行
6381	陈粲	38	江苏常熟	江苏省立第一商校毕业	1	20	100	160		6	秦行	1.5	4	陆君毅	6	本行

0.25 毫米

续表

	档号	姓名	年龄	籍贯	学历	工作经验（有为1）	进行年份（民国）	进行薪水（银元）	1937年薪水（银元）	练习生（是为1）	职务调动记录（次）	1937年所在行处	保人应具身家	保人财产状况（万银元）	介绍人	介绍人数（个）	介绍人职业
1450	6382	孙钟俊	31	江苏南通	南通县立第一高等小学毕业	1	22	35	60		4	秦行	4	3—4	赵汉生	14	本行
1451	6383	陆君毅	48	江苏吴县	交通部工业专门学校肄业三年	1	18	140	280		6	秦行	2	合格	杨云表	8	本行
1452	6384	沈仲衡	48	江苏江都	警官学校肄业	0	22	40	50		2	渭南办事处	2	5—6	许良怀	2	
1453	6385	吴季虎	45	山东海丰	金陵大学肄业	1	23	140	160		4	秦行	3	3—4			
1454	6386	张志霍	25	浙江杭县	河北通县潞河中学初中毕业	1	22	35	60		8	渭南办事处					
1455	6387	张位五		山西介休	山西河汾中学肄业	1	26	25	25		1	渭南办事处	0.5	2.5			

说明：*代表档案原文无法辨认。

0.25毫米

附录二：上海商业储蓄银行员役保证细则①

第一章　总纲

第一条　员役保障规章，除已在保证书内载明外，悉按照本细则办理。

第二条　本行员役，除总行总副经理及各行处顾问参事外，均须于到行服务前觅妥保证人填具保证书，行员交总经理处人事科核准保管，司役由各该行处主管人员核准保管。

第三条　本行员役之直系亲属或配偶及伯叔兄弟，不得为该员役之保证人。

第二章　行员保证书

第一节　进用新行员手续

第四条　总分支行处进用新员时，所有保证书，除总行由总经理处人事科办理外，各行处由其主管人员办理，陈报总经理交人事科，区属行处陈区经理转报。

第五条　本行行员保证人，例须负无限保证责任。其应具之身家，殊难有标准。兹按照普通情形，酌定保证人之身家，以其保证行员所负责任，有使银行蒙受损失之可能性数目之四倍为准，总分支行处进用新员时，其主管

---

① 上海市档案馆藏：《上海商业储蓄银行人事管理制度》，1935年，全宗号：Q275-1-185。

人员须先按照职务上之责任酌定其保证人应具之身家，例如该员所负责任，有使银行蒙受损失约计一万元之可能者，则保证人之身家至少应有四万元方为合格。保证书交到后须即按照下列三款办理。

第一款　审查其所填各项是否完备。

第二款　保证人如在本埠，即派员加以调查，并嘱将查得情形详细填注于保证人调查表，经审核符合保证资格后，更嘱持向保证人验对，由渠在保证书背面，批（照验无讹）字样，并加原用签章于下。验对后，所有保证书及调查表，除总行外，分支行处应即一并寄陈总经理交人事科，区属行处陈区经理转寄。

第三款　保证人如在外埠，应即将其应具之身家，书明于保证人调查表内，连同保证书一并寄托保证人居住地，或临近行处办理调查验对手续，各行处接到被委托书后，须即按照本条第二款办理，惟无论合格与否，所有保证书及调查表，除总行外，必须寄还委托行处，由委托行处分别陈总经理或区经理。

第二节　对保证明书

第六条　行员保证人业经调查合格，所需照验手续，除与面治外，凡居住远地，未能当面照验者，可用对保证明书代替之。

第七条　保证书上，虽注明保证责任，不因期久失效，但与保证人偶通消息，籍窥其对于被保人之最近态度计，仍有随时查询，是否继续保证之举，此项手续概由总经理处人事科办理之。

第三节　对于行员保证人应有之注意

第一项　各行处对于行员保证人居住当地或临近地者之注意

第八条　本行行员保证人，散居各地，为求管理上之严密妥善计，应随时留意，或有死亡或因职业境况，发生变迁，致失第五条所规定之保证资格，其居住上海者，由总经理处人事科留意，居住各当地或临近分支行处者，由总经理处人事科抄具行员保证人备查表，寄交各该行处主管人员存查，遇有死亡变迁情事，应即按照第十二条各款办理。

第二项　各行处主管人员对于所属人员职务更调时之注意

第九条　行员保证人之认可，初系按照其所保行员所任职务之轻重而定，故行员职务，如有变更时，主管人员对于保证人保证资格，应有考核之必要，总行人员及不属区行处重要人员之保证人，由总经理人事科查核，不属区行处经、副、襄理、主任以下人员，由总经理处人事科，缮具行员保证人记录，分交各该服务行处主管人员存查，区属行处经副襄理主任之保证人，由总经理处人事科，缮具行员保证人记录交区处存查，区属行处经副襄理主任以下人员，由经理处人事科缮具行员保证人记录，交区处备案，转发各该服务行处主管人员存查，各该主管人员，对于所属人员之职责，与保证人之身家，以为不相符合时，可即按照第十二条第一款办理。

第三项　人员调遣时关系行处主管人员应有之注意

第十条　总分支行处人员，如被调至另一行处办事时，其原服务行处主管人员，应即将其行员保证人记录，寄交新服务行处主管人员存查，同时将其经手事件，加以清查，如有问题或认为有不妥之处，须待时日查明者，应即陈报总经理核办，区属行处陈请区经理核办，并转报总经理，新服务行处主管人员，应审查其职务之责任，与保证人之身家是否相称，如以为不符合者，可即按照第十二条第一款办理。

第四节　换保手续

第一项　行员保证人退保行员

第十一条　行员保证人退保其所保行员，须用正式信札或电报，通知本行，其保证责任，须自立保日起至本行转达被退保人后为止，如其通知行处，为被退保人服务行处，则其保证责任可至该行处收到退保书或电报后为止，如其通知行处，非被退保人服务行处，则须至其服务行处接到被通知书或电报后为止，各行处接到该项退保书或电报后，除总行由总经理处人事科办理外，各该主管人员，应即按照下列三款办理。

第一款　被退保人，如系所属人员，应即斟酌情形或暂予停职，或调任轻闲职务，或任其照常供职，并嘱渠从速另觅妥保，新保证书立保日期，除当时即予停职者外，应与旧保证书卸责日期相衔接，同时将其前此经手事件加以清查，不论有无问题或认为有不妥之处，须待时日查明者，应将经过详情陈报总经理，区属行处，陈由区经理转报总经理，其有问题者，可径向保证人交涉，如有刑事关系，应将该员送交法院惩办。

第二款　被退保人虽非所属人员而知其服务行处者，应即斟酌情形，尽速转为通知其服务行处，该行处主管人员，接到通知后，应即按照本条第一款办理。

第三款　被退保人，既非所属人员，而又不知其服务行处者，应即斟酌情形，尽速通知总经理处人事科，人事科再尽速转致其服务行处，该行处主管人员接到通知后，应即按照本条第一款办理。

第二项　行员保证人死亡或不符保证资格

第十二条　各行处对于行员保证人应有之注意、已于第八、九、十三条详言之，遇有死亡或不符保证资格时，该主管人员应即按照下列三款办理。

第一款　如系所属人员之保证人对于被保人应即斟酌情形，或暂予停职，或调任轻闲职务，或任其照常供职，并嘱渠从速另觅妥保，新保证书立保日期，除当时即予停职之外，旧保证人如系死亡，应自其故世日起，如系不符保证资格，则可自通知其换保日起，同时将其前此经手事件，加以清查，不论有无问题或认为有不妥之处，须待时日查明者，应将经过详情，陈报总经理、区属行处，陈由区经理转报总经理，其有问题者，可径向保证人或其法定代表人交涉，如有刑事关系，应将该员送交法院惩办。

第二款　虽非所属人员之保证人，而知被保人之服务行处者，应即斟酌情形，尽速转为通知其服务行处，该行处主管人员接到通知后，应即按照本条第一款办理。

第三款　既非所属人员之保证人，而又不知被保人之服务行处者，应即斟酌情形，尽速通知总经理处人事科，人事科再尽速转致其服务行处，该行处主管人员接到通知后，应即按照本款第一款办理。

第十三条　行员保证人或已死亡，或因职业境况，发生变迁，致失第五条所规定之保证资格时，被保人如已得悉而隐瞒不报者，一经察出，各该主管人员应将详情陈报总经理，请予处分，区属行处陈请区经理核办，转报总经理。

第十四条　各行处人员，无论被人退保或保证人死亡或不符保证资格，业被通知另觅新保后，应于一个月内将新保证书缴呈主管人员，按照第五条办理，逾期不缴或新保证书经调查不符保证资格者，当即由总经理处人事科按照其职务上之责任，暂时代向中国第一信用保险公司投保，保费由该员负担，俟新保证书妥办后再为取消。

第五节　发还保证书

第一项　行员离职

第十五条　凡由本行辞退或自行辞职或在职身故人员，其保证书须于其离职满六个月后方可发还，必要时得按第十六条办理。

第十六条　凡因舞弊亏欠行款或有越轨行动，由本行开除之人员，其保证书须经确实查明可以卸责时，方可发换。

第二项　换保后之旧保证书

第十七条　各行处人员无论被人退保或保证人死亡或不符保证资格，而另换新保证书，其旧保证书须俟保证期间终止满六个月后方可发还，必要时得按第十六条办理。

第六节　商号保证

第十八条　行员保证书，除由个人具立外可由商号具立。

第十九条　凡由商号具立之保证书，除须按照第五至十七各条办理外，更应注意下列三款。

第一款　立保图章必须商号书柬图章或正式重要公章。

第二款　除商号名义外，倘又加盖私人图章，应即查明是否号主或系负责人员，如系号主则可改由渠个人出面，另立保证书，以清界限。如系负责人员，则无论该商号为独资或合资经营必须确曾由号主或股东予以特权，可用商号名义保证人员，方为合格。

第三款　商号系合资经营者，除负责人员有权用商号名义保证人员外，任何股东用商号名义加盖私章具保者不合格。

第七节　两人合保

第二十条　行员觅保真有困难时，可特别融通，由两个或两商号具立保证书。唯除须按照第五条办理外，保证书内【保证人员负责立即如数偿还，绝不推诿】二句，须改为【保证人愿连带责任，立即如数偿还，绝不相互推诿】字样，又遵守条件（一）【保证人对于应负责清偿之款项，自愿抛弃先诉抗辩之权，依照银行所开数目】三句，须改为【保证人对于应连带责任清偿之款项，均愿抛弃先诉抗辩之权，依照银行所开数目】字样，由两保证人于涂改处，分别加盖原章，以昭慎重。

第二十一条　两人或两商号具立之行员保证书，如有一人或一商号退保，或发生变迁情事，不符保证资格时，须即按照第四节各条办理，另换保证书。

第三章　司役保证书

第二十二条　总分支行处，司役保证书可参照第二章各节办理，总行由总经理处人事科办理保管，各行处由各该主管人员办理保管。

图书在版编目(CIP)数据

近代中国企业员工社会资本的使用和构建/李耀华
著. —上海:上海人民出版社,2024
ISBN 978 - 7 - 208 - 18706 - 1

Ⅰ.①近… Ⅱ.①李… Ⅲ.①企业经济-研究-中国
-近代 Ⅳ.①F279.29

中国国家版本馆 CIP 数据核字(2024)第 018173 号

责任编辑 于力平
封面设计 零创意文化

近代中国企业员工社会资本的使用和构建
李耀华 著

出　　版　上海人&出版社
　　　　　(201101 上海市闵行区号景路 159 弄 C 座)
发　　行　上海人民出版社发行中心
印　　刷　上海新华印刷有限公司
开　　本　720×1000 1/16
印　　张　20.75
插　　页　4
字　　数　325,000
版　　次　2024 年 4 月第 1 版
印　　次　2024 年 4 月第 1 次印刷
ISBN 978 - 7 - 208 - 18706 - 1/F·2862
定　　价　88.00 元